清 华 大 学 《 资 本 论 》 与 当 代 问 题 研 究 中 心

清華
政治经济学报

Tsinghua Review of Political Economy

第1卷 · 2013   Vol.1 · 2013

社会科学文献出版社
SOCIAL SCIENCES ACADEMIC PRESS (CHINA)

目　录
CONTENTS

代发刊词

危机与机遇：再论马克思主义经济学的创造性转化

孟　捷

多年以前，笔者曾经提出了马克思主义经济学创造性转化的命题。近年来，又结合演化经济学的兴起和发展，对马克思主义经济学和演化经济学进行了初步的比较，提出未来的中国经济学也许是演化经济学与马克思主义经济学的某种创造性综合。[①] 2008 年 9 月，全球经济 – 金融危机爆发。这场危机已被看作是 20 世纪 30 年代以来资本主义世界最为深沉的一次危机，目前还在以欧债危机的形式蔓延。国内一些学者基于这一现状，对马克思主义经济学的前途和复兴寄予了很大的希望。回归马克思主义经济学的既有理论是否足以回答来自现实的问题？危机可能为现有的几种经济学范式带来哪些变化？新古典经济学能否继续维持其在近 30 年来不断强化的在经济学中一枝独大的地位？这些都是大家非常关心的问题。2008 年全球金融危机爆发后，笔者曾收到演化经济学家霍奇逊（G. M. Hodgson）的一份群发邮件，其中再度尖锐地批评了新古典经济学，并问及这样一种可能性，即西方经济学能否就此摆脱对数学形式主义的依赖，转而变得更具有现实相关性，更善于应对来自现实世界的问题。2009 年 2 月，澳大利亚总理陆克文撰文公开抨击新自由主义是造成此次危机的元凶，提出"要将国家的重要性以及社会民主主义政治经济学说发展为一个面向未来的、全面的理论框架"。[②] 可以说，在这场危机之后，理论经济学的版图上可能发生哪些变化，已经成为各国学者甚至政治家普遍关注的问题。借着这个大的背景，本文拟就一些先前自己曾予论及的观点再做一点申论，并求教于大家。

马克思主义经济学的创造性转化这个命题的提出，从根本上说，产生于 20 世纪 90 年代以来市场经济在全球的普及。在笔者看来，马克思主义经济学除非在自身的范式内进行一些大的"手术"，否则不足以解释发展社会主义市场经济的必要性以及相关联的一些重大问题。近几年来，笔者通过参加国内政治经济学界的学术活动，结识了不少新马克思主义派（简称"新马派"）经济学家（笔者也把自己看作他们之中的一

---

① 参见孟捷《马克思主义经济学的创造性转化》，经济科学出版社，2001；孟捷：《演化经济学与马克思主义》，《经济学动态》2006 年第 1 期。

② 陆克文：《全球金融危机》，澳大利亚《月刊》杂志 2009 年 2 月 4 日，中国《参考消息》2009 年 2 月 10 日转载。

员）。这些"新马派"在根本立场上是一致的，一方面拒斥历史已经终结的谬论，另一方面坚信发展某种社会主义市场经济的必要（在后一点上"新马派"不同于所谓的"新左派"）。这篇短文打算探讨的，就是马克思主义经济学实现创造性转化需要解决的若干基本理论问题。

第一个问题是如何在理论上解释市场经济实现协调的可能性。自亚当·斯密以来，经济学所关注的首要问题，就是由无数人分散决策所带来的经济活动能否产生某种秩序。斯密在这个问题上的主要结论（即他的"看不见的手"的假设）被新古典经济学所继承，但为马克思主义经济学乃至后凯恩斯主义经济学所批判。现代演化经济学站在一个新的高度研究了这个问题。例如，著名的演化经济学家弗里曼和卢桑对协调概念做了如下透彻的解释："协调概念解释了，为什么存在着非均衡过程，以及非均衡过程为什么会受到约束；……为什么结构性的不稳定性持续地存在着，但又不会驱使整个系统走向爆炸性毁灭。"另一方面："存在着协调这一事实并不意味着就存在着和谐或均衡，不管均衡在意识形态的意义上指的是资本主义经济的一般特征，或者在其精确意义上指的是市场体系所具有的持久的动态稳定性特征。"两位作者还写道："马克思已经预见到'资本主义作为整体'的协调过程的重要性，并把协调解释为各种基本趋势和反趋势——也就是冲突——的结果。"①

作为资本主义的病理学家，马克思强调资本主义生产方式有其内在矛盾，以及由这些矛盾必然会产生危机。但是，处于经济思想成熟时期的马克思，并没有从周期性危机出发直接得出资本主义经济崩溃的结论。相反，他提出了危机必然发生，又必然渡过的假设。我们强调这个观点是理论假设，因为后来的马克思主义者，比如卢卡奇，曾修正了这个假设，他提出，如果工人阶级在危机中不再愿意作为客体被经济规律支配的话，就有可能起而终结资本主义制度。不过，在今天的时代背景下，马克思的假设似乎仍不失其适用性。照此而论，危机事实上承担了一种特殊的协调功能，即使得整个经济中已遭破坏的内在联系强制性地得到恢复。这样一来，资本主义经济的波动就归结为两种力量的周期性的此消彼长，用马克思的话说："不同生产领域的这种保持平衡的经常趋势，只不过是对这种平衡经常遭到破坏的一种反作用。"②

对马克思思想的这种解读，和传统马克思主义经济学对市场经济的评价是有差别的。在《反杜林论》里，恩格斯曾经提出："个别工厂中的生产组织性和整个社会中生

---

① Freeman. Ch., F. Louçã, *As Time Goes By—From Industrial Revolution to Information Revolution*（Oxford University Press，2001），pp. 120 - 121.（中文版为弗里曼、卢桑：《光阴似箭》，中国人民大学出版社，2007，第122、123 ~ 124 页。）

② 《马克思恩格斯全集》第 23 卷，人民出版社，1972，第 394 页。

产的无政府状态之间的对立"，是资本主义生产方式的基本矛盾。按照恩格斯的观点，资本主义市场经济事实上不可能达成任何秩序，只能导致"整个社会中生产的无政府状态"，带来混乱和危机。这个观点日后在马克思主义经济学中产生了深远的影响，并且不断被强化。到了第二国际某些理论家和斯大林那里，问题成为资本主义经济将以何种方式不可避免地走向崩溃或总危机。迄今为止，在大学里通行的政治经济学教科书仍未能完全摆脱这种理论的影响。

根据现有的几种经济理论范式，市场经济中无数行为者的分散决策分别带来了三种结果。在传统马克思主义经济学看来，其结果是危机和崩溃；在新古典经济学看来，结果则是趋向于静态均衡；演化经济学可谓居于前两者之间，采取了折中的态度。由于传统马克思主义经济学彻底否定了在市场经济条件下实现协调的可能性，就为新古典经济学的大行其道开了方便之门。相对于前两种截然对立的范式，演化经济学所主张的协调论，或许是更为可行的理论出路。

在演化经济学家眼里，现代资本主义经济的一个重要特征是它成了推动技术创新的名副其实的发动机。回想一下马克思在《共产党宣言》里的论断：资本主义在不到一百年的时间里所创造的生产力，比以往一切时代创造的总和还要多。类似的赞誉也适用于发展至今的发达资本主义经济。技术创新及其引致的投资，是帮助资本积累克服其内在矛盾、推动经济增长和结构性变迁的重要力量。数年前，笔者曾经专门就产品创新与资本积累的关系进行了探讨，强调一旦把产品创新引入马克思主义资本积累理论，会得出一些新的结论。我们这样写道："资本主义生产方式只有在一个不断扩容的分工体系中才能繁盛起来。产品创新及新兴产业部门的建立，在质上扩大了劳动的社会分工体系，使得'劳动（从而剩余劳动）的质的差别的范围不断扩大，越来越多样化，本身越来越分化'，由此扩大了既有的交换价值体系，为资本创造了对等价值的新的源泉。卢森堡在强调资本积累的地域空间的重要性的时候，忽略了分工和交换价值体系的内生性扩张。资本可以通过这种内生空间的创造，周期性地克服它在运动中、在时间中遇到的界限。"[①]

对创新的重视把我们引向第二个问题，即如何系统地阐明市场经济与创新在制度上的联系。国内学者在过去三十年间对市场经济体制优越性的论述，往往集中在以下两个维度，一个是信息的维度，另一个是激励的维度。首先，市场经济相对于计划经济据说能更好地解决协调所需的信息问题（这是哈耶克的著名观点，也为一些马克思主义者所接纳）；其次，市场经济相对于计划经济，据说能更好地解决激励问题（这是

[①] 孟捷：《马克思主义经济学的创造性转化》，经济科学出版社，2001，第 103 页。关于产品创新与资本积累问题的争论，参见高峰《产品创新与资本积累》，《当代经济研究》2004 年第 5 期。

新制度经济学喜欢研究的问题）。演化经济学家则研究了第三个维度：发达资本主义国家的市场经济制度，在长期创新绩效上优于其他类型的制度，其背后的原因何在？

著名经济学家熊彼特虽然不能说是一个社会主义者，在其晚年却对资本主义的未来深感悲观。他认为，资本主义大公司的出现，集中了创新所需的各种资源，并把创新变成了公司内的例行事物，使创新可以通过企业内的计划来安排。重要的是，他曾据此进一步推断：资本主义大公司的这个成就，为中央计划机关代替资本主义大公司对创新进行规划奠定了基础。显然，要想全面地论证市场经济体制的优越性，需要对熊彼特的上述观点提出一个有力的反驳。现代演化经济学家罗森伯格和纳尔逊等人指出：资本主义大公司内的创新并没有完全降低为例行事物；由于不确定性的存在，创新在其本质上是不能由一个中央计划机关通过命令来规划的；以分散决策为特征的市场经济，其作用正在于为各种思想的经济实验提供制度条件。①演化经济学关于国家创新体系的比较分析（譬如对苏联和日本的国家创新体系所做的对比研究）也证实了这种理论观点。

第三个问题涉及市场经济制度的多样性。在《资本论》里，马克思并没有提出这个问题，也不可能提出资本主义制度的多样性问题。马克思当时的任务是要分析资本主义生产方式的一般运动规律，这些规律是普适的，是放之四海而皆准的，不同发展程度的国家或迟或早都要隶属于这些规律。用《资本论》序言里的话来说就是，"工业较发达的国家向工业较不发达的国家所显示的，只是后者未来的景象。"这样一来，就从理论上堵塞了探寻不同的发展道路和不同类型的市场经济制度的可能性。

美国学者拉佐尼克曾从方法论上批评了马克思的上述观点。他写道："马克思关于资本主义发展的理论是以世界上第一个工业国度的经验为基础的，所以马克思无法预见和比较十九世纪后期及其后不同国度的资本主义经济崛起的状况，并从中提升出更深刻的理论。即使生产力都一样，当政治和文化背景不同的时候，生产关系也会不同。因此，资本主义企业的成败在不同的国家和地域有不同的表现，因为不同的政治文化背景会产生不同的社会权力结构，而这又会产生不同的劳动与报酬分配关系。"②

在给俄国民粹派的回信中，马克思开始意识到，不能把他根据西欧经验而得出的规律无条件地应用于地球上的其他国度。但毋庸置疑，马克思以后的马克思主义经济学传统一直注重的是对资本主义历史演变的纵向分析，对于资本主义制度的多样性的分析则显得异常贫弱。"冷战"结束后，资本主义内部的差别开始变成注意的焦点，人

---

① 罗森伯格：《探寻黑箱》，商务印书馆，2004，第5章；理查德·R.纳尔逊：《经济增长的源泉》，中国经济出版社，2001，第112～113页。

② 拉佐尼克：《车间的竞争优势》，中国人民大学出版社，2007，第75页。

们发现资本主义并不是铁板一块,不同国家的市场经济体制存在着持久的制度上的差异。用法国作者阿尔贝尔的话说:"苏联的解体使资本主义两种模式之间的对立凸现出来。""它们互相对峙,形成'资本主义反对资本主义'"。①以阿尔贝尔、拉佐尼克、多尔等为代表的来自不同国家的学者,近十数年来发展了对资本主义制度多样性的分析。②这些分析具有十分重要的政策含义,因为我们一旦认可这种多样性,就等于宣布,各国完全有理由根据自己独有的历史、文化和政治传统,建设有自身特色的市场经济体制(包括有中国特色的社会主义市场经济体制)。同时,这还意味着,与新自由主义对市场经济的理解不同,任何市场经济事实上都是嵌入于不同的社会、文化和政治制度之中的。反之,如果我们否认上述多样性的存在及其意义,就意味着要接受唯一版本的市场经济,譬如在 20 世纪 80 年代以来崛起的英美新自由主义经济体制(这一种思维定式,被有的学者称为"制度拜物教")。而在我们眼前蔓延的这场危机,从实践上粉碎了新自由主义市场经济体制的神话。

第四,是如何处理好政治经济学与生态主义相结合的问题。全球变暖等问题的出现,已经成为经济学面临的最急迫的理论挑战之一。20 世纪 70 年代出现的石油危机,已经促使一些富于批判精神的马克思主义者开始反思资本积累所面临的生态约束,进而反思马克思主义经济学本身理论前提上的局限。前日本东京大学教授大内力就是这样的一位学者,他在观点上隶属于日本马克思主义经济学的宇野学派。在 20 世纪 80 年代,大内力就提出,古典经济学当中包含着以下公理,概括地说就是:对于人类的需要和旨在满足这些需要的生产活动而言,自然本身所能提供的潜力是无限的,因而也是无价值的,对于人类来说自然不过是作为劳动对象产生作用的,只要添加劳动就能带来满足人的需要的无限的财富。在他看来,这是古典经济学家无意中采纳的作为公理而存在的假设,而马克思继承和发展了这一假设。

大内力认为,马克思之所以继承和发展了上述公理,可以在他的历史唯物主义原理中找到原因。历史唯物主义假设,一个社会的生产力总是不断地发展的;即使生产力的发展会因为落后的生产关系的束缚而暂时受到阻碍,最终仍会突破束缚继续得到发展。在这样的逻辑中,马克思设想由于技术的发展,人类能够而且还将从作为劳动对象的自然中取出越来越多的财富即使用价值,而没有考虑到自然的这一潜力的局限

① 阿尔贝尔:《资本主义反对资本主义》,社会科学文献出版社,1999,第 5、17 页。
② 可参见 Ronald Dore, William Lazonick and Mary O'Sullivan, "Varieties of Capitalism in the Twentieth Century", *Oxford Review of Economic Policy*15 (4), 1999;多尔:《股票资本主义·福利资本主义》,社会科学文献出版社,2002。

性。马克思的基本观点是，自然力是无偿的，无需任何费用就能把它并入生产过程。[①]

美国学者詹姆斯·奥康纳，也是一位重要的生态社会主义思想家。他在《自然的理由》一书中，对马克思所定义的资本积累的基本矛盾做了进一步拓展，提出了资本主义的第二重矛盾的概念，也就是在剩余价值生产和剩余价值实现的矛盾之外，还存在着资本积累与生产的条件（包括生态条件）生产不足之间的矛盾。[②]近年来，包括奥康纳的著作在内的一些域外文献的引进，对国内的生态马克思主义研究起到了积极的推动作用。

就国内经济学界而言，从许涤新开始，就曾对生态经济问题展开了研究。近年来，该领域又吸引了一些新的研究者，研究主题也得到扩展和深化。譬如，张忠任等人探讨了生态资源价值论等基础性问题。[③]不过，由于进一步的研究很可能牵涉到对劳动价值论的发展和修正，今后的研究会更困难、更有挑战性。

就像巴尔扎克所说的，一场突如其来的大火刹那间照亮了都市各个角落的污秽和丑恶，我们眼前的这场危机也为更深入地理解现代市场经济的内在矛盾及其嬗变洞开了一扇窗口。在新自由主义肆虐了数十年后，又一个大时代似乎就要开始了。在这个意义上，今天的政治经济学家可谓是幸运的。危机的出现使许多人重新发现了马克思（以及凯恩斯、明斯基等）的理论价值。的确，在解释危机这样的问题上，马克思主义经济学具有传统上的理论优势。近 10 年来，国外马克思主义经济学积累了不少文献，指出 20 世纪 80 年代以来形成的新自由主义经济体制，在其内在矛盾的驱使下必将步入严重的经济危机。现实的发展验证了他们的论断。[④]

不过，马克思主义者不应该仅仅停留于对资本主义经济的病理学分析上，还必须面对其他由时代提出的重要问题。需要明确的是，新自由主义经济体制这次所遭受的惨败并不完全等同于市场经济本身的失败。和东欧剧变刚刚发生时的情形相似，我们仍然面临着发展一种新的理论以论证市场经济的历史合法性（包括其局限性）的任务。单纯依靠传统马克思主义的理论资源似乎不足以完成这个任务，这也是笔者深信，未来的中国经济学是马克思主义经济学和演化经济学的某种融合的原因。就此次危机而

① 〔日〕大内力：《国家垄断资本主义结构的破产》，中共中央党校科研办公室，1986，第 101、110~111 页等。

② 〔美〕詹姆斯·奥康纳：《自然的理由》，南京大学出版社，2003。

③ 张忠任：《关于环境的价值与资源价格决定问题的理论探索》；马艳：《自然资源虚拟价值的现代释义》，载《海派经济学》第 22 辑，上海财经大学出版社，2008。

④ 譬如，可参见 Crotty, J., "Structural Contradictions of the Global Neoliberal Regime", *Review of Radical Political Economics* 32（3），2000，pp. 369 - 378；O'hara, P. A., "Deep Recession and Financial Instability or a New Long Wave of Economic Growth for U. S Capitalism? A Regulation School Approach", *Review of Radical Political Economics* 35（1），2003；Kotz, D. M., "Contradictions of Economic Growth in the Neo - Liberal Era: Accumulation and Crisis in the Contemporary U. S. Economy", *Review of Radical Political Economics* 40（2），2008。

言，马克思主义经济学应该在自己擅长的资本主义病理学分析的基础上，进一步探讨资本主义借助于制度变革而自我扬弃的可能路径，或者说得更直白些，马克思主义经济学要学会为摆脱危机开出自己的"药方"，而不是像从前那样，只会扮演革命的助产士。如果能做到这一步，马克思主义经济学将能与其他理论经济学在政策和社会影响力上一争短长。

从互联网上，我们最近读到了诺贝尔奖得主克鲁格曼致总统奥巴马的一封信，其中呼吁进行一系列经济、社会和政治改革，以帮助摆脱危机。在此前的著作里，克鲁格曼曾把美国经济中的一些问题（如 20 世纪 80 年代以来日益加剧的经济不平等）看作制度和规范变化的结果，而这些制度与规范变化的原因又根源于政治权力的变化。①在这些地方，我们看到了一个具有变革姿态的"主流经济学家"，在痛定思痛之后是如何偏离新古典方法而回到政治经济学的分析传统的。遗憾的是，这种回归远非彻底，因为他并没有结合资本主义经济的内在矛盾的变化来分析政治权力的平衡被打破的原因。而且，略有讽刺意味的是，在距今十余年前，克氏还曾撰文，从理论上坚决地否认资本主义有着面临普遍的生产过剩危机的可能性。他所列示的理由——生产能力的增长会带来收入的增长，收入的增长会带来消费的增长——在我们看来无非是重弹萨伊定理的老调。②十余年后，他的观点戏剧般地发生了变化，现在他承认资本主义有可能发生普遍的有效需求不足的危机；③他强调，由于贫富差距的拉大，普通美国工人并没能收获生产率增长的果实，严重的经济不平等使美国社会前进的步履蹒跚。④这些观点上的变化表明，即便在一位诺贝尔奖得主的眼中，市场经济也不是一个宛如不变的结晶体那样的僵死概念。相反，正如美国积累的社会结构学派所总结的，资本主义在下述主要的关系上，分阶段地经历了重大的变革。这些主要的关系是：资本与劳动的关系，资本与资本的关系，劳动与劳动的关系以及政府与经济的关系。在这场危机发生后，美国资本主义的积累的社会结构将向哪个方向演变还是不确定的。但可确定的是，变革或者"资本主义生产方式的自我扬弃"注定将会发生。在这种情势下，如果身处大洋此岸的某些中国学者，今天还要自欺欺人地制造对市场经济概念的某种物神崇拜，就显得有点太不合时宜了。邓小平同志在改革之初说，我们搞了 30 年社会主义，但对什么是社会主义依然知之不多；三十年后的今天，在这场全球危机产生后，

---

① 克鲁格曼：《美国怎么了？——一个自由主义者的良知》，中信出版社，2008。

② Krugman, P., "Is Capitalism too Productive?", *Foreign Affairs*（9），1997.

③ 克鲁格曼：《萧条经济学的回归和 2008 年经济危机》，中信出版社，2009，第 1 章。克鲁格曼在这本书里讥讽另一位诺奖得主卢卡斯和美联储主席伯南克，指两位在危机前数年还乐观地宣称经济周期已成为过时的问题。但饶有意味的是，克氏并没有就自己在观点上的改变做一番检讨。

④ 克鲁格曼：《美国怎么了？——一个自由主义者的良知》，中信出版社，2008。

对于什么是现代市场经济，包括诺奖得主在内的所有人——除了那些冥顽不灵的新古典主义者——大概都得来一番重新思考。

　　回顾近四五年来的发展，国内马克思主义经济学的研究可以说呈现出越来越多样化、越来越现代化的特点。曾有作者尝试概括了国内马克思主义经济学界近年来涌现的八大类型或流派，包括正统马克思主义经济学、海派马克思主义经济学、文本马克思主义经济学、数理马克思主义经济学、生态马克思主义经济学、后凯恩斯马克思主义经济学、新古典马克思主义经济学，以及笔者被划入的演化马克思主义经济学。[1]这些不同类型和流派的出现，是国内马克思主义经济学研究初步繁荣的标志，它们就如报春的花讯，预示着中国经济学的更加生动的前景。

---

　　①　薛宇峰：《当代马克思主义经济学的流派》，《经济纵横》2009 年第 1 期。

中国与世界经济

国内经济一体化：
扩大内需的政治经济学研究[*]

贾根良^{**}

摘要 在扩大内需问题上，目前的研究关注的只是最终消费需求，忽视了作为中间需求的国内企业间相互提供的生产性需求这一巨大的内需市场，忽视了国内市场一体化在扩大内需中的基础性作用，忽视了资本品工业的价值链高端环节在扩大内需之中的关键性地位，未能充分认识到工资增长对转变经济发展方式和自主创新的战略意义。本文通过整合迄今为止的经济学说史中的相关论述，提出了四个依次递进的关于"国内经济一体化"的命题，构建了一个对我国内需问题进行综合性分析的理论框架，论证了加快国内经济一体化进程在扩大内需中的引擎作用及其长效机制，讨论了扩大进口战略有可能带来的不利影响，并就扩大内需的四大途径——统一国内市场、提高工资作为增长的发动机、资本品工业高端价值链的进口替代和国民经济平衡发展——提出了新的和具有可操作性的政策建议。

关键词 国内经济一体化　国际经济一体化　扩大内需　统一国内市场　资本品工业

内需问题是我国在亚洲金融危机爆发后的 1998 年年底首次提出的，在 2008 年国际金融危机爆发后，我国再次提出扩大内需问题，并将其逐步地升格为长期战略方针：《中华人民共和国国民经济和社会发展第十二个五年规划纲要》提出要构建扩大内需的长效机制；2011 年年底闭幕的中央经济工作会议强调，要牢牢把握扩大内需这一战略基点，把扩大内需的重点更多地放在保障和改善民生、加快发展服务业、提高中等收入者比重上来。那么，如何通过构建扩大内需的长效机制，实现我国扩大内需这一长期战略目标呢？在国际金融危机爆发之时，笔者曾注意到这样一种现象：自我国在1998 年年底提出启动内需的口号以来，经济学界对扩大内需问题已经进行了大量研究，但直到国际金融危机爆发之时，我国为什么不仅一直无法启动内需，而且内需越来越萎缩呢？^① 在过去的三年中，笔者逐步认识到，内需问题是一个非常复杂的系统性工

---

* 中国人民大学科学研究基金（中央高校基本科研业务费专项资金资助）"新经济思想史研究"（10XNJ015）项目成果。

** 贾根良，河北蠡县人，经济学博士，中国人民大学经济学院教授。

① 贾根良：《评佩蕾斯的技术革命、金融危机与制度大转型》，《经济理论与经济管理》2009 年第 2 期。

程，特别难以解决，但面对世界经济长期萧条和我国海外市场不断萎缩的前景，这个问题又不得不解决，这是我国一再提出内需问题的重要原因。因此，为了拓宽视野，笔者在本文中试图通过对迄今为止的西方经济学说史中的相关论述进行梳理，并以相关国家的历史经验作为例证，从实体经济角度入手，建立一个对内需问题较为全面的理论分析框架。然后，按照这个框架，从四个主要方面分别对我国内需不振的深层次发展模式和体制根源进行解释，并提出具有针对性的政策建议，最后则对全文进行总结。

一　国内经济一体化：内需分析的理论框架与历史经验

德国经济学家和经济史家迪尔特·森哈斯在《欧洲经验：发展理论的历史性批判》中，通过对 19 世纪 20 年代到 20 世纪 70 年代为止的世界发展经验的比较研究（该书没有涉及对非洲和日本、德国、法国等少数国家的比较研究），得出了这样一个结论：凡是能够成功地实现经济崛起的国家，无不在政策制定上把开发国内经济潜力和国内经济一体化置于优先地位。① 然而，正如著名发展经济学家罗伯特·韦德指出的，今天我们使用"一体化"这个词排他性地是指外部一体化，我们假定与世界经济更多地一体化总是好的，因此，发展研究最奇怪的现象之一就是对内部一体化的沉默。但实际上，经济发展从本质上讲就是内部一体化。在韦德看来，内部一体化不单单是指国内市场的统一，它还具有两个更重要的特点：第一，在国内各产业部门之间存在着更密切的投入产出联系，如在农村和城市、消费品和中间产品之间高水平的部门间的紧密联系；第二，它具有一种更高比例的国内产品出售给国内工资收入者的需求结构，在工资、消费和生产之间存在着高水平的社会建构。

按照韦德的看法，除了经济规模过小的国家外，建立在内部一体化基础之上的一国经济也必然是内需主导型的经济。韦德认为，只有在高度内部一体化的经济中，资本家与工人之间才能建立起利益和谐关系，因为资本家、工人和政府都能认识到，工资增长作为销售和需求的源泉是其共同利益之所在，而不只是把工资看作生产成本。但在一种高度外部一体化的经济中，情况则恰好相反，工资被简单地看作是成本而非需求的源泉，生产的目的是向全球市场出口，这种纯粹外向型的经济结构不仅难以形成国内产业部门之间的密切联系，而且还会因对劳工的过度压榨造成尖锐的阶级冲突。韦德指出，发展中国家的外部一体化不会自动推动内部一体化，相反，它更有可能阻碍和破坏内部一体化。因此，发展的关键问题是发展中国家如何创造一种内部高度一

---

① Dieter Senghaas, *The European Experience: A Historical Critique of Development Theory* (New Hampshire: Berg Publishers Ltd., 1985), pp. 151, 161 – 162.

体化的国民经济①，这是内需主导型经济研究的基本出发点。

韦德对上述两种不同的一体化方式的区分，对于研究发展中大国的经济发展模式特别是内需问题具有重要意义。但是，韦德对此并没有展开进一步的研究，而目前的经济学文献则完全缺乏对韦德问题的关注。那么，是否有可能以"国内经济一体化"概念为核心，建立一种分析内需问题的理论框架呢？在迄今为止的西方经济学说史中，除了 19 世纪美国学派的保护主义"内需说"以外②，几乎就不再有直接论述内需问题的经济理论，但在有关市场范围（市场规模）、工资和发展战略的论述中，包含着可以转换为内需研究的相关理论，本文试图通过对这些理论的阐释和进一步发挥，拓宽韦德的研究思路，提出四个依次递进的关于"国内经济一体化"的命题，并辅之以相关国家的历史经验和教训作为例证，构建一种对我国内需问题进行分析的理论框架。③

命题一：内需受国内市场一体化程度的限制，统一国内市场可以有效地扩大内需。这一命题实际上是斯密定理的推论，亚当·斯密在《国富论》第三章中提出了著名的斯密定理：分工受市场范围的限制。他从地理面积的大小、人口的多寡和交通廉价与否等方面讨论了作为市场范围的地理空间对分工的重要作用，他还隐含地预见到商业流通体制等制度因素对市场范围的重要性，但他对此并没有进行讨论。斯密定理的政策结论是显而易见的：在一国之内，消除妨碍国内商品、人员和资本流通的各种障碍，可以有效地扩大内需市场。概括起来说，它至少具有以下三种重要作用：第一，降低交易成本。道格拉斯·诺思在《1600～1850 年海洋运输生产率变化的原因》一文中，通过对海洋运输成本的多方面统计分析，发现在这一时期尽管海洋运输技术没有大的变化，但由于海洋运输变得更安全和市场经济变得更完善，海洋运输成本有很大下降，从而使得海洋运输生产率大有提高。④ 诺思的这种分析同样适用于发展中大国的国内市场一体化问题。第二，提高规模报酬递增水平，推动国内区域间水平分工的发展和生产率的提高。劳动分工最直接的经济性要求是分工专业化后的单位成本最小，这导致了生产率的提高，但每项分工只有在形成其经济规模的情况下，才能使其单位成本最小，而每项分工所需的经济规模无疑要取决于其产品的市场规模，因此，国内市场一

① Robert Hunter Wade, "What Strategies are Viable for Developing Countries Today?" The World Trade Organization and the Shrinking of "Development Space", Crisis States Programme, Working Papers Series No. 1, June 2003, http: //www. google. com. hk/url? sa = t&rct = j&q = internal + integration + + Robert + Hunter + Wade&source.

② 迈克尔·赫德森：《保护主义：美国经济崛起的秘诀（1815～1914）》，贾根良等译，中国人民大学出版社，2010，第 59 页。

③ 由于本文的主要目标和篇幅的限制，本文暂不讨论马克思和凯恩斯的相关理论以及主权信贷在扩大内需中的作用问题。同样，由于篇幅所限，本文对内需主导型经济的历史经验研究也只能是例证性的，更全面的研究需要专文加以讨论。

④ 转引自道格拉斯·C. 诺思《经济史中的结构与变迁》，生活·读书·新知三联书店、上海人民出版社，1994，第 5 页。

体化程度的提高为其规模报酬递增过程提供了动力和条件。第三，降低产品价格，刺激消费需求的增长。

统一国内市场在发达国家的经济崛起过程中曾发挥了非常重要的作用。1834 年德国关税同盟的建立对德国经济的统一以及后来的政治统一都发挥了关键性的作用；美国国内不存在地方保护主义的广阔国内市场规模曾是美国崛起的重要因素，在此都没有必要再加以讨论。然而，在这里值得说明的是，英国工业革命是在保护国内工业的重商主义制度之下诞生的，但德国新历史学派的代表人物施穆勒却指出，重商主义"在它的核心深处，不在于关税壁垒、保护性关税或者航海法案，而是在于某些远为重要的事情——即在于（它所产生的）社会及其组织、国家及其制度体系的整体性转变，在于用民族国家的经济来替代区域性和地方性的经济"，[①] 用笔者本文的话来说就是在于国内经济的一体化。著名的重商主义研究者赫克谢尔也指出，"凡将经济生活限制于特定地区，并且妨碍贸易在国界之内进行的事物"，都是重商主义所反对的，重商主义迫使国界之内的城镇和省份的贸易更为自由。[②] 因此，英国重商主义不仅是实施工业保护主义的对外政策，而且也是对内自由贸易的政策，这是因为，如果要发展本国的工业，就必须对国内交通的便利加以特别的注意，必须废除或减轻各种通行税和落地税等苛捐杂税，并且还要撤销基尔特的都市经济所建立的种种障碍，以国家之独占替代都市之独占，以法令统一国内所有经济事务，制定工业标准和条例，对生产和质量进行监督，保护消费者利益，[③] 所有这些对内政策的目标只有一个，那就是通过统一国内市场，推动国内市场的一体化。

命题二：内需由实际工资和生产率的良性循环所决定。换言之，内需受生产和消费的一体化程度所限制，保持实际工资和生产率的同步增长是扩大内需的根本性措施。由于实际工资是内需最重要的指标，因此，这一命题实际上是杨格定理的推论：市场规模由实际工资所决定，而实际工资受生产率的限制，反过来生产率又受到实际工资的限制，实际工资与生产率之间互为因果的循环累积过程就是经济发展的根本性机制。杨格定理的诞生是因斯密定理的缺陷而产生的：亚当·斯密说明的只是"外延式的"发展过程，而在人口不再增加（甚至减少）和贸易的区域无法再扩大的情况下，"内涵式"的分工将如何发展？斯密定理对此无法说明。[④] 正如著名发展经济学家拉格纳·纳克斯指出的，斯密"看到了分工同在生产过程使用资本一事有密切的联系。他实际上等

---

① 斯莫拉（施穆勒）：《重商制度及其历史意义》，郑学稼译，商务印书馆，1936，第 61 页，引文对原译文有较大修改。

② 转引自许宝强、渠敬东选编《反市场的资本主义》，中央编译出版社，2001，第 30 页。

③ 斯班：《经济学说史》，区克宣译，大东书局，1932，第 3 页。

④ 贾根良：《劳动分工、制度变迁与经济发展》，南开大学出版社，1999，第 15 页。

于说使用资本的程度受到市场容量的限制，在这里他指出了一条十分重要的根本真理。但是这并不是全部真理。这个问题还有另外一面，那就是，市场的范围（亦即容量）倒转过来又在很大程度上取决于分工（亦即使用资本的程度）……他避开了这样的循环关系，而提出了一种直线式的因果关系"。① 杨格指出，作为经济进步的核心，报酬递增的分工经济取决于市场规模，但何谓市场规模呢？市场规模"不是单纯的面积或人口，而是购买力，即吸收大量年产出的能力。"② 这句话最重要的含义是：实际工资是市场规模最重要的因素，它与生产之间具有循环累积的因果关系，因此，内需最终是由实际工资与生产率之间的良性循环所决定的，保持实际工资和生产率的同步增长是扩大内需的根本性措施。

杨格定理实际上是美国学派的高工资经济学说的发展，后者旨在解释像19世纪下半叶美国这样的高工资经济为什么要比欧洲和其前殖民地的廉价劳动力在工业制成品的售价上要低，原因就在于生产率的增长超过了工资的增加；它还致力于说明，"高工资是生产率提高的前提条件"，③ 工人阶级的高工资符合资本家的利益，以此敦促资本家开发内需，而无需依附于英国市场的需求，④ 也不需要对外扩张。然而，美国学派的这种理想在19世纪的美国并没有得到实现，只有到了1914年，当福特汽车公司把工人的工资提高一倍以上的时候，美国学派的高工资经济学说才有了实践者，由此产生了所谓的福特主义：工人必须得到更高的工资，这样他们才能买得起自己生产的产品，从而为美国国内所有生产商的产品创造市场。但这种局部的实践并没有能够阻挡"大萧条"的发生，只有到了第二次世界大战后最初的二十多年中，由于与凯恩斯主义经济政策和福利国家制度相结合，福特主义在美国和欧洲的发达资本主义国家才得到了较为全面的贯彻，这些国家把阿林·杨格的"实际工资与生产率之间的良性循环"打造成了一个强有力的创造财富的引擎。但是，20世纪八九十年代的新自由主义却把世界经济推进了"低工资"的陷阱，这不仅是2007年以来国际金融危机爆发的主要原因，而且也是导致目前帝国主义行径日益高涨的基本原因，正如赫德森指出的，帝国主义是以其内需不能产生增长作为前提的，美国目前在近东、中亚（以及亚洲）建立军事霸权的行径说明，资源控制和抽取租金的经济观而非美国学派的高工资经济学说支配了目

---

① 拉格纳·纳克斯：《不发达国家的资本形成问题》，谨斋译，商务印书馆，1966，第21页。需要指出的是，纳克斯在其著作中所谓的资本是指工具、仪器和机器设备等各式各样能够大大增加生产力效果的资本品，而不是我们今天从货币角度理解的资本。

② 阿林·杨格：《报酬递增与经济进步》，载贾根良《劳动分工、制度变迁与经济发展》，南开大学出版社，1999，第226页。

③ 迈克尔·赫德森：《保护主义：美国经济崛起的秘诀（1815~1914）》，贾根良等译，中国人民大学出版社，2010，第10页。

④ 这一点对目前的中国很有借鉴意义：中国无需依赖向美国的大规模出口。

前美帝国主义的好战行为。①

命题三：资本品工业（也就是马克思所说的生产资料工业）的高端价值链是所有部门生产率进步的关键，在实际工资和生产率的良性循环（命题二）中居于核心地位；换言之，内需受资本品工业的价值链高端环节与国民经济的一体化程度的限制，它不仅是提高中等收入者比例的关键，而且也是保障和改善民生的基础。这一命题是笔者对埃里克·赖纳特有关"替代性经济学教规"②核心思想的进一步发展。正如演化经济学卢森博格在研究了 19 世纪美国经济史之后指出的：资本品工业是创新和收益递增的主要来源③。也有学者曾将各产业部门划分为技术创造行业和技术使用行业，赖纳特指出，技术创新并不必然导致国民财富的增进，只有携带新技术经济范式的产品创新特别是资本品工业的创新，也就是技术创造行业的技术创新才能使一国致富。资本品工业由于具有高度进入壁垒和动态不完全竞争的特点，技术进步的绝大部分收益将以利润或工资收入的形式归生产国国内的生产者（包括资本家和工人）所占有，这种技术进步的收益扩散方式被称作"共谋型"分配方式；而作为技术使用行业，消费品工业的技术创新或者没有产生动态不完全竞争，或者因为激烈的竞争导致了使消费者受益，而使生产者受损的价格下降，这种价格下降使其产业的利润和工资都有可能下降，这种技术进步的收益扩散方式被称作"古典型"分配方式④。赖纳特还指出，发达的资本品工业不仅是财富创造的引擎，而且它还通过系统协同效应，使消费品工业、农业和服务业等部门的劳动者分享其科技创新的收益。我们可以观察到，发达国家的理发师、出租车司机和农民的实际工资要比生产率相同的发展中国家的同行高出很多倍。原因何在？原因就在于在一国之内所有产业的劳动力都共享着一个统一的劳动力市场，由资本品工业的创新所产生的"不断涌来的收入潮水浮起了所有的船"，这就是发达的资本品工业保障民生的功能。

德国经济学家森哈斯通过对阿根廷和澳大利亚的比较，说明了资本品工业在提高中等收入者比重和突破"中等收入国家陷阱"上的重要作用。与我国目前的情况相类似，这两个国家在 19 世纪都是出口导向型经济，在 20 世纪 20 年代，两国的人均收入在世界上的排名不相上下：阿根廷居世界第五位，澳大利亚第六位，但到了 1977 年，

① 迈克尔·赫德森：《保护主义：美国经济崛起的秘诀（1815～1914）》，贾根良等译，中国人民大学出版社，2010，第 325 页。
② 赖纳特、贾根良编《穷国的国富论——演化发展经济学论文选》（上、下卷），贾根良、王中华等译，高等教育出版社，2007。
③ Nathan Rosenberg, "Technological Change in the Machine Tool Industry: 1840 - 1910", *The Journal of Economic History* 23（4），1963.
④ Erik S. Reinert, "Evolutionary Economics, Classical Development Economics, and the History of Economic Policy: A Plea for Theorizing by Inclusion", Working Paper No. 1, 2005, http://hum. ttu. ee/tg/.

前者却只是后者的 1/4.5。两个国家之间为什么会产生如此巨大的差距呢？原因就在于澳大利亚在经过出口导向的经济发展阶段后，在 20 世纪最初 10 年采取了大力扶植和发展作为技术创新基础的国内资本品工业等"调结构"的战略举措，由于这种高端产业的发展推动了国内一体化的经济结构的出现，由此催生了作为内需主导力量的包括技术工人、白领工人在内的中等收入者比重的上升，从而使得工资收入在澳大利亚 1975年的 GDP 中占到 68%；但在阿根廷，由于资本品工业被外资所支配，因此，它就无法产生澳大利亚在国内经济一体化中所取得的成效，这不仅使其工资收入在 1975 年的GDP 中只占 46% 的份额，而且也导致了政治上的四分五裂，这是长期以来阿根廷陷入依附型经济和"中等收入国家陷阱"而不能自拔的根源。[①]

命题四：内需受国内企业间和产业间相互提供的中间性生产需求的限制，换言之，内需受多样化分工体系的生产一体化程度的限制，国民经济平衡发展[②]可以有效地扩大内需。 命题三中的科技创新和系统协同效应如何通过整个国民经济体系中各部门之间的联系效应和战略性互补，从而累积性地扩大内需？本命题就是对这一作用机制的讨论，它在杨格定理中已经隐含地存在，著名发展经济学家拉格纳·纳克斯的名著《不发达国家的资本形成问题》就是通过对杨格定理的深入讨论，对这一命题进行了充分的阐发，因此，我们也可以称之为杨格 - 纳克斯定理。众所周知，纳克斯认为，对第二次世界大战后的发展中国家来说，初级产品出口导向型发展战略和劳动密集型工业品出口战略存在着严重的缺陷，因此他在该书中提出了第三种战略，即工业产出为国内市场生产，也就是内需主导型的工业化战略，纳克斯的这本著作讨论的就是我们今天所说的扩大内需战略中的资本形成问题。值得指出的是，纳克斯所谓的资本形成是指机器设备等资本品而非金融意义上的资金供给问题。在纳克斯看来，欠发达国家由于劳动生产率低，群众贫困，所以国内市场有限，"解决的办法似乎是，对若干不同部门进行平衡投资，使有更多的资本和技术，从而能更有效地工作的人们彼此成为顾主。……一种在不同生产部门进行相互支持性投资的格局，能扩大市场规模，填补低收入国家国内市场不足的空白，简单地说，这就是平衡增长的概念"。[③] 在一种内需主导型的经济中，由于存在着韦德的"在国内各产业部门之间存在着更密切的投入产出联系"，因此，通过各产业部门之间相对平衡的增长，国内企业之间和产业部门之间就

---

① Dieter Senghaas, *The European Experience*：*A Historical Critique of Development Theory*（New Hampshire：Berg Publishers Ltd.，1985），pp. 146 – 151.

② 为了避免误解，本文的"国民经济平衡发展"是指国民经济各部门之间比较协调和相对平衡的发展，因为在市场经济条件下，基本上是通过市场机制调节各部门间的比例关系，因此不可能存在绝对的平衡发展；即使是在传统计划经济体制下，绝对的平衡发展也是不可能的。

③ 转引自杨敬年编《西方发展经济学文献选读》，南开大学出版社，1995，第 9 页。

可以通过相互提供中间性生产需求的战略性互补，累积性扩大国内市场规模。

在过去，由于人们把纳克斯的平衡增长战略与大规模的政府干预或计划经济联系在一起，使人们采取了"把婴儿连同洗澡水一起泼掉"的态度抛弃了国民经济平衡增长的概念。但实际上，虽然他相信完全依靠市场力量是不可能达到平衡增长的，因此，他把政府作用看作是推动平衡增长的一种选择，但他又说，作为创造诱导性投资的手段，平衡增长主要与私人企业系统相关。因此，纳克斯只是简单地表明，平衡增长是创造内需市场和资本形成所必需的。实际上，纳克斯和发展经济学的另一位开拓者——罗森斯坦－罗丹——1943 年的著名论文《东欧和东南欧的工业化问题》，讨论的是落后国家如何通过国内产业间互补性的生产需求的平衡发展创造内需市场的问题，但在后来，发展经济学中有关"平衡增长与不平衡增长"的著名争论却严重地忽视了他们论著的这种初衷。在国际金融危机爆发后，当我们今天重读他们的经典论著时，就会发现经济学界对他们思想的认识遗漏了对目前世界经济具有更重要启发价值的深邃思想。①

在这里，我们再次以美国 1815～1914 年崛起为世界上头号工业强国的历史经验说明命题四对扩大内需的重要性。美国的崛起是通过典型的以内需为主导的内向型经济实现的：第一，外贸依存度一直很低，长期保持在 12%～14.1% 之间。第二，国内消费是经济增长的引擎。在第一次世界大战以前的岁月里，虽然英国出口了四分之一的工业品，但美国出口的还不到十分之一。② 第三，企业严重的内向倾向，使美国公司只有在建立起全国性的销售分配网络之后，才对国外市场感兴趣。③ 在这种内向型的美国经济崛起过程中，国民经济的平衡增长对推动内需市场规模的扩大曾发挥了关键性的作用，"在这一时期的美国经济发展过程中，各个经济部门自发地形成比较协调、相互促进的关系。农业和工业两大部门之间，工业中轻重工业之间，农业中种植业和畜牧业之间，以及农业、轻工业和重工业的关系上，发展比较平衡，相互促进，推动了整个经济的发展"。④

理论的发展是为了解决实际问题的需要而产生的，从命题一到命题四通过对西方经济学史中相关理论的简单讨论，本文为对我国扩大内需的主要问题提供了一个综合性的分析框架。实际上，我国扩大内需的主要问题在 2011 年 12 月 12～14 日召开的中央经济工作会议上都有所反映，主要包括四个方面：一是要把扩大内需的重点更多地

① 贾根良：《扩大内需、平衡增长与主权信贷——重读〈不发达国家的资本形成问题〉》，《光明日报》（理论版：经典导读专栏）2012 年 6 月 8 日。
② 福克纳：《美国经济史》下卷，商务印书馆，1989，第 38 页。
③ 转引自理查德·R. 纳尔逊《经济增长的源泉》，中国经济出版社，2001，第 277 页。
④ 樊亢、宋则行主编《外国经济史：近代现代》（第二册），人民出版社，1965，第 45～46 页。

放在保障和改善民生、加快发展服务业、提高中等收入者比重上来（与命题三和命题四相关）；二是着力扩大内需特别是消费需求，加强城乡市场流通体系建设，提高流通效率，降低物流成本（与命题一和命题二相关）；三是牢牢把握加快改革创新这一强大动力，着力推进产业结构优化升级，抓住时机尽快在一些重点领域和关键环节取得突破，着力提高原始创新能力（与命题三相关）；四是着力推动区域协调发展（与命题四相关），本文所提供的分析框架可以囊括所有这些政策焦点所涵盖的问题。因此，本文从第二到第五部分将分别以上述四个命题为框架，通过对我国内需不振的深层次根源进行深入分析，论述我国扩大内需的四大战略途径：统一国内市场、实际工资增长作为经济增长的发动机、资本品工业高端价值链的自主创新和国民经济平衡发展，并提出具有可操作性的政策建议。

二　统一国内市场：扩大内需的必由之路和事半功倍的捷径

我们在前面已经论述，一个高效率的国内统一市场可以大幅度降低交易成本、提高企业的生产率和降低产品价格，从而大幅度地刺激国内消费需求的增长，但目前我国国内市场的分割却严重地阻碍了内需市场的开发。例如，许多人曾经注意到，我国的许多外销商品与内销商品相比，不只是价格低廉而且质量也好得多，相对于中国人的收入水平，这种现象无疑是极其不正常的。又如，由于国际金融危机导致外销困难，国内一些营销商从外贸企业采购到一些产品，上市后被抢购一空。但是，即使是在这种情况下，出口转内销仍被外贸工厂看作是下乘之选。[1] 最近有报道说，三年前由于国际金融危机而被迫开拓国内市场的外贸企业已有大半铩羽而归。[2] 众所周知，我国人口占世界人口的五分之一，超过美国、欧盟、日本和俄罗斯的人口总和，单从人口规模上来说，我国是世界上最大的内需市场，但为什么有那么多企业无视国内庞大的市场规模而偏爱出口呢？总的来说，造成大量外贸企业对开拓国内市场望而却步的原因主要有三个方面：高昂的物流成本、商业流通渠道严重不畅和地方保护主义，它不仅大幅度地推高了社会交易成本和内销商品的价格，严重地抑制了国内消费需求的增长，而且也阻碍了国内专业化分工的发展。

首先，高昂的物流成本是我国生产的产品在国内比国外昂贵的重要原因之一。统计显示，2010 年我国社会物流总费用 7.1 万亿元，占国内生产总值（GDP）的比重为 18.1%，比发达国家要高 1 倍左右，许多商品的价格变化，不再取决于生产和供求，

---

① 王思璟：《打破行业"潜规则"：外贸工厂转投国内零售商》，《21 世纪经济报道》2009 年 4 月 1 日。
② 李妍：《外贸企业：内销之路尚漫漫》，《国际商报》2011 年 2 月 9 日。

而是取决于物流成本。① 高昂的社会物流费用的负担绝大部分通过商品价格的上涨被转嫁到了老百姓头上。据报道，全国所有收费公路对运输鲜活农产品的车辆免费放行的措施在 2010 年 12 月 1 日实施后，蔬菜批发价格立马就下降了 10% 左右。国家发改委经济贸易司副司长耿书海在 2011 年 1 月 19 日召开的 2011 年中国物流发展报告会上指出，我国各种过路过桥费已高达运输企业总成本的 1/3。曾经有人吃惊地发现：从中国大陆运货到美国的运费竟然比从广州运货到北京还便宜，虽然这还不是导致我国生产的产品在国内比国外昂贵的最重要原因，但我国交通运输的各种收费无疑已经严重地阻碍了国内商品流通的发展。

其次，在国内商业流通体制上，沉疴日久的"潜规则"几近成为体制的痼疾，极大地提高了商品交易成本。国内商业流通体制的潜规则包括高达商品销售额 20% ~ 30% 的高昂进场费、约占商品销售额 10% 的各种名目的杂费以及"没有止境的货款拖欠"等问题。国内营销商特别是家乐福、沃尔玛等外资企业通过垄断流通渠道，吞噬掉了生产企业辛辛苦苦赚来的大部分利润，2011 年年初频频传出不堪重负的中小供应商纷纷"逃离"家乐福的消息就说明了问题的极端严重性。实际上，我国商业流通体制中的这些"潜规则"是由外资企业在我国率先建立的，而在发达国家，它却被视作垄断行为遭到禁止。针对这种状况，虽然商务部在 2011 年一直计划出台第三次修订的《零售商、供货商商品购销合同规范》，但业内人士普遍认为这仍无法解决国内商业流通体制的顽疾。笔者认为，问题的根源在于我国制造业不仅在进出口而且在国内市场上都没有渠道控制权和价格定价权，而后者又多为外资企业所掌控，如果不从制造业的产业价值链和市场结构等系统思维入手，这一问题将无法解决。

最后，有增无减的地方保护主义所导致的国内市场分割仍然严重地阻碍着高度一体化的国内统一市场的形成。总的来说，造成国内市场分割的原因主要有两个。第一个原因是对外开放所导致的国际经济一体化对国内经济一体化的不利影响。在加入 WTO 之前，我国的地方保护主义问题并没有得到解决，由于各省之间产业结构雷同情况相当严重，因此，在加入 WTO 之后，跨国公司就把我国各省廉价劳动力和廉价自然资源迅速地纳入其全球产业价值链之中，其结果是我国各省的国际一体化程度大幅度地增加了，而国内市场的一体化程度却进一步被弱化了，这种状况导致了外资在我国畅通无阻，而国内市场的分割却有增无减。我国目前对外贸易中仍严重存在的低价竞销、多头对外与肥水外流的局面就是在这种情况下形成的，它是造成我国制造业企业不仅在进出口上没有渠道控制权和商品定价权，而且在国内市场上也一定程度上丧失

---

① 陈圣莉：《暴利路桥业后遗症：上万亿运输费打入商品成本》，《经济参考报》2011 年 5 月 5 日。

其影响力的重要原因。

造成我国国内市场分割的第二个原因是 GDP 作为考核地方政府官员的指标所导致的保护主义盛行。这种地方保护主义的形式多种多样，甚至沦为外商垄断我国市场最有力的工具。例如，据报道，国产盾构机的出口比获得国内订单还容易，其原因就在于随着全国各大城市轨道交通建设以及城际铁路、水利工程、过江隧道等项目的规模不断加大，盾构机作为挖隧道的专用大型工程机械，其市场需求也成倍数增长。因此，目前各大城市在修地铁的同时都成立了自己的盾构机厂，但这些工厂由于没有掌握盾构机的技术，它们要么和外资品牌合资，要么进口其产品，国产企业参加项目招投标，虽然在技术和价格上都占优但却拿不到标，其产品被迫远走异国他乡。2010 年 11 月 14 日，中国工程机械工业协会副秘书长茅仲文在接受《经济参考报》记者专访时表示，"除了大连和少数几个城市，目前，德国海瑞克几乎垄断了其他城市的盾构机市场。地方保护成为了外商垄断我国市场最有力的工具，"他还指出，"正在进行庞大基础设施建设的我国市场几乎被外资品牌垄断。其实类似情况也存在于其他机械，盾构机是突出代表之一。"[1] 该报记者报道说，不久前工信部刚刚召开了针对这一现象的研讨会，希望能找到行之有效的解决办法。但遗憾的是，无论是工信部还是工程机械工业协会，似乎暂时都还想不出更好的办法。

针对这种情况，笔者曾撰文指出，在地方保护主义盛行、国内市场分割、商业流通体系严重不畅、道路通行关卡林立和跨国公司在我国畅通无阻而我国企业却生存困难的情况下，扩大内需是难以实现的。历史经验说明，提高国内市场一体化程度是建立扩大内需长效机制的基础，改善国内市场环境是扩大内需的必经之路。[2] 在这一点上，蔡洪滨也提出了和笔者相同的看法，他认为国内存在着巨大的潜在消费需求，之所以没有被满足，原因就在于国内市场分割。但与笔者不同的是，他还指出，目前有关解决内需不足的流行看法如提高劳动报酬在国民收入分配中的比重、提高社会保障水平和调整收入分配格局，因为涉及深层次的体制改革问题，在近期之内很难得到解决，因此不可能成为解决内部需求不足的有效药方。[3] 蔡洪滨的这种看法并非没有道理，与提高劳动报酬在国民收入分配中的比重等这些根本措施相比较，统一国内市场将大幅度地降低交易成本和商品价格，这对于刺激消费需求来说无疑是事半功倍和相对简单易行的有效方法。就物流成本而言，《证券时报》评论员曾指出，物流成本畸高对物价攀升的"贡献"以及对中国经济造成的伤害，要比所谓的"输入型通胀"严重

---

① 尹乃潇：《地方保护主义成了外资品牌"保护伞"》，《经济参考报》2010 年 11 月 15 日。
② 贾根良：《内部改善：扩大内需的必由之路》，《光明日报》2011 年 7 月 15 日。
③ 蔡洪滨：《扩内需难在何处？》，《财经》2011 年 11 月 28 日。

得多，降低物流成本要远比个税减负更能促进内需；该评论员还指出，早在 2009 年 3 月，国务院就颁布了《物流业调整和振兴规划》，但时至今日，物流业的高成本顽症不仅没有改善，反而有进一步恶化的趋势。[①] 那么，如何解决物流业高成本和国内市场分割的顽症呢？由于篇幅所限，笔者仅提出以下两条具体的建议。

第一，建议以后停止修建收费（高速）公路，借鉴美国经验，由中央政府和地方政府从财政中共同出资修建免费（高速）公路，目前的绝大部分收费（高速）公路也要制订计划逐步地转变为免费（高速）公路。众所周知，美国是私有化程度最高并高度强调地方政府分权的国家，但与更强调政府公共职能的我国相比，奇怪的是，作为世界上高速公路里程最多的国家，美国收费公路比例却非常低。原因何在？1956 年，美国通过了《联邦资助公路法案》，根据这一法案，美国州际高速公路由联邦政府和州政府按照 9∶1 的比例出资，这实际上主要是由中央政府利用公共投资免费提供高速公路这一公共产品。美国这一法案遵循着在历史上曾导致其成功崛起的"内部改善"的基本经济学原理：在基础设施上免费公共投资所获得的回报不能通过它产生的收益来测量，而是应该按照它在降低整个经济的总体成本上的作用来衡量。免费公共投资的目的在于降低基础设施的服务价格，进而使生活和商业经营成本最小化，降低商业流通成本和商品价格，提高国内市场运转的整体效率和竞争力，推动内需市场的大力发展。目前，世界上 70% 的收费公路在中国，它不仅严重地阻碍了国内市场的统一，而且也滋生了大量的腐败，并成了地方政府债务的隐患，而中央政府税收多年来高速增长，2011 年财政收入已经超过 10 万亿元人民币，我国已经有充足的财政可以提供免费（高速）公路。

第二，通过国内自由贸易、改革商业流通体制，构造国家产业价值链，彻底打破地方保护主义，统一国内市场，迅速推动国内经济一体化的深入发展。以构造国家产业价值链为例，像我国这样的超大规模的发展中国家在世界上是罕见的，由于具有广大的和迅速成长的国内市场规模，这就为我国以内需为基础、打造独立自主的国家价值链创造了得天独厚的先天条件，我国企业家应该高度注重本土市场，通过兼并、重组和发展综合型大型企业，打造由本土企业控制其高端环节和流通渠道的国家产业价值链，改变跨国公司垄断我国商业流通体系的现状，这是从根本上由民族企业掌握渠道控制权和价格定价权并大幅度降低商业流通费用的基本途径。

三　工资增长如何使扩大内需成为我国转变经济发展方式的战略基点

2011 年的中央经济工作会议强调，要牢牢把握扩大内需这一战略基点，其基本含

---

① 《证券时报》评论员：《降物流成本比个税减负更能促内需》，《证券时报》2011 年 5 月 13 日。

义就在于扩大内需对我国转变经济发展方式和自主创新具有重大战略意义，本文第一部分的命题三已经指出：保持实际工资和生产率的同步增长是扩大内需的根本性措施，而生产率的提高与经济发展方式和自主创新密切相关。那么，如何认识工资增长对后者的重大战略意义呢？而转变经济发展方式和自主创新在构建扩大内需的长效机制中又具有什么地位呢？前者正是本部分的着眼点所在，而笔者将在下部分对后者加以讨论。

根据经合组织的定义，一个国家的竞争力就是在实际工资提高的同时仍然在世界市场上保持竞争力，但利用低工资成本参与国际分工的比较优势理论却彻底地颠倒了这种国际竞争力的逻辑。由于低工资成本的低端产品在国际市场上的大量过剩，发展中国家的企业不得不通过竞相削价扩大出口，而产品价格的降低反过来又迫使企业只能通过削减工人工资来降低成本，其结果是造成内需越来越萎缩，而内需的萎缩又迫使企业不得不依赖国外市场需求，因而利用低工资劳动力成本参与国际分工的国家就会陷入这种恶性循环难以自拔，这也是我国消费率持续下降和外贸依存度居高不下的根本原因。

自国际金融危机爆发以来，美元霸权理论家廖子光就一直在倡导通过大幅度提高工资打破这种恶性循环，他指出，低工资导致内需不足，而内需不足导致了在美元霸权之下对出口的过度依赖，而对出口的过度依赖又产生了压低工资的内在要求，这种恶性循环使中国经济已经陷入了结构性陷阱之中。除非我们进行大胆的、勇敢的和独立的思考，并采取大胆的行动突破这种陷阱，否则，中国经济将会长期陷入"中等收入国家陷阱"而不能自拔。具体而言，如果国内工资长期得不到提高，那么，扩大内需、转变对国外市场的依赖等就无法做到。中国制造业的生产能力已经非常强大，现在需要的就是通过提高工资，使原来为出口生产的能力转变为为国内需求生产。[①]

实际上，我国政府已经注意到廖子光提出的问题，近年来一直在通过提高工资推动内需的发展。国际劳工组织在 2010 年发布的《2010～2011 年全球工资报告》显示，金融危机后全球工资增速几近折半，但中国增速"引涨"全球工资，超欧美国家达 5 倍之多（见图 1）；在我国，"十二五"规划也已经确定最低工资标准年均增长率要在 13% 以上，这表明我国政府致力于让广大民众分享改革开放的成果并通过提高工资推动内需发展的决心。国际金融危机爆发后，发达国家在过去通过过度消费和财政赤字维系经济增长的局面再也无法持续下去了，而新自由主义所造成的收入分配两极分化使世界各国都面临着内需严重不足的问题，因此，目前世界经济发展最大的制约因素

---

① 廖子光：《恢复中国历史性大国地位的战略》，《国外理论动态》2011 年第 12 期，第 76 页。

是需求约束而非供给约束，这造成了我国外需市场在今后相当长一段时间内将日益萎缩，在我国投资拉动目前已经达到极限的情况下，通过不断提高工资推动国内消费增长就成为我国目前扩大内需的重要选择。

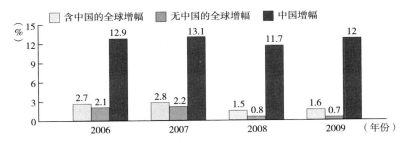

图 1   全球年工资平均增幅与中国增幅

资料来源：黎史翔、王进雨《国际劳工组织发布报告：中国工资增长被疑高估》，http://business.sohu.com/20101220/n278397106.shtml。

提高工资涉及与利润的关系，目前人们注意到的只是工资和利润之间的此消彼长关系，虽然人们对工资在 GDP 中所占比例的下降趋势几乎很少有异议，但对下降的程度在估算上却存在很大争议。按照中华全国总工会集体合同部部长张建国提供的数据，我国居民劳动报酬占 GDP 的比重在 1983 年达到 56.5% 的峰值后，就持续下降，2005 年已经下降到 36.7%，22 年间下降了近 20 个百分点。而 1978～2005 年，与劳动报酬比重的持续下降形成了鲜明对比的则是资本报酬占 GDP 的比重上升了 20 个百分点。[1] 但财政部财政科学研究所所长贾康则指出，劳动报酬占比下降并没有像这些数据显示的那么大，我国的劳动报酬占比 2005 年应为 50.58%，低于大多数发达国家，但在世界上处于中等偏上水平，目前世界上最高的是美国，达到 56.92%。尽管如此，贾康仍认为，我国劳动报酬占比仍呈逐年下降趋势，这一现象应当引起重视，政府应当加大国民收入分配调整力度，提高居民收入在国民收入中的比重，提高个人工资在初次分配中的比重。[2]

但是，目前的讨论几乎没有注意到工资提高对利润增长的促进作用。正如杨格定理指出的：报酬递增的分工经济取决于普通民众的购买力，所以，福特主义的实质就在于工人的工资收入就是资本的利润来源，只有当工人的工资合理地增长时，资本的利润才能不断增加，虽然利润在 GDP 中的占比有可能有所下降，但利润总额却是增加的，而一个工资不断下降乃至停滞的经济迟早会因为生产能力的大量过剩而发生马克

---

[1] 李静睿：《数据显示我国劳动者报酬占 GDP 比例连降 22 年》，《新京报》2010 年 5 月 12 日，http://news.sina.com.cn/c/2010-05-12/024420251101.shtml。

[2] 财政部官员称我国劳动报酬占 GDP 比重被低估，《人民日报》2010 年 5 月 18 日，http://news.sohu.com/20100518/n272176752.shtml。

思所说的严重经济危机。因此，笔者认为，即使承认贾康的看法，我们也不能把美国目前的比例作为标杆，正如国际劳工组织指出的，工资占 GDP 比例的下降在过去 20 多年中是一个全球性的现象，这与新自由主义经济学只把工资看作成本的经济政策密切相关，与垄断资本通过全球化利用发展中国家的低工资进行全球工资套利有关，它导致了全球工资水平的持续下跌。在这种情况下，美国也不例外，而在第二次世界大战后所谓的资本主义"黄金时代"甚至 20 世纪 70 年代，美国这一比例要高达 70% 多。但由于考虑到第二次世界大战后以来政府财政收入占 GDP 的比例在世界各国都呈长期上升趋势，因此，工资占 GDP 的比例至少要在 60% 以上才是比较合适的，因此，我国在提高工资占 GDP 的比重上还有相当大的空间。

更为重要的是，目前有关工资增长问题的讨论几乎没有注意到我国劳动报酬占 GDP 比重的下降与对外经济发展方式的密切关系。确实，提高工资对于突破我国所陷入的"低工资——内需不足——出口依赖——低工资——……"的结构性陷阱具有纲举目张的战略意义，但是，提高工资并不能自动地调整对出口导向型经济的依赖，如果没有在对外经济发展方式上的重大调整，这一战略将会受到很大掣肘。众所周知，作为世界上最大的发展中国家，我国的对外贸易条件自 20 世纪 90 年代末以来就一直处于长期恶化的趋势，因此我们首先运用伊曼纽尔的不平等交换理论对这种贸易条件的恶化进行简单解释，然后再讨论我国的对策。

伊曼纽尔认为，南北方国家之间的不平等交换来自南北方之间的工资不平等，这主要是由两个制度性因素所决定的：其一，北方国家存在着比南方强大很多的工会组织，而南方的工会不是不存在就是不起作用，因此，在全球化时代，北方国家在一定程度上仍保留着福特制和福利国家制度，虽然这种制度不断地遭到侵蚀；而在发展中国家，由于当地政府对外资的热烈欢迎和给予各种优惠，国际垄断资本却进行着低工资和没有福利保障的"外围福特制"生产。其二，南北间的劳动力不能自由流动，但却存在着投资自由，而资本的报酬在南北方国家应相等，甚至由于南方国家把低工资作为竞争优势，因此资本具有更高的报酬，这是跨国公司之所以纷纷把制造业转移到低工资成本国家、进行工资套利的原因。这两种制度因素导致了，尽管北方国家的工资占 GDP 比重在一定程度上也下降了，但南北方国家之间的工资差距却无法缩小，事实上是在不断地扩大，这是导致南方国家贸易条件恶化的主要原因。

在缺乏强大工会的情况下，发展中国家通过政府干预强制提高工资对于改变其不利的贸易条件和转变经济发展方式确实是关键性的，但几乎没有发展中国家这样做，然而，当许多国家都在努力维持低工资成本的时候，"唯独新加坡试图提高工资，以此作为一项有意识地迫使产业向附加值更高的领域转移的政策。1975 年的经济衰退后，新加坡政府试图通过降低工资吸引外商投资。外资虽然进来了，却基本上集中在低工资的产业。……1979 年，新加坡推出一个为期三年的工资调整政策，由政府'建议'工资每年提高 20％。这项政策奏效了——还延长了两年。经过五年中每年 20％以上的工资增长后，到了 1984 年，由于大量的劳动密集型制造业被挤出新加坡，引发了 1985 年的一场经济衰退！新加坡政府随之采取了为期两年的工资限制政策，直到衰退结束"。① 新加坡的"国民收入倍增计划"对于新加坡摆脱众多发展中国家陷入"低工资陷阱"而不能自拔起到了关键性的作用。

我国在通过提高工资特别是外资企业的工资推动（对外）经济发展方式的转变上比新加坡具有更大的操作空间。首先，我国出口产品的价值被严重低估，与新加坡致力于产业升级的性质不同，我国目前提高出口部门的工资在很大程度上是旨在恢复出口商品应有的价值，因此不会降低出口规模。例如，当印度在 2010 年裁决对我国建筑陶瓷抛光砖征收售价 247％的反倾销税时，主要出口厂家广东佛山新中源陶瓷有限公司负责人对《瞭望》新闻周刊记者说："我们公司的产品，即使以出厂价的两倍销售，依然比印度产品便宜。"② 在这种情况下，该公司工人的工资提高两倍也不会影响企业的销售。其次，由于三年来我国内需市场已有了较大的发展，更由于我国是一个超大型的发展中大国，地域广阔，区域之间发展不平衡，因此，这对于我国首先在沿海出口部门特别是外资企业强制性地大幅度提高工资水平提供了广阔的回旋空间，我国可以更好地应对工资提高所带来的冲击。

与目前政府被迫应付人民币汇率升值和大幅度扩大进口的政策不同，笔者在本文中建议政府大胆地采取大幅度地提高出口部门特别是外资企业的工资水平的措施③，因为后者确实能有效地推动经济发展方式的转变，而前者不仅不能，反而将使我国陷入日益被动的局面之中。首先，由于工资增长，将促使企业从低工资成本竞争转向技术创新竞争，技术创新所产生的生产率增长将为工资的进一步提高奠定基础，而工资的再次提高又将推动技术创新，从而在技术创新与工资增长之间形成一种正反馈的良性循环，可以同时达到转变经济发展方式和扩大内需的双重目标。其次，工资增长将达到稳定汇率、平衡贸易和从出口依赖的经济中摆脱出来的三重目标。④ 最后，人民币汇率被迫升值和大幅度扩大进口特别是扩大对机器设备和高端技术的进口改变不了对我

---

① 纳谢德·福布斯、戴维·韦尔德：《从追随者到领先者——管理新兴工业化经济的技术与创新》，沈瑶等译，高等教育出版社，2005，第 84 页。

② 钟玉明、郭奕胜、项开来：《巨额反倾销税下的低工资》，《瞭望》新闻周刊，2010 年 5 月 24 日，http://news. xinhuanet. com/fortune/2010 – 05/24/c_ 12134002. htm。

③ 最近三年来，我国工人的罢工大都发生在外资企业也说明了外资企业的工资水平可能比其他所有制企业更低。

④ 贾根良：《解决"美元陷阱"和人民币汇率问题的正确思路》，《广东商学院学报》2010 年第 4 期。

国非常不利的"进口高端产品并出口低端产品"的对外经济发展方式，而提高工资可以有力地推动对高端产品的进口替代，从而达到推动自主创新的目的，笔者在第四部分将对此展开讨论。

但是，要实施通过大幅度提高出口部门特别是外资企业的工资水平推动中国整体工资水平上升的战略，就必须要有相配套的政策措施，这是一个复杂的系统性工程。首先，需要解决我国对外贸易的自由竞争与跨国公司垄断国际贸易之间的矛盾，这是我国出口产品的价值在国际市场上被严重低估的主要原因之一，也是导致我国在国际贸易中没有定价权的重要原因。为此，我国必须加强对对外贸易的统筹工作，可以通过充分发挥产业协会的作用、建立大型企业集团或者仿效石油输出国组织，建立中国进出口产品特别是劳动密集型产品出口的卡特尔等措施达到我们的目的。其次，我国出口产品价值在国际市场上被严重低估以及我国在国际贸易中没有定价权问题与我国出口产品的大量产能过剩及其整个国民经济结构的失衡之间存在着密切的联系，笔者将在本文的第五部分对此加以讨论。

四　资本品工业价值链高端的自主创新：扩大内需长效机制的关键

我们现在已经讨论了工资增长作为产品销售"市场"和利润来源的重要性，也讨论了工资增长在推动技术进步和转变我国经济发展方式上的战略意义，这是问题的一个方面，但我们还有问题的另一个方面，这就是工资增长必须以生产率的提高为基础，命题二所谓"工资增长与生产率提高的良性循环"揭示的就是这种互动关系。然而，根据命题三，并不是所有的生产率提高都能构成工资增长的基础，著名的普雷维什－辛格假说就揭示了这一点，他们认为，发展中国家初级产品出口的贸易条件相对于发达国家工业制成品出口呈现出长期恶化的趋势（普雷维什－辛格假说）。造成这种状况的主要原因就在于，发达国家制造业劳动生产率的提高改善了他们的工资收入和资本利润，而发展中国家初级产品的劳动生产率提高却降低了初级产品的出口价格，新技术的采用和生产率的提高使发展中国家的经济状况反而恶化了，因此，他们提出，发展中国家经济发展的出路在于工业化，普雷维什－辛格的这一命题就成为了经典发展经济学（1943～1970）的一个基本法则。

演化经济学家赖纳特对制造业和初级产品部门的劳动生产率提高为什么导致这两个部门的工资收入和资本利润发生相反变化的原因做出了更详细的解释，请看表1。赖纳特指出，自然资源非常丰富的澳大利亚人非常清楚地了解专事初级产品部门生产的危害，因此坚持建立自己的制造业部门，即使它绝不能与英国和美国的工业相竞争，但这是防止"资源诅咒"所必需的。[①]

表 1　制造业和初级产品的部门特征及其根源[②]

制造业部门	初级产品（农产品和自然资源）部门
报酬递增	报酬递减
动态不完全竞争	"完全竞争"（商品竞争）
价格稳定	极度的价格波动
一般是熟练的劳动力	一般是非熟练的劳动力
创建中产阶级	创建"封建的"阶级结构
不可逆的工资（工资"黏性"）	可逆工资
技术变迁为生产者带来更高的工资（"福特工资制度"）	技术变迁为消费者带来更低的价格
产生巨大的协同作用（联系，集群）	产生很少的协同作用

　　但是，普雷维什－辛格命题即发展中国家经济发展的出路在于工业化，但在现实中遇到两个难以解释的现象，第一个是拉丁美洲国家在20世纪30年代就开始了其工业化（有些国家更早些，如阿根廷），特别是在第二次世界大战后一直到新自由主义兴起，工业化是拉丁美洲国家孜孜以求的目标，但同样作为资源丰富的国家，芬兰、瑞典和澳大利亚等都成为了富裕国家，而拉丁美洲国家却为什么陷入了"中等收入国家陷阱"而不能自拔呢？看起来原因并不在于埃里克·赖纳特笼统上所说的制造业部门，而在于这些资源丰富的国家是否存在一个自主的资本品工业部门，正如前面提到的德国经济学家森哈斯的案例研究所揭示的。第二次世界大战后，拉丁美洲国家在消费品工业的进口替代工业化上是成功的，但在资本品工业的进口替代上却遭遇了严重的危机，重要原因之一就是跨国公司支配了其资本品工业。芬兰、瑞典和澳大利亚虽然资源出口在其出口结构中也占有相当高的比例，但由于都存在着自主的资本品工业部门，所以没有陷入拉丁美洲国家难以摆脱的"资源诅咒"，例如，人口只有500万人的芬兰和人口只有1000万人的瑞典不仅出口纸浆，而且更出口用于木材采伐和造纸的机器设备，它们还拥有在国际上著名的信息技术企业——诺基亚和爱立信。

　　演化经济学家理查德·R.纳尔逊早在1993年的著作《经济增长的源泉》中，经过比较研究得出结论，认为资本品工业的进步"为范围广泛的——从高速列车到蜂窝电话到商业银行——下游产业的技术创新提供着基石和关键的机遇。……如果一个国家希望自己的企业将来在下游产业变得强大，该国最好是不要让外国企业控制关键的

① 埃里克·赖纳特：《富国为什么富、穷国为什么穷》，中国人民大学出版社，2010，第123～124页。
② 埃里克·赖纳特：《富国为什么富、穷国为什么穷》，中国人民大学出版社，2010，第118页，并见该书第204～205页夏详细的图表。

上游技术"。[1] 演化经济学的研究已经充分证明，技术创新是国民财富和工资增长的不竭源泉，而自主的资本品工业部门的技术创新则为国民经济各个部门的技术创新及其收益提高提供了基础，它是生产性服务业发展、高等教育扩张和中等收入者比重上升的主要推动力，因此，它在内需增长的长效机制中居于核心地位。2011 年年底闭幕的中央经济工作会议提出，我国要把扩大内需的重点更多地放在保障和改善民生、加快发展服务业、提高中等收入者比重上来，因此，我们在这里强调资本品工业自主创新的关键作用是非常有必要的。

如果没有一个自主的资本品工业部门，企图通过工资增长推动经济发展方式的转变就成了无源之水和无本之木了，拉丁美洲的教训就说明了这一点。在拉丁美洲，民众主义是与自由主义相对立的经济政策，在 20 世纪 30 年代登上拉丁美洲的政治舞台，[2] 其执政的核心就是"以人为本""以民为本"，增加（最低）工资和提高社会福利是其主要的政策手段，目前，左派政府在拉丁美洲的上台使民众主义在拉丁美洲的影响力进一步扩大。[3] 樊纲等人把拉丁美洲民众主义提高低收入群体的收入水平看作是拉美陷阱的表现之一，提醒中国政府要警惕出现拉丁美洲"福利赶超"的不利后果。[4] 但是，樊纲等人对民众主义经济政策所带来不利后果的解释是不正确的，民众主义经济政策在拉丁美洲之所以无法成功，其主要原因就在于外国直接投资通过控制拉丁美洲各国的资本品工业和各产业价值链的高端环节，不仅占有了全部技术创新租金，而且也攫取了额外的利润，因此断绝了拉丁美洲各国提高居民收入水平的源泉，在这种情况下，如果要改善国民福利，其表面现象就必然表现为樊纲等人所说的"福利赶超"。

普雷维什 - 辛格命题难以解释的第二个现象是由辛格本人和其他经济学家所发现的：自 20 世纪 80 年代以来，发展中国家的制造业得到较快发展，生产率进步很快，但发展中国家工业制成品的贸易条件也在恶化，发展中国家仍然无法摆脱贸易条件恶化的命运。[5] "在 1988 年至 2001 年之间，收入越低的群体，遭遇的价格下跌的趋势越严重；但是中国制造的产品价格下降趋势甚至超过最低收入组国家，与此相似的是，技术含量越低，价格可能下跌得越厉害。出乎意料的是，资源依赖型产品的价格不如技术含量低的产品价格那样趋向于下降。"[6] 但大约从 1998 年开始，发展中国家的总体国

① 理查德·R. 纳尔逊：《经济增长的源泉》，中国经济出版社，2001，第 332 页。

② 贾根良主编《拉丁美洲市场经济体制》，兰州大学出版社，1994，第 224~227 页。

③ 江时学等：《拉美发展前景预测》，中国社会科学出版社，2011，第 17~19 页。

④ 樊纲、张晓晶：《"福利赶超"与"增长陷阱"——拉美的教训》，《管理世界》2008 年第 9 期。

⑤ Sarkar, Prabirjit and Hans W. Singer, "Manufactued Exports of Developing Countries and their Terms of Trade Since 1965", *World Development* 19（4），1991，pp. 333 - 340.

⑥ 卡普林斯基：《夹缝中的全球化：贫困和不平等中的生存与发展》，知识产权出版社，2008，第 200 页。

际贸易条件趋于改善，而我国的总体国际贸易条件却急剧恶化（参见图 2①），发展中国家总体国际贸易条件改善的主要原因之一是我国作为世界制成品出口基地对自然资源和原材料需求激增的结果。

那么，是什么因素造成了发展中国家特别是我国的工业制成品贸易条件的长期恶化呢？除了以往经济学家们在讨论发展中国家初级产品贸易条件恶化时所谈到的工会力量弱小、工资套利和跨国公司对国际贸易的垄断因素外，卡普林斯基认为，全球范围内工业制成品的产能过剩是其重要原因，而中国工业制成品的大量出口则是造成这种产能过剩和贸易条件恶化的主要原因。② 对于我国由于结构失衡所造成的工业制成品产能过剩问题，我们将在下一部分讨论，但是，卡普林斯基并没有注意到，我国不仅出口服装、玩具等消费品，而且还大量地出口包括机械和信息产业产品等资本品货物，这就提出了一个问题，自主的资本品工业部门作为摆脱"中等收入国家陷阱"和扩大内需长效机制的关键这一命题还能成立吗？

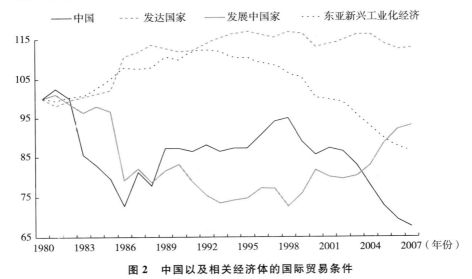

图 2　中国以及相关经济体的国际贸易条件

资料来源：中国数据来自世界银行《世界发展指数》数据库（World Bank. World Development Indicators. data base）；其他数据来自国际货币基金组织《世界经济展望》数据库（IMF. World Economic Outlook. data base）。

这就需要对我国资本品货物出口的性质做出判断：它与芬兰和瑞典等国家的资本品货物出口在性质上一样吗？2009 年年底，《瞭望》新闻周刊记者在走访我国沿海省市装备制造业后得出了这样一个结论：我国资本品工业在很大程度上已经变成了发达

---

① 卢荻：《世界发展危机与"中国模式"》，《政治经济学评论》2010 年第 4 期，第 28 页。
② 卡普林斯基：《夹缝中的全球化：贫困和不平等中的生存与发展》，知识产权出版社，2008，中文版导言、译者序和第 187~228 页。

国家的高端组装和中低端加工基地，在技术绝对垄断的外资挤压下，中国装备制造业的发展呈现出"低端混战、高端失守"的状态，自主创新困难重重，资本品工业自身所需要的核心基础元器件、大型铸锻件和自动化控制装置发展滞后，关键配套受制于人，大型、精密、高效装备仍依赖进口。① 这种状况造成了我国"进口高端技术和高附加值的资本品，出口低附加值的消费品和出口（无自主技术的）低附加值资本品"的局面。显而易见，我国资本品工业是不可与历史上澳大利亚、芬兰和瑞典自主型资本品工业所起的作用同日而语的，它在相当程度上已经无法承担摆脱"中等收入国家陷阱"的历史重任并作为扩大内需之基础。

是什么因素造成了我国工业发展特别是资本品工业的"去技术化"过程呢？要回答这个问题，我们首先要弄清楚：从英国工业革命一直到日本和韩国的崛起，为什么抓住了工业特别是资本品工业就抓住了国家致富的关键？原因就在于，在那时由于整个工业特别是资本品工业的产业价值链都在一国之内，因此，抓住了工业就抓住了具有报酬递增之特征的高创新率、高水平进入壁垒、高附加值、高工资和高就业的高质量生产活动，因此，在 20 世纪 80 年代以前，"进口原材料并出口工业制成品"是落后国家脱贫致富的不二法门。但是，由于全球产业价值在 20 世纪 80 年代之后特别是 90 年代以来的迅猛发展，发展中国家在这种"新国际分工"中承担的是已不具备报酬递增之特征的价值链低端环节，因此他们再也无法达到脱贫致富的目标了，因为在历史上也曾经是欠发达国家的英国、德国、美国和日本等现在的所有发达国家之所以相继崛起，本质上并不在于他们抓住了工业，而是在于抓住了隐藏在工业背后的本质：只有抓住资本品价值链高端等报酬递增的高质量经济活动，国家才能致富；否则，国家将陷入贫困之中而不能自拔，这就是我国为什么一直在强调自主创新和转变经济发展方式的历史和理论根源。

我国资本品工业高端价值链的落后直接造成了我国目前所面临的许多严重困境。例如，它是造成消费品工业在国际市场上日益丧失竞争力的直接原因。众所周知，我国曾经在国际市场上风云一时的彩色电视机工业因平板电视新技术的出现在前几年遭遇到严重危机，现在我国的纺织业将要面临同样的困境。据报道，由于巴基斯坦、孟加拉国和土耳其等国的劳动力成本比我国更低，2011 年已有大量产能开始向这些国家转移，10 年前最有国际竞争力的纺织业，现在面临的产业升级压力也最大，但我国并没有升级所需的自主技术，"据一位排名国内前十的化纤企业的工程师对本刊记者透露：该厂不仅大型设备得从国外进口，而且防静电油剂等耗材及一些小部件也要从日

---

① 陈冀、贾远琨：《外资垄断"锁喉"中国装备业》，《瞭望》新闻周刊 2009 年 12 月 2 日。

本买。以生产涤纶丝用的喷丝板为例，就是一个布满小眼的钢板，眼要细，漏丝还要通畅，看似简单要求，中国的机械加工工艺就达不到。'宇宙飞船我们都能自己造，为什么一个小眼儿打不好？但这显然不是纺织企业和行业的问题。'"[1] 由此可见，我国机械工业等资本品工业的落后是我国纺织业在国际市场上日益丧失竞争力的主要原因。此外，我国资本品工业高端价值链的落后也是造成我国生产性服务业发展严重滞后、"三农"问题难以解决和大学生就业日益困难的重要原因。[2]

本部分从理论与历史经验相结合的角度，讨论了经济学家们关于国家致富基础的产业和经济活动的基本特征，遵循逻辑与历史相统一的原则，通过对相关经济学说的批判性考察，把国家致富的关键因素从一般而言的工业化推进到资本品工业，再从资本品工业深入到其价值链高端，论证了资本品工业价值链高端的自主创新在扩大内需长效机制的关键地位。限于篇幅，本部分只提出两点政策建议。第一，保护和扶植民族资本品工业的价值链高端，大幅度降低对外国直接投资的依赖程度。拉丁美洲的经验说明，外国直接投资是导致其资本品工业部门自主性丧失的基本原因，而我国目前对外资的依赖程度日益加深，这不能不引起我们的高度警惕。第二，对资本品工业价值链高端有计划地实施进口替代工业化。进口替代是产业升级的重要途径和自主创新的基础，但自 20 世纪 90 年代末以来，我国实际上已经放弃了对资本品工业价值链高端的进口替代。显而易见，一国的资本品工业价值链高端及其核心技术如果不能实现国产化，该国是不可能建立起自主的资本品工业部门的。正如许多发展中国家不能因为民主化不成功就不再追求民主化一样，我们不能因为拉丁美洲进口替代工业化不成功的经验就因噎废食，何况还有韩国、中国台湾和许多国家进口替代工业化的成功经验可供我国借鉴呢？

五　国民经济平衡发展：　为互补性的生产性需求创造巨大的内需市场

国际金融危机爆发后，"调结构、扩内需和保增长"成为我国经济政策制定的主调，虽然在内容和重点上有所变化。但是，在目前有关扩大内需的学术研究和政策制定上，人们并没有注意到"调结构"将如何直接创造内需市场的问题，具体地说就是没有注意到国内企业间和产业间如何通过提供互补性的需求直接扩大内需问题。归纳起来，"调结构"的含义目前主要有以下几种：调整过于倚重外需的经济结构，但却是从宏观总量而言的；调整"重投资需求，轻消费需求"的结构；调整区域结构，推动区域间协调发展；调整收入分配结构；调整投资结构，降低高能耗和高污染产业的比

---

① 林小骥：《WTO 博弈之纺织业：不能再回避陷阱问题》，《中国企业家》2011 年 12 月 5 日。
② 贾根良：《国际大循环经济发展战略的致命弊端》，《马克思主义研究》2010 年第 6 期。

例，提高战略性新兴产业和节能环保产业在产业结构中所占的比例。然而，这些"调结构"的含义都没有包含通过调整产业间供求关系从而更好地提供互补性生产需求的问题，这个问题正是本部分的着眼点。正是从这一着眼点出发，笔者将主要着墨于如何解决目前棘手的外需与内需的结构平衡问题，并为此提出新的政策建议。①

为了更好地说明这个问题，我们还是先从借鉴美国经济崛起时期的历史经验谈起。在命题四中，我们已经指出，国民经济的平衡发展是美国在这一时期的基本特点之一，但这个特点的形成要追溯到美国从初级产品（主要是农产品）出口导向型经济向内需主导型经济的转变。当时，美国农产品的出口不仅由于国外需求的不稳定和外国移民更多地涌入农业领域，因此经常性地导致农产品出口出现生产过剩和收益下降，而且也导致了土壤肥力的下降和环境的破坏。为了解决这一困境，美国采取了保护和扶植工业发展的国策，达到了"调结构"的三重目的：首先，工业人口的不断增加为农产品创造一个不断成长的国内市场，从而大大地增强了抵御外部需求下降的风险的能力；其次，工业发展导致大量农民被转移到城市工业，这不仅减轻了农产品供给过剩的压力，而且也因此导致了农业劳动生产率的提高，农民的收入也得到了提高；最后，由于前两个目标导致了农民收入的不断增长，而且由于对工业采取了高关税保护的政策，因此美国农民只能购买本国工业品，这就为美国在国际市场上毫无竞争力的幼稚工业提供了有保证的和不断增长的国内市场。美国工业的国际领先地位就是通过这种对国内市场的独占建立起来的，由此可见，美国在这一时期由农业和工业之间以及工业内部各部门之间相互提供的市场对美国工业的赶超发挥着非常重要的作用。

目前，我国产业价值链低端（包括加工贸易）工业制成品出口导向型经济面临着与美国初级产品出口导向型经济转型之初非常类似的困境：生态环境遭到破坏，自然资源大量被消耗，产能大量过剩导致贸易条件持续恶化，陷入了生产增加但出口收入下降的"贫困性增长"的陷阱，在海外市场不断萎缩的情况下，这种情况将更加严重。特别是与当时美国的情况相比，我国还陷入了更令人痛心的"美元陷阱"之中：我国连年的贸易顺差导致了国民财富的严重流失。在美元霸权的支配下，美国开动印钞机大量印制美元绿纸片，低价购买我国出口产品，而我国由此形成的美元贸易顺差不仅夺走了我国在教育、医疗、社会保障和农业补贴等方面所急需的资金，② 而且其价值也因美元的不断贬值而不断耗散，正如余永定先生指出的，这无异于我国把贸易顺差产

---

① 无疑，通过发展区域间多样化的水平分工，推进国内经济一体化在空间上的纵深发展，推动我国东部和中西部之间的国内经济大循环，可以有效地开发中西部内需市场的巨大潜力。但由于篇幅所限，本文暂不涉及该问题，笔者将有专文对此加以讨论。
② 贾根良：《外储问题的根本在于外资和美债》，《中国经济周刊》2011 年第 38 期。

品直接扔到大海里，同时由中国人民银行直接印人民币发给这些出口企业。[1]

连年的贸易顺差是造成我国内需不足和严重通货膨胀并发症的重要原因。以 2010 年我国贸易顺差 1831 亿美元为例，按当年末 1 美元兑 6.6227 元人民币的人民币汇率计算，贸易顺差总额为 12126.1637 亿元人民币，假如 2010 年我国实现贸易平衡（也就是贸易顺差为零），该年贸易顺差部门的产品投放国内市场，那么，按 2010 年末中国城乡 7.9 亿的就业人员计算，平均每个就业者将增加 1777 元工资；而如果按 2010 年末我国 2.2 亿农民工计算，那么每位农民工将增加 5512 元人民币收入，这也就是说，按保守计算，如果该年农民工平均工资增加 40%，不会发生任何通货膨胀，而由于农民工消费倾向最高，由此所形成的扩大内需效应是任何其他措施所无法达到的。但实际情况却是，由于 2010 年巨额贸易顺差的存在，我国农民工不仅不能增加 40% 的工资，反而却因外汇占款而增发人民币所造成的通货膨胀使其实际收入下降，实际收入的下降反过来又加重了内需不足。

为了解决因连年巨额贸易顺差所导致的财富损失和通货膨胀并发症问题，我国政府在 2011 年采取了扩大进口的战略，并于 2011 年底推出了 2012 年大范围下调进口商品关税的措施。[2] 无疑，扩大进口的战略将有助于贸易平衡，如果单纯从这个角度来看，这不失为一种好的解决办法。但是，单纯地扩大进口并不能解决产业价值链低端工业制成品出口过剩所内生的贸易条件恶化和生态环境恶化问题，而且，它无法解决由于我国出口产品海外市场在未来的持续萎缩而产生的失业问题，反而会加重失业问题，因为进口将冲击国内相关产品生产企业的生产，从而减少国内就业。

更为重要的问题是，扩大进口的战略能否推动经济发展方式的转变和自主创新？目前我国进出口贸易结构的特征是"出口低端产品并进口高端产品"，在发达国家经济崛起的经济政策史和经济思想史中，这种贸易结构因为是"出口本国报酬递减的产品并进口外国报酬递增的产品"，因而被看作是"坏的贸易"，[3] 这正是我国对外经济发展方式所要转变的对象。按照命题三，资本品的自给自足或在出口占比中不断增加是扩大内需长效机制的关键，我们可以把 2012 年 730 种进口商品平均关税率降低为 4.4% 的商品划分为两大类：第一类是能源资源性产品、用于促进消费和改善民生的日用品和与公共卫生相关的产品，这些产品进口将改善国内供给，对转变经济发展方式没有不利影响。第二类则是资本品，包括战略性新兴产业所需的关键设备和零部件以

---

① 余永定：《见证失衡：双顺差、人民币汇率和美元陷阱》，生活·读书·新知三联书店，2010。
② 郭丽琴、付晶晶：《"扩进口"发力：财政部下调 730 多种进口商品关税》，《第一财经日报》2011 年 12 月 16 日，http://finance.eastmoney.com/news/1350, 20111216182652996.html。
③ 埃里克·赖纳特：《富国为什么富、穷国为什么穷》，中国人民大学出版社，2010。

及大马力拖拉机等在内的农业生产资料，这类产品降低进口关税将冲击我国亟须扶植的资本品工业，对转变经济发展方式不利。但是，如果打算在短期进口之后，在此基础上开展进口替代，这是无可厚非的，而且在目前国际金融危机的条件下，由于发达国家经济萧条，我国在进口价格等问题的谈判上将处于有利地位，这无疑是一个准备进口替代的好时机，但是，如果没有这个打算，只是希望通过进口平衡贸易，并认为这种进口长期化是正常的，那么，我国转变对外经济发展方式和自主创新将会受到很大抑制。

另外，还需要引起特别注意的是扩大进口战略对我国贸易结构和国际收支所带来的深远影响。首先，因为我国的贸易顺差主要是由加工贸易产生的，一般贸易和其他贸易一直都处于逆差状态，因此，扩大进口战略将导致我国对加工贸易的依赖，这与我国大力压缩加工贸易的既定目标是自相矛盾的。其次，我国贸易顺差主要是由在华跨国公司的加工贸易所形成的，如果把扩大进口作为一种战略长期实施，是否会加重对外国直接投资的依赖，并在未来某些时候导致外汇危机？例如，以 2010 年我国 1831 亿美元的顺差构成为例，外商投资企业占 2010 年我国贸易顺差的 68%，顺差额为 1243 亿美元；而我国民营企业和国有企业贸易顺差总计仅 598 亿美元，占比为 32%。由于外商投资企业所形成的贸易顺差实际上代表着外资对我国资产的索取权，是我国间接的对外资的隐性债务，因此，一旦外资外逃和外商投资企业不再通过结汇制把美元交给中国人民银行，而我国进口比例如果无法压缩，这将有可能发生外汇危机。

相对于我国连年巨额贸易顺差所导致的财富损失和通货膨胀而言，笔者并不反对扩大进口战略，因为这总不失为一种解决办法，但这种战略对长期发展将会产生不利影响，因此，我们需要寻求更好的途径，在这种途径中，扩大进口可以成为其中的一部分。笔者认为，要解决我国进出口价值总量的长期失衡，我们必须注意到我国产业价值链低端工业制成品大量产能过剩的困境是与我国经济结构其他方面的失衡相伴而生的：资本品工业高端产品大量进口；大豆、玉米等大宗农产品的大量进口；由"大进大出、两头在外"所导致的服务业特别是生产性服务业发展滞后产生的结构失衡，[1] 这些结构失衡也必须解决，因此，我们必须把这些结构失衡通盘考虑，采取一揽子的战略，而不仅仅是为了解决连年巨额贸易顺差所产生的问题。

我们首先讨论如何解决我国价值链低端工业制成品在我国出口结构中"一枝独大"的问题。我们前面的讨论已经说明，扩大进口战略在解决贸易顺差上的副作用较大，也无法解决贸易条件恶化、生态环境恶化和资源耗竭问题，而要解决所有这些问题，

---

① 刘书瀚、贾根良、刘小军：《出口导向型经济：我国生产性服务业落后的根源与对策》，《经济社会体制比较》2011 年第 3 期。

只有压缩低端工业制成品的出口规模，别无他途。为此，我们可以采取以下三种办法。首先，大幅度减少出口退税，并尽快取消出口退税。出口退税不仅与我国压缩加工贸易的既定目标背道而驰，而且也主要是补贴了外资企业，因为加工贸易顺差主要是外资企业形成的。例如，据商务部资料，2009 年，外资企业加工贸易占加工贸易顺差总额的比重为 84%。其次，逐步实施禁止不可再生资源出口的资源战略，当我国为巨额外汇储备贬值而发愁的时候，根本就没有必要再通过出口自然资源增加贸易顺差。最后就是第三部分已经提出的大幅度提高出口部门特别是外资企业工人工资水平的措施。

上述措施会不会导致大范围的失业？如果实施上述措施，对失业问题将如何处理？第一，我们前面已经谈到，我国出口商品价值在国际市场上被严重低估，虽然我国许多出口商品不会像我国建筑陶瓷抛光砖的产品价格提高两倍还比印度产品便宜，但大部分商品仍有相当大提价空间，这种提价不会导致失业。第二，跨国公司通过垄断贸易获得了几倍甚至十几倍于我国出口企业的利润，因此取消出口退税和提高工资就是迫使它们对中国工人和企业让利，因此不会产生更多的失业。第三，由于发达国家对中国出口产品的依赖和对基本消费品在相当程度上的刚性需求，销售量不会因上述措施而有较大的减少。第四，取消出口退税后，原先中央财政为此准备的资金可以转作失业救济准备金，以备支付失业救济之用。例如，2010 年我国财政就为出口退税支付了 7300 亿元人民币，如果按每位失业人员支付每月 1200 元计算，这些出口退税转作失业救济准备金后，每年至少可以支付给 5 千万名因上述措施而失业的人员，但上述措施决不会造成 5 千万人口的失业。第五，仍以 2010 年我国贸易顺差 1831 亿美元计算，由于实施上述措施，出口企业产品出口转内销，假如贸易顺差减少一半，由此国内商品供给增加 6000 亿元人民币，5 千万失业人员可以再增加 6000 亿元人民币（每人每月再增加 100 元救济金），而且不会产生通货膨胀。第六，由于大幅度提高了出口部门特别是外资企业工人工资水平，工人消费的增加将刺激国内生产，从而扩大就业。总之，如果实施上述措施将不会导致大范围的失业，较小范围的失业问题可以妥善地被处理。

在实施上述措施的同时，我们可以对资本品工业高端产品实施进口替代，这不仅将为我国资本品工业的自主创新提供广阔的平台，而且，由于资本品工业高端产品的发展是生产性服务业发展的基础，生产性服务业也将因此得到更快的发展；与此同时，大幅度地减少大豆、玉米等大宗农产品进口，并恢复此类商品的国内生产规模。这些措施将大范围地增加大学生、研究生、农民和服务业的国内就业，这不仅将弥补上述措施所造成的失业，而且将创造更多的就业岗位，就业岗位的增加也将增加劳动者的收入，这无疑将增加对原先生产出口产品的消费品的需求，从而刺激原先生产出口产品的企业为国内生产，其生产率、工资和利润都将得到提高；而资本品工业高端产品、农业和服务业的企业发展也将增加对原先用于出口的资本品的生产性需求。① 这样，我国资本品工业、农业与原先用于出口的廉价工业制成品之间就可以逐步地形成互为市场的良性循环，从而彻底扭转内外需失衡的局面，不仅可以实现国民经济各部门之间的平衡发展，有力地扩大国内产业和企业之间生产性需求的内需市场，而且还可以为我国资本品工业高端产业的自主创新提供广阔的国内市场空间。

六 结语

国际金融危机爆发后，世界经济就明显地处于一个重大的转折时期了。自 20 世纪 90 年代中期以来，全球化和金融自由化在导致世界贸易高速增长的同时，也导致了世界各国劳动者的收入增长缓慢甚至停滞，它不仅在发展中国家、而且也在发达国家造成了内需的严重不足。在国际金融危机爆发前，美欧发达资本主义国家通过宽松的信贷政策，大量进口我国和其他发展中国家的廉价消费品，维系着其国民过度消费的生活方式。国际金融危机的爆发使这种"发达－不发达"国家之间的"生活－生产"模式受到一定程度的破坏，并最终揭露出新自由主义在发达国家造成内需严重不足的破坏性影响。国际金融危机爆发后，美国和欧盟国家的政府与垄断资本相勾结，为挽救危机采用了使用公共财政拯救投机金融大亨的金融财政政策，赤裸裸地向雇佣劳动转嫁危机，终于酿成了 2011 年的新危机——主权债务危机，使美欧发达资本主义国家的内需不足问题进一步恶化。② 为了解决其危机，美欧发达资本主义国家在向其他国家转嫁危机的同时，最终将不得不在未来不断加大保护其内需市场的保护主义力度，恢复国民经济优先于国际贸易的"去全球化"过程有可能成为世界经济发展的长期趋势。

如果"去全球化"过程成为现实，内需不足将成为世界各国经济发展中最大的制约因素，扩大内需将成为世界各国的普遍性要求。因此，哪个国家越率先较好地解决了内需不足问题，哪个国家在 21 世纪 10 年代的世界经济"大萧条"中率先走出危机就越占据先机。我国已经把扩大内需作为长期战略，这为我国应对"去全球化"过程提供了有利的时机，但是，除余永定等少数学者外，国内经济学界和政策制定部门似乎并没有认识到存在着"去全球化"的可能性，这不仅对我国应对这种可能的挑战带来措手不及的后果，而且对扩大内需战略的实施也产生了非常不利的影响。例如，自 20 世纪 90 年代以

---

① 扩大进口的战略不仅不会为这些就业和收入提高效应，反而会减少国内就业。实际上，扩大进口的战略是扩大了对别国产品的需求，有利于解决别国而不是本国的内需不足问题。尽管这样，扩大进口还是必要的，实际的政策制定可以是折中平衡的，也就是说可以把扩大进口与本文的思路折中结合。例如，财政部在 2012 年大范围下调某些商品进口关税的同时，可以大幅度提高大豆、玉米等农产品的进口关税，这样就为我国恢复和支持该类商品的国内生产提供了可操作的空间。

② 许建康：《"衰"上加"衰"，世界要大乱？》，《社会观察》2011 年第 12 期。

来，在我国流行至今的"用开放倒逼改革"的观点仍支配着人们的观念，这种观念使我们在过去二十多年中几乎都把注意力放在了与全球化接轨上，几乎排他性地关注国际经济一体化，而严重地忽视了国内经济一体化进程，以至于在我国已经进行了三十多年改革的情况下，统一国内市场问题至今仍困难重重，甚至使地方保护主义成为外商垄断我国市场最有力的工具，诸如此类的现状对我国构建扩大内需的长效机制构成了严重的障碍。

为了建立扩大内需的长效机制，我们需要大力解放思想。事实证明，由于深受新自由主义的影响和其理论的内在缺陷，西方主流经济学对我国扩大内需和转变经济发展方式很难提出建设性的意见。因此，我们必须不拘一格地从经济学理论特别是经济学说史中汲取营养，借鉴世界各国成功和失败的历史经验，为我国扩大内需战略出谋划策。本文史海钩沉，以经济学说史中很少被注意到但却具有真知灼见的经济学说为基础，并从实体经济角度入手，以"国内经济一体化"作为内需增长的核心理念，试图构建一个在内需分析上比较全面的理论分析框架，以期对我国扩大内需问题进行深入研究。但是，由于扩大内需问题是一项复杂的系统性工程，它需要在产业、贸易、创新和财政金融等许多领域采取整体推进的系统性经济政策，其理论分析的需要也是多方面的。因此，本文在这方面只算是一个初步的尝试，有可能存在漏洞和缺陷；文中对许多问题的讨论也是初步的，例如，本文提出的国民经济平衡发展思路与我国目前实施的扩大进口战略之间的关系仍需深入研究，但笔者不揣浅陋，抛砖引玉，期待着更全面和更深入的研究成果有教于笔者。

参考文献

[1] 贾根良：《评佩蕾斯的技术革命、金融危机与制度大转型》，《经济理论与经济管理》2009 年第 2 期。

[2] Dieter Senghaas, *The European Experience：A Historical Critique of Development Theory* (New Hampshire：Berg Publishers Ltd.，1985).

[3] Robert Hunter Wade，"What Strategies are Viable for Developing Countries Today?" The World Trade Organization and the Shrinking of "Development Space"，Crisis States Programme，Working Papers Series No. 1，June 2003，http：//www. google. com. hk/url? sa = t&rct = j&q = internal + integration + + Robert + Hunter + Wade&source.

[4] 迈克尔·赫德森：《保护主义：美国经济崛起的秘诀（1815～1914）》，贾根良等译，中国人民大学出版社，2010。

［5］道格拉斯·C. 诺思：《经济史中的结构与变迁》，生活·读书·新知三联书店、上海人民出版社，1994。

［6］斯莫拉（施穆勒）：《重商制度及其历史意义》，郑学稼译，商务印书馆，1936。

［7］许宝强、渠敬东选编《反市场的资本主义》，中央编译出版社，2001。

［8］斯班：《经济学说史》，区克宣译，大东书局，1932。

［9］贾根良：《劳动分工、制度变迁与经济发展》，南开大学出版社，1999。

［10］拉格纳·纳克斯：《不发达国家的资本形成问题》，谨斋译，商务印书馆，1966。

［11］阿林·杨格：《报酬递增与经济进步》，载贾根良《劳动分工、制度变迁与经济发展》，南开大学出版社，1999。

［12］赖纳特、贾根良编《穷国的国富论——演化发展经济学论文选》（上、下卷），贾根良、王中华等译，高等教育出版社，2007。

［13］Nathan Rosenberg, "Technological Change in the Machine Tool Industry：1840 – 1910", *The Journal of Economic History* 23（4），1963.

［14］Erik S. Reinert, "Evolutionary Economics, Classical Development Economics, and the History of Economic Policy：A Plea for Theorizing by Inclusion", Working Paper No. 1, 2005, http：//hum. ttu. ee/tg/.

［15］Dieter Senghaas, *The European Experience：A Historical Critique of Development Theory*（New Hampshire：Berg Publishers Ltd. , 1985）.

［16］杨敬年编《西方发展经济学文献选读》，南开大学出版社，1995。

［17］贾根良：《扩大内需、平衡增长与主权信贷——重读〈不发达国家的资本形成问题〉》，2011 年8 月，即将发表。

［18］福克纳：《美国经济史》下卷，商务印书馆，1989。

［19］樊亢、宋则行主编《外国经济史：近代现代》（第二册），人民出版社，1965。

［20］王思璟：《打破行业"潜规则"：外贸工厂转投国内零售商》，《21 世纪经济报道》2009 年4 月1 日。

［21］李妍：《外贸企业：内销之路尚漫漫》，《国际商报》2011 年2 月9 日。

［22］陈圣莉：《暴利路桥业后遗症：上万亿运输费打入商品成本》，《经济参考报》2011 年5 月5 日。

［23］尹乃潇：《地方保护主义成了外资品牌"保护伞"》，《经济参考报》2010 年11 月15 日。

［24］贾根良：《内部改善：扩大内需的必由之路》，《光明日报》2011 年7 月15 日。

［25］蔡洪滨：《扩内需难在何处?》，《财经》2011 年11 月28 日。

［26］《证券时报》评论员：《降物流成本比个税减负更能促内需》，《证券时报》2011 年5 月13 日。

［27］廖子光：《恢复中国历史性大国地位的战略》，《国外理论动态》2011 年第12 期。

［28］李静睿：《数据显示我国劳动者报酬占 GDP 比例连降22 年》，《新京报》2010 年5 月12 日，http：//news. sina. com. cn/c/2010 – 05 – 12/024420251101. shtml。

[29] 财政部官员称我国劳动报酬占 GDP 比重被低估，《人民日报》2010 年 5 月 18 日，http：// news. sohu. com/20100518/n272176752. shtml。

[30] 纳谢德·福布斯、戴维·韦尔德：《从追随者到领先者——管理新兴工业化经济的技术与创 新》，沈瑶等译，高等教育出版社，2005。

[31] 钟玉明、郭奔胜、项开来：《巨额反倾销税下的低工资》，《瞭望》新闻周刊，2010 年 5 月 24 日，http：//news. xinhuanet. com/fortune/2010 – 05/24/c_ 12134002. htm。

[32] 贾根良：《解决"美元陷阱"和人民币汇率问题的正确思路》，《广东商学院学报》2010 年第 4 期。

[33] 埃里克·赖纳特：《富国为什么富、穷国为什么穷》，中国人民大学出版社，2010。

[34] 理查德·R. 纳尔逊：《经济增长的源泉》，中国经济出版社，2001。

[35] 贾根良主编《拉丁美洲市场经济体制》，兰州大学出版社，1994。

[36] 江时学等：《拉美发展前景预测》，中国社会科学出版社，2011。

[37] 樊纲、张晓晶：《"福利赶超"与"增长陷阱"——拉美的教训》，《管理世界》2008 年第 9 期。

[38] Sarkar, Prabirjit and Hans W. Singer, "Manufactued Exports of Developing Countries and their Terms of Trade Since 1965", *World Development* 19 (4), 1991.

[39] 卡普林斯基：《夹缝中的全球化：贫困和不平等中的生存与发展》，知识产权出版 社，2008。

[40] 卢荻：《世界发展危机与"中国模式"》，《政治经济学评论》2010 年第 4 期。

[41] 陈冀、贾远琨：《外资垄断"锁喉"中国装备业》，《瞭望》新闻周刊，2009 年 12 月 2 日。

[42] 林小骥：《WTO 博弈之纺织业：不能再回避陷阱问题》，《中国企业家》2011 年 12 月 5 日。

[43] 贾根良：《国际大循环经济发展战略的致命弊端》，《马克思主义研究》2010 年第 6 期。

[44] 贾根良：《外储问题的根本在于外资和美债》，《中国经济周刊》2011 年第 38 期。

[45] 余永定：《见证失衡：双顺差、人民币汇率和美元陷阱》，生活·读书·新知三联书店，2010。

[46] 郭丽琴、付晶晶：《"扩进口"发力：财政部下调 730 多种进口商品关税》，《第一财经日报》 2011 年 12 月 16 日，http：//finance. eastmoney. com/news/1350，20111216182652996. html。

[47] 埃里克·赖纳特：《富国为什么富、穷国为什么穷》，中国人民大学出版社，2010。

[48] 刘书瀚、贾根良、刘小军：《出口导向型经济：我国生产性服务业落后的根源与对策》，《经济 社会体制比较》2011 年第 3 期。

[49] 许建康：《"衰"上加"衰"，世界要大乱?》，《社会观察》2011 年第 12 期。

出现金融市场以后的利润率：
一个必要的修正

阿兰·弗里曼** 著

李亚伟译 孟 捷校

摘要 在过去的 20 年里，可交易金融工具在数量、多样性和货币价值上均有几个数量级的增长。传统股票的数量和价值都有所增加，证券的增幅更大，因为在 20 世纪 70 年代出现了向证券化借贷的转向趋势。这也许是许多学者所说的"金融化"的最重要的进展。

本文认为当这些资产作为货币资本发挥作用时，它们进入利润率的平均化过程。它们构成了资产阶级的一部分预付资本，因而应当被包括在利润率的分母中。

至少在两个主要的世界性金融市场（英国和美国），新的利润率衡量方法揭示了自 20 世纪 60 年代后期以来，这些国家的利润率的一般的、系统的和不间断的下降。

本文重新审视了马克思的相关著作中的利润率定义，发现马克思所定义的一般利润率，无论是在概念上还是在衡量方法上，都应包括金融工具。

关键词 利润率 金融化 货币资本

在过去的 20 年里，可交易金融工具尤其是证券化工具，在数量、多样性和货币价值上均有几个数量级的增长。这是许多学者（多数是马克思主义者）所说的"金融化"[①] 的最重要的进展。然而，它却揭露了他们衡量利润率的方法的反常之处。他们的方法没有考虑到金融工具所占用的资本。

本文表明，当这个疏漏被更正时，英国和美国的利润率呈现出长期的持续下降趋势，自 1968 年以后，二者几乎都在单调递减，与马克思主义者所广泛使用的趋势图恰好相反。

为什么这一点是重要的呢？首先，从马克思的著作中可以看出，利润率在他的理论中占据重要位置。它是《资本论》第 3 卷前 15 章的明确主题，并主导了接下来的分析。其次，利润率变动趋势的不同衡量结果集中体现了当前有关 2008 年全球金融危机成因的争论。一大批学者（Choonara，2011）认为 2008 年全球金融危机是近期的状况

** 阿兰·弗里曼任职于英国的伦敦都市大学。邮箱：afreeman@ iwgvt. org。
① Duménil and Lévy（2004，2011）；Lapavitsas（2009a，2009b，2010）；Fine（2009）.

所导致的，它发生在由新自由主义在 20 世纪 80 年代所带来的复苏之后，而与在 20 世纪 70 年代烦扰西方经济的严重困境无关。哈森（Husson, 2008）论述道：

"经历了 1974~1975 和 1980~1982 年的普遍衰退之后，资本主义进入了一个新的阶段，方便起见，可以称之为新自由主义阶段。20 世纪 80 年代初期是一个实际的转折点。剥削率趋于提高，导致利润率持续上升。"

这种论断的核心是利润率（至少美国的利润率）在 20 世纪 80 年代的复苏：

"利润率在 20 世纪 80 年代初到达一个低点，此后逐渐上升。"（Duménil and Lévy, 2004）

然而，大部分其他经济指标（Freeman, 2010；Kliman, 2011）却并不支持 20 世纪 70 年代以后出现复苏的观点。在过去的 30~40 年里，美国的经济表现比 20 世纪 30 年代的任何时期都差。从波谷到波谷取平均值，1939~1970 年间的平均增速为 4.61%；1970~2009 年间的平均增速却只有 2.8%。1939~1970 年的 30 年里，有 15 年的增速高于平均值 4.6%；而在 1970~2009 年的 39 年里，却只有 6 年的增速高于这一水平。利润率在当前的争论中扮演着特别重要的角色，因为它几乎是复苏的唯一证据。因而，对它的准确衡量值得重视。

在只有少数马克思主义学者做过研究的英国，对比更加明显。自 20 世纪 70 年代中期以来，英国的经济表现比美国更差。然而以马克思主义者的传统方法所衡量的利润率，却从 20 世纪 70 年代早期开始或多或少地不断上升，我在下文中将会展示。它因而是经济运行状况的唯一的积极指标。在这两个国家里，我们需要认真对待利润率被错误衡量的可能性。

英国和美国有一个共同的重要特征：它们是世界上两个最大的金融市场的所在地。因此，我认为需要对传统的利润率衡量方法进行修正。在修正之后，这两个国家的利润率自 20 世纪 70 年代危机以来呈现出单调递减的趋势。

需要提前说明两点。第一，在对利润率进行研究的非马克思主义理论（Toporowski, 1999）中，这些结果依然是重要的。不过，我关注的是马克思的利润率概念，因为它在马克思的理论中处于核心地位，并使马克思对于利润率的研究比其他人更为深入。我使用了马克思的理论中的一个特殊规定，即价值量表现的是劳动时间。在非马克思主义学者比如卡莱斯基看来（Toporowski, 1999），它们仅是当前货币价格的大小；而后斯拉法主义者（Pasinetti, 1979）则认为它们是实体量或者使用价值的大小。这些区别同时影响着对利润率的衡量和解释。

第二，在需要查阅经典的分析（Howard and King, 1989；Kliman, 2007）时，我假定读者大致熟悉马克思主义者关于利润率的讨论的一些基本内容，或者试图去熟悉。

在提及具体问题的地方，我会引用相关文献。

一　利润率和收益率：不同的概念和衡量方法

我们从概念开始。既然我们打算对马克思主义者的一般共识进行修正，那么首先让我们来看一下他们的共识是什么。马克思自己把"一般"或"平均"利润率定义为，任何给定时期内的总剩余价值，除以这一时期开始时的总社会预付资本。

"一般利润率是由每 100 预付资本在一定期间比如说一年内的不同利润率的平均数形成的"[①]；"他们不是得到了本部门生产这些商品时所生产的剩余价值从而利润，而只是得到了社会总资本在所有生产部门在一定时间内生产的总剩余价值或总利润均衡分配时归于总资本的每个相应部分的剩余价值从而利润。"[②]

当使用官方的国民账户时，几乎所有的马克思主义者都用企业剩余和固定资本存量作为剩余价值和预付资本的代理指标，尽管他们对分子和分母如何具体量化有所分歧。就分子而言，莫斯里（Moseley，1992）和莫亨（Mohun，1996，1998）等学者认为应采用的数据是非金融部门的企业剩余，从而对传统的衡量方法进行了调整。传统方法包括所有部门的所有企业剩余，这样一来，就会引入由非生产性的金融和商业部门所导致的可以想象的歪曲。谢克（Shaikh，2011）则认为"企业利润"——产业投资收益率（其分子是剩余价值减去所有分割剩余价值的其他项目）——是与资本家投资决策最相关的量。关于分子的分歧还包括是使用净剩余还是总剩余，或者说税前利润和税后利润哪个更合适等。影响分母的重要分歧则更多：马克思价值理论的历时单一体系解释（Temporal Single System Interpretation，TSSI）的追随者令人信服地强调，对固定资产的衡量，应当使用历史成本，而不是其他学者所使用的当前成本。

本文的目标并不是评估或呈现这些争论。我讨论的是所有马克思主义者在存在许多其他分歧的情况之下达成的共识，即对预付资本——利润率的分母——的衡量只应当包括固定资产。[③]

问题的关键在于：资本家预付的资本束缚在资本循环的各个阶段，不只是机器、厂房、原材料和存货，还包括货币余额、货币贮藏和金融投资。即使在相关的资本被闲置时也是如此；货币在这一方面与存货或者未售商品存量没有区别。事实上，这正是马克思反对萨伊定律的主要原因，也是他做出"资本主义经常性地过度生产并难以

---

① 《资本论》第 3 卷，人民出版社，2004，第 181 页。（原文对《资本论》英文版的引用，在翻译时均改为对《资本论》中文版相应部分的引用。——译者注）
② 《资本论》第 3 卷，人民出版社，2004，第 177 页。
③ 法因（Fine，1985）是一个重要的例外。诺菲尔德（Norfield，2012）颇有见地地讨论了对利润率进行一些调整的理论必要性，他对相关文献进行了全面的回顾，但并没有给出调整后的经验衡量方法。

实现它的产品"这一论断的基础。

当货币以吸纳小额收入的闲置余额的形式存在时，经济体中的货币资本量，除投机性持有以外，都由流通的一般需要所调节，任何对一般利润率的抑制效应都可能受到约束。这一点也为下文中提供的结果所证实，在最近的 30 年以前，修正之后的利润率和未修正的利润率并没有大的分歧。但正是在这 30 年里，货币成为了可交易资产，资本主义企业对它们的持有大量增加。如果把这些可交易资产计入总预付资本，利润率会变得如何呢？

这种修正使利润率发生重大变化，它的趋势变得与 20 世纪 70 年代以后美国和英国的经济表现的持续低迷相一致。因而，这种修正在理论上合理而且在实证上必要：它使利润率数据变得有意义，并且它与马克思的价值理论，以及《资本论》第 3 卷中的货币和信用理论相一致。它阐明了马克思的备受争议的"虚拟资本"范畴的理论精确性，并且使马克思在《资本论》第 3 卷中分析的四种剩余价值衍生形式相互协调：商业利润、利息、企业主收入和地租。这正是本文的目的所在。

二 关于英国利润率的一个令人不愉快的事实

以传统方式计算的英国利润率如图 1 所示。以传统方式衡量的英国利润率在 1974 年转变了自第二次世界大战后以来的下降趋势，此后开始上升，而且势头非常强劲。除非把货币资产列入利润率的分母，否则总会呈现这种势头，无论利润率被如何衡量或者构造。和美国不同，英国利润率自 1976 年以来呈现无可争议的系统性上升趋势。

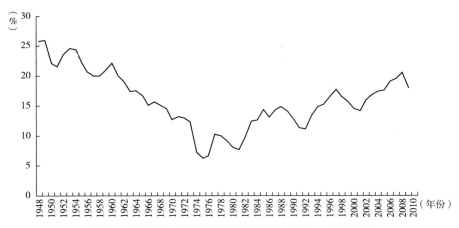

图 1　以传统方式计算的英国利润率（1948～2010 年）

注：所有图表的数据来源都在本文最后的数据附录中给出。

然而几乎所有的其他经济指标都表明，自 20 世纪 70 年代以来，英国经济或多或少地在持续（或者说只有一些轻微中断地）下滑。失业人数在 20 世纪 70 年代以前很少

图 2　英国的净投资占 GDP 的份额（1948～2010 年）

超过 100 万，但此后一直在 100 万以上。图 2 中显示的净投资，在 1969～1981 年持续下降，并在 1981 年下降到自第二次世界大战以来的首个负值。此后，它两次下降到接近零，自 1981 年以后，它的增长率在任何一个十年里都没有超过 2%，而在 1952～1981 年，它的增长率从不低于 2%。英国的 GDP 增速（见图 3）在 1973 年之前从未低于零，而在接下来的三次衰退中却都降至负值，并且很少超过 1949～1973 年的平均值 3%。这些怎能和一个持续上升的利润率相一致呢？

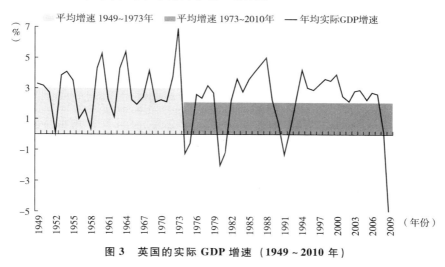

图 3　英国的实际 GDP 增速（1949～2010 年）

三　商品资本、固定资本和货币资本

为了解决这种反常问题，我们关注英国金融部门，但目的是得出全面适用的结论。如图 4 所示，马克思主义学者按常规方法计算的金融部门利润率，从 1980 年开始急剧上升，而此前的 30 年里都在 10% 左右波动，远低于私营非金融部门的利润率。到 1986 年，它赶上非金融部门的利润率，在 1999 年衰退的转折点以后，跃升到一个较高的水平，到 2008 年达到 80%。

图 4　英国金融部门和非金融部门的利润率（1948～2010 年）

如何解释金融部门和非金融部门变动的不一致？大多数评论者都认同一点：金融企业不创造价值但占有在其他地方创造的价值[1]。它们在一定意义上不是"普通的资本家"。这是对的，但它们不能离开资本而发挥作用。尚未解决的问题是：金融企业的资本是由什么组成的？答案是：货币资本。

一旦这一点被确认，金融部门出现虚幻的高利润率的原因就变得清晰了。任何一个银行，无论是商业银行还是其他银行，都需要一定的资产——建筑物、电脑、运钞车等——来开展业务；它们在物理意义上构成"资本"，这些资本由劳动所创造，并且在劳动作用其上时被消耗。它们中的一些甚至是不明确的——比如软件，现在被看作一种资本支出，正当的会计学理由是它在一定时间（通常是几年）内提供服务。[2]

但一个银行最重要的资产是大量的货币，或者可以兑换成货币的可交易工具，它们在银行开展业务的过程中不断积累。它们可能是准备金、贵金属或者货币；也可能是低风险的债券如长期国库券，或者在奔向 2008 年股灾过程中大量增加的高风险股票。关键点在于银行利用它们来增加可支配的价值。它们是银行的资本。因此，它们应当被包括在利润率的分母当中，事实上，银行的会计师们正是这样做的。

而且，这完全是一个一般原则。假设一种货币资产在银行的手中构成资本，而在

[1] Moseley（1992），Mohun（1996，1998），Shaikh and Tonak（1996）．

[2] 参见 Corrado et al.（2009），Gill and Haskel（2007）。

一个石油公司①的手中则不构成资本，是不合逻辑和不一致的。因此，我们转向整个企业部门对金融资产的购置和持有。

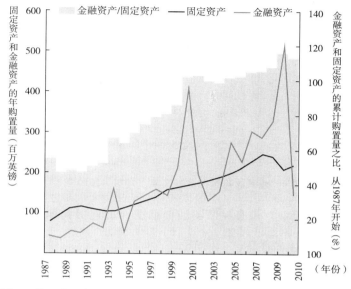

图 5　英国企业部门的金融资产和固定资产购置量（1987～2010 年）

英国的国民账户只提供了 1987 年以后的货币资产的连贯数据。但已经足以支撑下列观点：英国企业部门整体以一个不断加快的速度购买和持有这些货币资产。它在 1987 年购置了 430 亿英镑金融资产、800 亿英镑固定资产。但是 1998 年以后，在除了其中两年以外的其他年份里，它购置的金融资产量都超过固定资产。1987～2008 年，企业部门净金融资产购置量比净固定资产购置量高 20%。

这些金融资产在非银行机构手中和在银行手中一样构成资本。事实上，正如安然公司（Enron）所展示的那样，当金融资产被以如此大的规模购买时，许多所谓的以生产为基础的企业实际上都变成了纯粹的金融控股公司。为保持一致，应当把所有的货币金融资产都看作资本，只要它们在资本家的手中②。

图 6 展现了这种修正对利润率的影响。较长的线段，1970～2010 年，展示了只使用固定资产的传统利润率。较短的线段，以一个不同的比例，从首次可获得连贯数据的 1987 年开始。在较短的线段中，利润率的分母包括中期和长期的可交易资产。

---

① 在私人信件里，有的评论人认为本文提供了一个银行利润理论。事实并非如此。本文的目的在于研究货币资产，它们通常被所有的资本家所持有。我们先研究银行，因为按照威利·萨顿（Willie Sutton）的不朽名言，"那里是货币所在地"——并不是为了理解银行，而是为了理解当银行让货币流动时，货币会发生什么。

② 在私人信件里，评论者正确地指出，家庭持有的金融资产不像资本那样发挥作用。我们仅指企业部门拥有的资本。

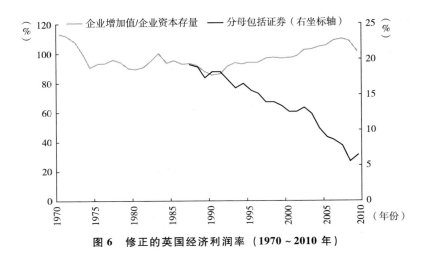

图 6　修正的英国经济利润率（1970 ~ 2010 年）

英国国家统计局（ONS）没有提供英国金融资产的连贯长期数据，我们因而不能核实修正的利润率在 1987 年以前如何变动；不过，它在 1987 年以后呈现明显和急剧的下降趋势，与传统的衡量结果恰恰相反，与我们引用的其他经济指标则相一致。接下来我们研究美国经济，它的长期利润率数据从 1954 年开始可以获得。

四　两点说明

在把同样的分析应用于美国经济之前，有两个过渡性问题需要处理。

首先，利润率长期下降的经验证据，能否使我们得出这种趋势性下降从来不会被减弱的结论？完全不能。在历史上的特定时期里，这种趋势被急剧扭转，最近的是在 1939 ~ 1948 年，加入战争使美国完全恢复了利润率，并开启了第二次世界大战后的"黄金年代"繁荣时期。有力的数据（C. Freeman，1998）表明首次大萧条时期（1873 ~ 1893）也出现了类似的利润率恢复。

问题（Freeman，2010）在于资本主义的"正常"运行不能产生这样的恢复；它们是国家和阶级的暴力和破坏性行动的产物，这些行动暂停了资本主义的正常运行。这反驳了熊彼特（Schumpeter，1939）使之盛行的一个观点，即通过与商业周期的调节机制相类似的准自动化机制，资本主义能够从深度危机比如大萧条或者此次危机中复苏。不过，资本主义自行调节的失败并不排除一些明显的经验事实，即它能够通过其他方式如战争、侵略或者法西斯主义来恢复利润率。

其次，如果没有金融化，利润率是否已经恢复，金融化在一定程度上是不是利润率下降的原因？逻辑表明情况恰恰相反：如果资本家不积累金融资产，他们必须积累生产性资产，或者他们不再做资本家。当他们购买的是机器而不是忍者（NINJNA）贷款时，利润率的分母会同样高。如果他们选择了金融工具，那只是因为已经下降的利润率扼制了有利可图的生产性投资的范围。如果他们没有选择金融工具，那么也没有理由相信利润率能够由此而恢复。

五　美国经济的利润率

现在转向美国，可以从美联储提供的美国资金流量图中获得数据，而且数据能够追溯到 20 世纪 50 年代早期，所以能够较容易地得到长期图形。

图 7 展示了按传统方法估计的利润率，以及把企业部门手中的长期和中期金融资产计入利润率的分母之后得到的修正利润率。这是一个值得注意的图形。当传统利润率在 1982 年开始上升时，修正后的利润率依然在下降，而且下降的节奏与传统利润率在 1982 年以前下降的节奏相同，二者由此开始偏离。修正后的利润率密切地跟随 1982 年以前的传统利润率，这强烈表明，到 1982 年为止，它与传统利润率衡量的是一个非常相似的东西[1]。它平滑了 1982 年以前的传统利润率的一些波动。最后，它展现了从 1946 年高点开始的一个几乎不间断的下降趋势。对于重视统计相关关系的学者而言，指数趋势 $r = 0.1235e^{-0.014t}$ 能够预测修正利润率，决定系数 R^2 为 0.9559。

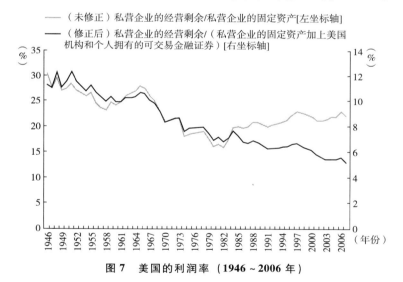

图 7　美国的利润率（1946～2006 年）

我们现在转向这种不同的理解利润率方法的理论基础。

六　信用货币和信用货币资本

首先假设一个资本家已经把自己的 1000000 美元投入到工厂中，每年赚取 200000

---

①　比如，如果它衡量的是与传统利润率完全不同的东西，我们不会看到二者在 1946 年至 1982 年间的密切相关关系。

美元。他的利润率是 20%。

现在假设下一年里这个资本家发行了一种本金为 1000000 美元、利率为 10% 的债券给食利者。这个制造商仍然拥有这个价值为 1000000 美元的工厂，食利者拥有一个货币工具——债券——也价值 1000000 美元。每年：

- 食利者从制造商手中得到 100000 美元，凭借着他所投资的 1000000 美元；
- 制造商保留 100000 美元，凭借着价值为 1000000 美元的固定资产。

就当前涉及的两种资本而言，利润率是多少？马克思主义学者把利息看作法律允许食利者索取的一种税：

- 经济体中有 1000000 美元"实际"资本，像以前一样产生 20% 的利润率；
- 制造商从 1000000 美元的固定资本所产生的"实际利润" 200000 美元中扣除 100000 美元；
- 制造商给食利者 100000 美元，债券面值的 10%。

利润率仍然是 20%。只要实业家与食利者有着纯粹的私人和个人关系，这看起来就没有问题。然而，当信用货币市场存在时会发生什么呢？债券变成了一个可议价的工具，像所有其他商品一样被买卖。它作为货币发挥作用，正像马克思在《资本论》第 3 卷第五部分用很大的篇幅所讨论的那样。

但它接下来也变成一种商品。它获得一个价格；任何拥有一定数量货币的人都可以选择是把他的货币投入生产，还是购买计息资产。随着利润率的下降，可赢利的生产性投资机会同样减少：对于越来越多的资本家而言，购买计息资产成为最为赢利的替代性手段。

购买计息资产的货币被闲置下来；在早期，它可能凝结为贵金属贮藏，但是随着信用市场的发展，它凝结为可议价证券贮藏，它创造了一种对可议价证券的需求。哪里有需求，哪里就会有供给。信用能够不受强加在物质生产上的任何限制的约束，投资银行家在近几十年里的巧妙设计已经证实了这一点。除了束缚在固定资产之上的生产性资本以外，一堆有毒的以收入为基础的金融工具冒了出来。

否认计息资产构成资本（信用货币资本）的观点既不合理又不充实。计息资产是一种特殊的资本，它的数量不受任何自然限制的约束。只要银行家能够把它卖出去，他们就可以宣布它的存在。一个替代性描述如下：

- 经济体中有 2000000 美元的资本，产生 10% 的利润；
- 制造商凭借 1000000 美元固定资产获得 100000 美元；
- 债券所有者凭借 1000000 美元货币资产获得 100000 美元。

为了理解这种表述的意义，需要知道信用货币资本与商品资本有何不同。以上我们假设食利者的货币来自实业家，但是事实并不一定非要如此。在近来的金融资产风暴中，所有的债务都被资本化了——不仅包括声名狼藉的"忍者"贷款，而且包括政府债务，衍生品和直接的欺诈已经创造了各种各样的工具，它们不再依赖于对实业家收入的直接占有。我的要点是这种收入的来源与它（在被资本化以后）是否作为资本发挥作用并不是相关的。标准很简单：资本家是否购买并持有它，他们的资本是否因此而增加？

笔者认为第二种表述为这种新形式提供了更真实的解释。与第一种表述不同，当某种债券不是源自实业家，而是源自一些其他债务工具时，第二种表述依然有效。事实上，可以推广到任何吸引收益流的工具，无论它是不是债务工具、地契或者股票。

这里强调，从购买不动产中寻找收入的转移，以作为美国和英国困境的原因，这种做法可能是徒劳无功的。这正是我对学者们比如谢克（Shaikh，2011）所提供的解释提出的质疑，他强调金融部门给实业家带来的成本负担，既包括显性负担（利息支付），又包括隐性负担（非生产劳动造成的隐性负担）。

第二种表述也解释了克莱曼（Kliman，2011）的发现，即资本投资与利润率密切相关，这一发现与金融部门把收入从投资转向其他用途的观点相矛盾。第一，金融部门并不是问题所在。问题出在金融上，所有的资本家都把金融作为对生产性投资的替代。第二，金融并不转移收入，它转移的是资本。在第二种表述中，金融工具仅仅是闲置货币的一种形式：越来越多的社会资本不是投入到生产行为，而是作为一种寄生性所有权贮藏而积累。

问题不是投资者没有足够的货币去投资，而是货币市场为他们的货币提供了其他用途。这带来了，比如，安然（Enron）现象：实业家不是被要价过高的银行家拖累至灭亡，而是他们自己比银行家更积极地用投机替代生产。一般来说，资本——不是收入——从产业流向金融。

在信用资本的创造中，没有成本与之直接相关，因为它不是一个被生产出来的商品。真正的问题出在其他地方。社会终会进行最后的报复。信用工具只能从收入池——新价值——中获得报酬，收入池不是由银行家的想象所确定，而是由在社会的安排之下的劳动时间所确定。这直接表现为所有社会资本平均报酬的减少以及最终的崩溃，在崩溃中所有不以价值为基础的资产的价格都暴跌，因为大家逐渐发现打劫空房子能够获得的收入是多么的少。

一个难题依然存在。确实正如马克思所指出的那样，这些虚拟资本仅仅是一个内在价值的重复计算表示："这种证券的资本价值也纯粹是幻想的"。[①] 金融家所创造的额外的资本并不构成额外的价值，只构成额外的货币。因此，资本怎么会普遍"沉迷于"这些工具呢？亚历杭德罗·拉莫斯（Alejandro Ramos, 2004）对马克思的货币理论的精彩解释，已经被 TSSI 学者们普遍接受，它提供了解决这个问题的办法。对于马克思而言，货币表现着价值，是因为它在交换中表现价值。如果一国的资本家拥有 10000000 美元固定资产，它们是由 100 万小时的劳动所创造的，同时如果他们还储存了 10000000 美元货币，那么这 100 万小时劳动就应当由这 200 万美元所代表。每小时劳动的货币表现（MELT）应该是 20 美元。因此，当我们考虑社会中的资本的购买能力或者生产其他商品的能力时，社会中的资本可以分成两个部分：一部分由固定资产的价格表示，另一部分则由货币来表示。既然总价值没有变，闲置货币的出现就会使固定资产贬值到这种程度。

TSSI 学者们已经认可，当不变流动资本在生产中被消耗时，它转移到产品中的价值是它在交换中表现出来的价值，而不是内含在产品中的价值。在解决所谓的（实际上并不存在的）马克思的转形过程的"不一致性"问题方面，这一认识很关键。一种充分一致的处理方式要求固定资本（只是另一种形式的不变资本，在较长的时期内被消耗）被完全同样地看待。所以，应当被计入利润率的分母的是，社会的资本资产（包括货币资产）在交易中表现出来的价值。

在"正常"情况下，货币只是社会资本的一个小的组成部分；把固定资产的资本价值简单地等同于创造它们的劳动，并不会出现大的经验错误。但是金融资产的巨大增长——在第二种表述中仅是闲置货币的大量贮藏——使情况发生了改变，它使作为投资的目标而被更新的固定资产大幅度贬值。

这种状况出现在全面通货膨胀的背景之下。同等数量的价值被表现为越来越多的货币。表面看来，信贷支撑起的高山是收入的聚宝盆，收入与高山以同样的速率增长，但是当支付的承诺不能被兑现时，这种高山轰然倒塌，结果便是崩溃。

总之，这些现象不能被看成是与利润率普遍下降无关的事务，因为这些现象是它的产物，实际上是它的一种病态形式。它们都是同一个进程的组成部分，这个进程开始于 20 世纪 70 年代末期，正如德赛（Desai, 2012）阐释的那样，它造成了美国和英国的系统性下滑，拖累了全球经济，直至中国的崛起和崩溃的冲击。

当做出这种修正时，许多以前看起来没有意义的事情，重新变得有意义。传统马克思主义理论如今陷入的绝境，在于它的核心悖论即宣称高利润是危机的首要原因。

---

① 《资本论》第 3 卷，人民出版社，2004，第 529 页。

这就是我认为上述修正是一个出色的理论创新的原因所在。不过，一个创新不能成为一种理论。为了完成我们的论证，我们转向这种思想栖身的理论知识机体，即马克思的货币理论。

七　货币资本

《资本论》第 3 卷第五篇讨论生息资本，马克思①在此篇的开头部分写道：

"在最初考察一般利润率或平均利润率时（本册第 2 篇），这个利润率还不是以它的完成形态出现在我们面前，因为平均化还只表现为投在不同部门的产业资本之间的平均化。这种情况已经在上一篇得到补充。在那里，我们说明了商业资本如何参加这个平均化，并且说明了商业利润……在阐述的过程中，以后凡是说到一般利润率或平均利润时，要注意我们总是就后一种意义而言，即只是就平均利润率的完成形态而言……不管资本是作为产业资本投在生产领域内，还是作为商业资本投在流通领域内，它都会按照它的数量比例，提供相同的年平均利润。"【我的重点——阿兰·弗里曼注】

虽然这段话开启了第 3 卷中最长的一部分，但它尚未受到足够的重视。利润率的"完成形态"并不排除商业、金融和土地资本，如果我们只关注生产性行业，我们理解的利润率概念就可能是不完善的。

因为一般利润率并不局限于产业资本，商业资本产生利润却不创造任何新增价值：它占有在其他地方创造的价值。它通过缩短周转时间来为资本发挥一种必要的特定功能。随着资本的流入和流出，它的赢利进而利润也相应地下降或上升。

同样的推理过程产生马克思②的绝对地租范畴。与李嘉图不同，马克思认为即便最坏的土地也能在平均利润率的基础上取得地租【其他优质的土地取得的地租则会更多——译者注】：

"如果土地产品（如谷物）的市场价格所达到的高度能使投在 A 级【最坏的——阿兰·弗里曼注】土地上的追加的预付资本达到普通的生产价格，也就是说，为资本提供普通的平均利润，那么，这个条件就足以使追加资本投到 A 级土地上。"

商人和土地所有者能够占有在其他地方创造的价值，简而言之，是因为他们的资本参与了利润率的平均化。他们获得收入进而构成独特的社会阶层，因为他们拥有一种特殊的资本，这种资本为其他资本家执行特殊的和必要的职能。结果是他们为资本提供了替代性用途，任意数量的货币都可以被投入贸易企业而不是工厂。任何一本新古典的教材都告诉我们，用途的选择取决于对最大收益的追求。马克思的更为精细的

---

① 《资本论》第 3 卷，人民出版社，2004，第 377 ~ 378 页。
② 《资本论》第 3 卷，人民出版社，2004，第 848 页。

推理，接近凯恩斯的资本边际效率概念，产生了同样的结论：每当利润率差别存在时，资本就会从产生较低利润率的用途转移到产生较高利润率的用途。于是，利润率高的地方供给增加，价格下降，利润率低的地方则恰恰相反：价格起反作用，减少了这些收益率的差别。

"资本家之间的竞争——这种竞争本身就是这种平均化的运动——就在于，他们逐渐把资本从利润长期低于平均水平的部门抽出，并逐渐把资本投入利润高于平均水平的部门。"①

一旦其他形式的资本——商业、银行和土地——进入平均化过程，它们就成为了这些资本"逐渐"投入的替代性选择，并降低全体社会资本的平均收益率。

八 难以捉摸的幻觉：虚拟资本、现实资本和货币资本

为了阐明这一点，我们转向"虚拟资本"，它可以说是在马克思众多被歪曲的范畴之中最被滥用的一个。虚拟资本既不是不存在的，也不是欺骗性的。它甚至不是无用的。马克思②在开始讨论货币资本时，首先就坚持认为，当它作为资本发挥作用时，它拥有使用价值：

"货币……在资本主义生产的基础上……使资本家能够从工人那里榨出一定量的无酬劳动、剩余产品和剩余价值，并把它据为己有。这样，货币除了作为货币具有的使用价值以外，又取得一种追加的使用价值，即作为资本来执行职能的使用价值……就它作为可能的资本，作为生产利润的手段的这种属性来说，它变成了商品，不过是一种特别的商品。"

它不是专门的欺诈。提及"铁路、采矿、轮船等公司"的股票，马克思指出：

"这里决不排除股票也只是一种欺诈的东西。但是，这个资本不能有双重存在：一次是作为所有权证书即股票的资本价值，另一次是作为在这些企业中实际已经投入或将要投入的资本。它只存在于后一种形式，股票不过是对这个资本所实现的剩余价值的一个相应部分的所有权证书。"③

虽然欺诈"决不能被排除"，但它不是本质。马克思使用术语"虚拟"（有时可以与"幻想"互换）目的不在于此，而是为了描述一种资本，这种资本看上去似乎创造价值，但它实际上只是索取在其他地方创造的价值。它的价格不依赖于它的价值——大部分虚拟资本甚至没有价值——而是由它对未来收入的索取机制所确定：

---

① 《资本论》第 3 卷，人民出版社，2004，第 411 页。
② 《资本论》第 3 卷，人民出版社，2004，第 378 页。
③ 《资本论》第 3 卷，人民出版社，2004，第 529 页。

"人们把虚拟资本的形成叫作资本化。人们把每一个有规则的会反复取得的收入按平均利息率来计算，把它算作是按这个利息率贷出的一个资本会提供的收益……因此，和资本的现实增值过程的一切联系就彻底消灭干净了……

即使在债券——有价证券——不像国债那样代表纯粹幻想的资本的地方，这种证券的资本价值也纯粹是幻想的。"①

术语"虚拟"因而适用于多种多样的金融工具，从地契到股票，再到债券甚至账单。它们有一个内在的一致性：虚拟资产的价值不是它的价格的基础。这并不意味着它不存在，或者毫无价值。它可以用来换取钞票，也可以用来购买确定有价值的物品。虚拟资本是对他人价值的一种索取，这种索取的本质依赖于价值的来源。地契是对地租的索取，政府债券是对税收的索取，股票是对直接生产的剩余价值的索取，等等。证券化过程抓住了这种一致性，而不是不同点，把所有对收入的索取转化为它们共同的分母：信用。因而，信用资本是虚拟资本的特殊形式，而且是一种最发达、最自然的形式。为了理解它如何进入利润率的一般化过程，我们需要研究这种特殊的属性。

货币资本是一种货币形式。它是一种贷款，一种利用货币来赚取剩余价值的权利。它转让了货币的特定使用价值（用它来购买的权利），却没有转让货币本身，贷款者仍然持有对货币的所有权：

"价值额，货币，在没有等价物的情况下付出去，经过一定时间以后交回来。贷出者总是同一价值的所有者，即使在这个价值已经从他手中转到借入者手中，也是这样。"②

它进入一般化过程的方式不同于商业资本和土地资本，因为它没有被利用任何物品交换。它的价格——利息——的决定因而与生产过程无关，而是决定于"供给和需求"：

"如果供求平衡，商品的市场价格就和它的生产价格相一致，也就是说，这时它的价格就表现为由资本主义生产的内部规律来调节，而不是以竞争为转移……但货币资本的利息却不是这样。在这里，竞争并不是决定对规律的偏离，而是除了由竞争强加的分割规律之外，不存在别的分割规律，因为我们以后会看到，并不存在'自然'利息率。相反，我们把自然利息率理解为由自由竞争决定的比率。利息率没有'自然'界限。"③

这是货币资本的独特之处：贷款的收益率不显示任何被平均化的趋势。在财政紧

① 《资本论》第 3 卷，人民出版社，2004，第 528～529 页。
② 《资本论》第 3 卷，人民出版社，2004，第 395 页。
③ 《资本论》第 3 卷，人民出版社，2004，第 398～399 页。

缩时，它可能升至远高于利润率；在繁荣的初期，也可能降至远低于利润率。除了总（净）利息总是要小于剩余价值以外，利息与利润没有必然联系。总（净）利息是经过循环过程以后最终回到食利者手中的收入。正如马克思所说的，剩余价值是利息的"上限"。除此以外，"并不存在'自然'利息率"。

九　结论

现在让我们把这些线索串起来。马克思通过讨论"平均利润率的完成形态"深化了他对商业资本和土地所有权的分析。这种完成形态的决定性特征是，非产业资本通过竞争来取得产生于生产中的总剩余价值的一定份额。因此，它【指平均利润率的完成形态——译者注】显然包括非产业资本；剩下来仍不清楚的问题是，货币资本的收益是否以及在何种程度上应与商业资本和绝对地租置于相同的地位。存在多种形式的货币资本，此处讨论的货币资本的具体形式是信用货币，即在债务的证券化过程中产生的货币或准货币。

同等对待信用货币资本和商业资本、土地资本，有许多正当的理论依据。最正当的依据是一个简单的事实，即任何权利一旦是可转让的并且能够在市场上买卖，它实际上就为货币提供了一种替代性的用途。信用货币资本和商业资本、土地资本，有两点理论区别。第一，很少或者没有商品资本以信用货币的形式出现。对于土地而言，至少在被用作农作物生产时，收益被固定在资本的整个循环之中。例如，如果农作物没有被售出，地租就不能被缴纳，在不存在其他因素时，农民将破产。商业资本也类似地束缚在经过他手的价值之中。由于这个原因，这两种形式的资本都不能"不受限制地"（即不受由它们处置的价值是否实现所影响）扩张。信用货币却并非如此。虽然它的扩张有最终的限制，并且这种限制会在大崩溃时显现，但在此之前，大量的货币会进入，长期的泡沫会存在。

第二，与商业收益或小块土地的收益不同，信用货币资本的收益不依赖于内在的价值。债权人并没有利用他的货币的使用价值换来任何东西，事实上甚至从来没有与他的货币相分离，他只是提供了暂时使用他的货币的权利以获取一定的收入。[①] 实业家依然是利用信用购买的生产性资产的拥有者，确保这一价值实现的负担落在了他的肩上，而且只落在他的肩上。债权人仅仅索要他的"一磅肉"："我依旧要我的赔偿"在现代债务关系中不受任何个人因素的影响，即使需要使整个国家陷入饥饿和毁灭，它

---

① "价值额，货币，在没有等价物的情况下付出去，经过一定时间以后交回来。贷出者总是同一价值的所有者，即使在这个价值已经从他手中转到借入者手中，也是这样。"（《资本论》第 3 卷，人民出版社，2004，第 395 页。）

也不会拒绝债券所有者，而且没有现代的鲍西娅给予前资本主义式的仁慈。当然，"这磅肉"最终不能被给予，因为实业家一无所有、无从给起，但这一刻被推迟到危机来临之时。

这两个原因在我看来并不能推翻本文的基本观点，让我们回到 21 世纪早期的金融化经济体中：一旦信用成为一种可交易的工具，它就会与资本的其他用途竞争剩余价值份额，因而与商业、土地所有权或工业生产一样，对利润率施加压力。不同点仅仅告诉我们，这是一种非常奇怪的和特殊的对剩余价值的索取，市场对于它的贪婪没有任何限制。由于这个原因，这种修正完全是合理的，与马克思的论述一致，值得马克思主义者或其他人给予更多的关注。

最后需要说明一点。在我的这篇文章还是草稿时，许多学者进行了评论，质疑我所建议的修正的一些方面：比如我将股票包括了进来，或者忽略了非信用货币。毫无疑问，我的研究仍然有改进的空间。但是考虑到理论问题的严肃性，以及实证结果的巨大差异，忽视修正的必要性是不合理的。因而，不接受我的做法的学者，有义务提出他们自己的替代性分析。如果这篇文章能够促使他们这样做，那么它就已经成功了。

作者感谢拉迪卡·德赛（Radhika Desai）和安德鲁·克莱曼（Andrew Kliman）提供的详尽讨论和帮助，以及迈克尔·伯克（Michael Burke）、艾尔·坎贝尔（Al Campbell）、维多利亚·奇克（Victoria Chick）、本·法因（Ben Fine）、巴里·芬格（Barry Finger）、邓肯·弗里（Duncan Foley）、弗雷德·莫斯里（Fred Moseley）和西蒙·莫亨（Simon Mohun）给出的有用意见，同时声明所有的错误都是他自己的。

参考文献

[1] Choonara, J. , "Once More (with Feeling) on Marxist Accounts of the Crisis", *International Socialist Review* (132), 2011, < isj. org. uk/? id = 762 >.

[2] Corrado, C. , C. Hulten and S. Sichel , "Intangible Capital_ USEconomy. pdf", *Review of Income and Wealth* 3 (55), 2009, < conference – board. org/pdf_ free/IntangibleCapital_ USEconomy. pdf. >.

[3] Desai, R. , *Geopolitical Economy*: *after US Hegemony*, *Globalization and Empire* (Pluto, 2012).

[4] Duménil, G. and D. Lévy, "Capital Resurgent", *The Crisis of Neoliberalism* (Harvard University Press, 2011).

[5] Fine, B. , "Neo – liberalism in Retrospect? – It's Financialisation, Stupid!" (Paper presented to Conference on "Developmental Politics in the Neo – liberal Era and Beyond", Seoul National University, Center for Social Sciences, October 2009).

［6］ Fine，B.，"Banking Capital and the Theory of Interest"，*Science and Society* 40（4），1985.

［7］ Moseley，F.，*The Falling Rate of Profit in the Postwar United States Economy*（St Martins Press，1992）.

［8］ Freeman，A. and Carchedi，G.，*Marx and Non－equilibrium Economics*（Edward Elgar，1996）.

［9］ Freeman，A.，*How Much Is Enough*? 2009a， < ideas. repec. org/p/pra/mprapa/13262. html >.

［10］ Freeman，A.，*What Makes the US Profit Rate Fall*? 2009b， < mpra. ub. uni－muenchen. de/14147/1/MPRA_ paper_ 14147. pdf >.

［11］ Freeman，A.，"Crisis and 'Law of Motion' in Economics：A Critique of Positivist Marxism"，*Research in Political Economy*（26），2010.

［12］ Freeman，C.，Schumpeter's Business Cycles' Revisited，Schumpeter Lectures，Facoltà di Economia，Università della Tuscia，Italy，1998.

［13］ Gil，V.，and J.，Haskel，"Industry－level Expenditure on Intangible Assets in the UK"，2007， < www. coinvest. org. uk/pub/CoInvest/CoinvestGilHaspaper/GilHaskel_ Nov_ 08. pdf >.

［14］ Howard，M. C. and J. E. King，*A History of Marxian Economics*（Vol. 1 and 2）（London：Macmillan，1989）.

［15］ Husson，M.，"A Systemic Crisis，Both Global and Long－lasting"，Workers' Liberty Website，July 24，2008，www. tinyurl. com/Cbk2c29.

［16］ Kliman，A.，*Reclaiming Marx's Capital*：*A Refutation of the Myth of Inconsistency*（Lanham，MD，2007）.

［17］ Kliman，A.，*The Failure of Capitalist Production*：*Underlying Causes of the Great Recession*（Pluto Press，2011）.

［18］ Lapavitsas，C.，"Financialisation and Capitalist Accumulation：Structural Accounts of the Crisis of 2007－2009"，Research on Money and Finance Discussion Papers，2010.

［19］ Marx，Karl，*Capital*：*A Critique of Political Economy*（Vol. 3）（Penguin，1981）.

［20］ McNally，D.，*Global Slump*：*The Economics and Politics of Crisis and Resistance*（Spectre，2011）.

［21］ Mohun，S.，"Productive and Unproductive Labor in the Labor Theory of Value"，*Review of Radical Political Economics* 28（4），1996.

［22］ Mohun，S.，"Unproductive Labor and the Rate of Profit in Australia 1966/1967－1991/1992"，Chapter 16，in Bellofiore，R.（ed.），*Marxian Economics*：*A Reappraisal*（Vol. 2）（Basingstoke：Macmillan，1998）.

［23］ Mohun，S.，"The Australian Rate of Profit 1985－2001"，*Journal of Australian Political Economy*（52），2003.

［24］ Norfield，T.，*Finance*，*the Rate of Profit and Imperialism*（Presented to the AHE/FAPE/IIPPE Conference in Paris，5－7 July 2012）.

［25］ Pasinetti，L.，*Lectures on the Theory of Production*（Palgrave Macmillan，1979）.

［26］ Ramos，A.，" Labour，Money，Labour – Saving Innovation and the Falling Rate of Profit"，in Free-man，A.，A. Kliman and J. Wells，（eds.）*The New Value Controversy and the Foundations of Eco-nomics*（Edward Elgar，2004），pp. 67 – 84.

［27］ Ross，J.，"Evidence from Chinese Growth"，*Key Trends in Globalization*，2011，〈ablog. typepad. com/keytrendsinglobalisation/2012/02/chinas – achievement. html〉.

［28］ Shaikh，A.，"The First Great Depression of the 21st Century"，in Panitch，L. Albo，B. and Chibber，V.，*The Crisis This Time*（Socialist Register，2011）.

［29］ Shaikh，A. M. and Tonak，E. A.，*Measuring the Wealth of Nations*：*The Political Economy of National Accounts*（Cambridge University Press，1996）.

［30］ Schumpeter，J.，*Business Cycles*（McGraw – Hill，1939）.

［31］ Toporowski，T.，" Kalecki and the Declining Rate of Profits"，*Review of Political Economy*11（33），1999.

数据附录

所有的变量值都采用当前的国家货币价格，另有说明除外。英国的数据来自英国的蓝皮书；美国的数据来自国民收入和产品账户（NIPA）和资金流量表。

图 1

利润率（Profit Rate）＝（NQBE + NQNV）／（CIXH + CIXI）

NQBE ＝ 非金融企业的总经营剩余（Gross Operating Surplus of the Non – financial Corporations）

NQNV ＝ 金融企业的总经营剩余（Gross Operating Surplus of the Financial Corporations）

CIXH ＝ 非金融企业的固定资产（Fixed Assets of the Non – financial Corporations）

CIXI ＝ 金融企业的固定资产（Fixed Assets of the Financial Corporations）

图 2

非住宅投资占 GDP 的份额（Non – residential Investment as a Share of GDP）＝ NPQX – NQAE – DFDK／YBHA

NQPX ＝ 固定资本形成总额（Gross Fixed Capital Formation）

DFDK ＝ 新住宅（New Housing）

YBHA ＝ 国内生产总值（GDP）

图 3

实际 GDP（Real GDP）＝ YBMA

图 4

金融部门利润率（Financial Sector Profit Rate）＝ NQNV／CIXI

非金融部门利润率（Non – financial Sector Profit Rate）＝ NQBE／CIXH

图 5

金融资产（Financial Assets） = NQAP + NQAL

NQAP = 英国的股票净收购量（Net Acquisition of Equities in the UK）

NQAL = 英国除股票外的其他证券的净收购量（Net Acquisition of Securities other than Equities in the UK）

固定资产（Fixed Assets） = NPQX

NPQX = 英国的固定资本形成总额（Gross Fixed Capital Formation in the UK）

图 6

未修正的比率（Uncorrected Rate） = （QTOP + QTPK + QTPL + QTPZ）/（CIXH + CIXI）

修正后的比率（Corrected Rate） = （YBHA − QTPS）/（CIXH + CIXI + NLIZ）

QTPS = 增加值，除服务以外（Value Added, Letting Services）

NLIZ = 金融衍生品、投资头寸、各部门（Financial Derivatives, Investment Position, All Sectors）

图 7

固定资产（Fixed Assets） = 私营企业的非住房资本存量（Non – residential Capital Stock of Private Enterprises），取自经济分析局（BEA）资本存量表 1.1 的第 15 行；经营剩余（Operating Surplus） = 私营企业的经营剩余（Operating Surplus of Private Enterprises），取自 NIPA 表 1.10 第 12 行；可交易金融证券（Marketable Financial Securities） = 美联储的资金流项目 FL894104005（年末）"所有部门：信贷市场工具"［Federal Reserve Flow of Funds Item FL894104005（Year End）'All Sectors：Credit Market Instruments'］。

历史与国际视野下的发展问题

朱天飚[**]

摘要 本文将现代国际体系的形成和内部斗争与发展问题连接起来，探讨国际体系、社会力量和国家在发展过程中的作用。通过分析民族国家和市场经济的互动以及比较几个重要的发展案例，本文指出，社会力量往往无法单独承担推动工业化的任务，坚强的国家组织对于发展的成败至关重要，而国家能否成功推动工业化又往往取决于它在现代国际体系内的遭遇。

关键词 发展 后发展 工业化 现代国际体系 民族国家 市场经济

发展问题起源于我们今天所处的现代国际体系。没有体系内的竞争和生存问题就没有对发展的需求。因此，本文从国家的生存这个角度来理解发展，工业化也就成了发展的核心，因此它曾是现代国际体系内争霸、竞争和生存的最重要的基础。国际体系可被定义成"由诸多相互作用的国际行为体组合而成的整体"[①]，或意思相似但更具体些的定义，即"由独立的政治实体（部落、城市国家、民族国家或帝国）所组成的任何集合体。这些实体根据规则化的过程进行频繁互动。"[②] 这里的"频繁互动"包括两种最重要的方式：战争和贸易。频繁的战争、频繁的贸易都可以使各个国家相互连接。现代国际体系是所有的国际体系中的一种，这种国际体系主要是由民族国家组成的，特别是通过民族国家之间的互动组成的。其包括两个主要特征：民族国家的生存与竞争以及市场经济的扩张。当然现代国际体系还有其他的特征，如文化特征、社会特征、环境特征。本文主要聚焦于民族国家和市场经济这两个主要特征，这两个特征也是政治经济学、政治学、经济史学里面集中讨论的两个特征，即政治的特征和经济的特征。

本文讨论两部分内容，即现代国际体系的形成和现代国际体系内的发展问题，这两部分内容构成了本文的主题：历史与国际视野下的发展问题。国际视野主要是指现代国际体系的形成、现代国际体系下的发展；而历史视野主要指的是现代国际体系由

[**] 朱天飚，北京大学政府管理学院教师。作者感谢黄琪轩和姚炬对这篇文章写作的支持和帮助。

[①] Bruce Russett and Harvey Starr, *World Politics: The Menu for Choice* (New York: W. H. Freeman and Company, 1989), p. 79.

[②] K. J. Kolsti, *International Politics: A Framework for Analysis* (Englewood Cliffs: Prentice Hall, 1967), 5th ed, p. 23.

小到大演变的过程，以及其在这个过程中展现出来的生存和发展的问题。发展的问题贯穿于整个国际体系形成的过程。两部分内容各有侧重点，第一部分主要侧重于概念、逻辑的介绍；第二部分侧重关于理论和发展问题的关系，并着重介绍了几个发展案例。

一 现代国际体系的形成

（一） 民族国家与市场经济的崛起

现代国际体系起源于欧洲。由于古罗马帝国的衰落，到公元 990 年，西欧开始逐渐陷入混乱状态。各国的互动使得现代国际体系开始在欧洲逐渐形成，然后逐渐扩展到世界其他地区，这是一个从无到有、从小到大逐渐长成的过程。现代国际体系在这个逐渐长成的过程中才出现了发展的问题。因此发展的问题和这个体系是紧密地结合在一起的，没有体系就没有发展问题。下面从政治和经济两条线索探讨现代国际体系的形成。

首先从政治这条线索即民族国家的主要特征来讨论。早期的欧洲政治形态从古罗马帝国衰落后就完全处于分裂混乱的状态。公元 500 年古罗马帝国衰落为东罗马帝国，西欧开始展现出割据和混乱的状态；公元 600 年，东罗马帝国版图进一步压缩，到公元 900 年，东罗马帝国势力基本被削弱，欧洲形成了割据分裂的状态。当时欧洲存在着各种政治实体，如领主自治、原始部落遗留下来的政治实体、城市国家等。这些政治实体形成了长达千年的军事竞争局面，其残酷性可从下面的一组数据表现出来：从公元 990 年的几千个政治实体到 1500 年还存在 500 个政治实体，到 1780 年的 100 个政治实体，再到公元 2000 年的 27 个政治实体，[①] 这是一个逐渐淘汰、兼并的演变过程，这是残酷性的一个方面。残酷性的另外一个方面体现在财政上面，用英国和荷兰来举例说明。英国作为现代国际体系中第一个可以被称为霸主的国家，从公元 1000 年到 1760 年，一个半世纪的时间里，用去了 70% ～90% 的财富来进行军事竞争。[②] 1760 年是英国工业革命的开始，可以说，工业革命是在英国持续用 70% ～90% 的财政资源进行军事竞争的情况下产生的。再看荷兰，其在 17 世纪参加了三次主要战争，即与西班牙的 8 年战争、与英国持续 7 年的三次贸易战争以及长达 9 年的大联盟战争。这三次战争用去了荷兰 17 世纪这 100 年 90% 的财政预算。[③]

① Michael Mann, *States, War and Capitalism* [Cambridge (Mass.) and Oxford: Blackwell, 1988], p. 153.

② Michael Mann, *The Sources of Social Power I: A History of Power from the Beginning to A. D. 1760* (New York: Cambridge University Press, 1986), p. 511.

③ Niall Ferguson, *The Cash Nexus: Money and Power in the Modern World, 1700 - 2000* (New York: Basic Books, 2006), p. 41.

在残酷的持续的军事竞争下，各种类型的政治实体不得不走向一个一体化的过程，政治实体变得极其相似，不相似的逐渐被淘汰了，这个淘汰过程就是国家组织的专业化和职业化的过程。民众原本是以"兼职"的形式为君主或领主服务的，平时务农，战时打仗，包括国家行政服务人员也是半职业的，但因为持续的军事竞争，职业化军队开始出现，职业化的官僚体系形成，同时伴随着职业的分工专业化，资源动员的效率也不断提高。比如，英国 1649～1660 年间总共只有约 1200 名国家官员，到 1690 年专门管理财政的人数就已达 2500 名，这个数字在 1708 年上升到 4780 名左右。① 这是一个快速专业化和职业化的过程。

在这个基础上，国家的自主性和国家的能力也在提高。在半职业化的状态下，哪些民众属于社会，哪些民众属于国家，这都是很模糊的，有了专职的国家行政人员，国家组织才从社会中脱离出来。国家组织脱离出来后，拥有职业武装力量的国家组织就变成了一股强大的具有自主性的独立力量，对内对外拥有权威，政策的执行力也不断提高。各个国家的国家组织因避免被军事竞争所淘汰都朝着这样一个趋同的状态发展。这就是当前我们所看到的欧洲民族国家形成的过程。

因此，民族国家就是那个变得职业化和专业化、武装到牙齿、从社会中脱离出来变成独立的政治力量的组织。传统的对民族国家的定义来自韦伯，即国家包括一系列机构、全职的行政人员、特定的地域以及在特定地域上对暴力的合法垄断。民族国家的核心特征是主权和统治力。主权是其他国家对本国统治的认可，同时主权还有深刻的国内含义，主权意味着统治力，统治集团或即将成为统治集团的组织必须在该特定地域上拥有强大的统治力，在此基础上，其他国家组织才会承认该国拥有对该土地的统治权，所以主权这个概念必然包含两个部分，一部分是以统治力为基础，另一部分是别人的认可。国家在获得其他国家的承认和认可之后才能成为整个领土上人和物的代表。这些特征都来自于长期的军事竞争。

下面讨论经济这条线索。如果将到目前为止的人类历史用生产方式来划分的话，一种可称为市场经济的生产方式，即资本主义生产方式；另一种则是自给自足的生产方式（简单说就是自己生产自己消费）。在市场经济全面崛起之前漫长的人类历史里，自给自足的生产方式是主要生产方式，也是欧洲早期的生产状态。自给自足的生产方式下也有贸易，但这种贸易是一种补充性的。比如远程贸易，多为本地无法生产的物品，如古代中国的茶叶和丝绸流入欧洲，就是比较典型的远程贸易。当然，贸易同样存在于一国内部各地方之间。但是，这种贸易仅仅是一种物品间的调节，是对自给自

---

① Frank Tallett, *War and Society in Early – modern Europe*, 1495 – 1715 (London and New York: Routledge, 1992), p. 202.

足生产方式的一种补充，不起主导作用。

那贸易什么时候才对生产方式起到决定性的作用呢？波兰尼（Polanyi）在其巨著《大转型》（*The Great Transformation*）里给出的答案是：当竞争性贸易出现的时候。[①]如果补充性贸易是基于不同产品的交换的话，竞争性贸易就是同类产品之间的竞争。这个竞争促进了产品的专业化生产，而专业化生产则反过来必须依靠贸易作为生产者生存的基础和进一步竞争的手段。当相辅相成的专业化生产和贸易在一定时空范围内得到延续的时候，市场经济就产生了。以专业化生产和贸易为核心特点的市场经济使社会生产水平大大提高，整个社会财富的创造大大提升。从国际资本主义全面发展的19世纪到现在，仅200多年的市场经济的发展所创造的社会财富要远远超过之前上千年所创造的财富，主要原因就在于专业化生产和贸易这两个相互结合的因素。

有了专业化生产和贸易，通过对利润的追求就必然会形成一种中心和边缘的产品交换关系。各个地区在进入市场经济时，必然存在不同的生产水平，生产水平高的地区所需求的产品一般都是初级产品，借以来支撑其高级产品的生产；而相对生产水平较低的地区就需要通过这种初级产品来交换高级产品，由此形成了中心－边缘关系。从一定程度上讲，这种中心－边缘关系是专业化生产和贸易的另外一个称谓，它从产品的维度描绘了专业化生产和贸易的互动关系。中心地区是专业生产高级产品的地区，边缘地区是专业生产低级产品的地区，贸易则连接起来这两个地区。因此只要存在市场经济，就会有中心－边缘关系。

不仅如此，这个中心－边缘关系一定是不断扩张的。其动力就在于市场竞争和对利润的追求。降低成本是生产者取得市场竞争优势的一种主要手段，边缘地区生产的初级产品是中心地区生产的高级产品的基础，降低成本就必须获得更廉价的初级产品，那就需要将更廉价生产初级产品的地方不断纳入市场经济体系。这个过程就使中心－边缘关系不断向世界其他地区扩张的过程。

（二）民族国家与市场经济的持续互动

上部分讨论了民族国家和市场经济的崛起，现代国际体系就是在民族国家和市场经济持续的互动过程中形成的。首先，民族国家对市场经济的推动起到了极其重要的作用。

市场经济从来都不是一个自然发展的过程。中国和阿拉伯帝国都曾有过非常发达的商业，但是都没有自发地形成市场经济。市场经济的萌芽是在自给自足的生产方式

---

① Karl Polanyi, *The Great Transformation：The Political and Economic Origins of Our Time*（Boston：Beacon Press, 1957）.

内产生的。作为自给自足生产方式的核心支持力量是土地拥有者形成的政治集团，因此市场经济的全面发展意味着由市场经济的推动者商人形成的政治集团必须击败土地拥有者集团。而历史证明，除了欧洲，世界其他地区的商人集团的力量没有任何一个能够克服土地拥有者集团的力量，从而使市场经济自发形成。

君主的选择起到了关键作用。为了维护自己的权力，君主必须选择有政治力量的集团结盟。在自给自足生产方式为主的经济里，土地拥有者最有经济和政治实力，因此是结盟的首选。土地拥有者当然也很愿意支持君主，因为他们也希望通过与君主结盟来保卫自己的生产和生活方式。结盟使君主和土地拥有者相互支持，其结果之一就是压制作为新兴力量的商人，恐怕这就是即使再英明的封建君主也经常采用"重农抑商"政策的原因。商人在自给自足生产方式下显然是边缘化的，而君主和土地拥有者的结盟是常态，这两者的结盟使得除欧洲外的世界其他地区都没有办法自发的形成一股强大的力量来推翻这样的一个联盟。这是一般逻辑，而欧洲则是个"变态"。

变态的原因是欧洲持续的军事竞争。君主或者国家组织为了在军事竞争下生存开始倒向商人集团或者平衡商人集团和土地拥有者集团之间的关系。在很多文明里面，资本主义萌芽都出现了，但无一例外地没有自发地生长起来，就是因为商人集团这股力量很难在君主和土地拥有者的联盟的夹缝中成长，而欧洲由于长期的持续的军事竞争，国家一直处于一个快速动员的状态，汲取一切能够汲取的力量来支持军事竞争，因而对商人集团和土地拥有者集团都保持一种妥协的态度，以便获取最多的资源。对于这些处于军事竞争的君主来说，对内统治不是其唯一的考虑因素，他（她）还需持续地考虑外部威胁和自身生存的问题。这两者结合起来改变了其对事态的看法，这个改变产生了两个重要的点。

第一，持续的军事竞争强化了国家组织[1]，进而无意识地推动了市场经济的发展。由于持续的军事竞争使得民族国家对国家疆界的划分提出了很明确的要求。同时在军事竞争下，国家需要建立能够支持军队快速的反应能力的物质条件，因而国家大力建设交通、通信等基础设施，在这种情况下，所产生的无意识的结果便是打通了国内原本在自给自足生产方式下各自分裂的市场和贸易，创造出统一的国内市场和贸易，在统一的国内市场下补充性贸易转向了竞争性贸易。所以持续的军事竞争和国家组织的强化对交通和通信的发展以及随后的全国性市场的产生起到了无意识的推动作用。

第二，国家当然还有对经济的有意识的影响。财政支持对参与军事竞争中的国家是关键。君主的财政来源于社会各个集团，在长期的持续的军事竞争下，君主为了长

---

① Charles Tilly, *Coercion, Capital, and European States, A. D. 990 - 1992* 〔Cambridge（Mass.）and Oxford：Blackwell, 1992〕.

期的持续的财政支援，开始与社会各个集团进行协商妥协，由此逐渐产生了议会，这是最早君主和有产阶级协商财政税收的场所。这对于君主来说是一个"痛苦"的过程，为了长期拥有统治权，他们必须与地主贵族、商人集团等有产阶级进行妥协。在这个过程中，君主开始支持更有效率的生产方式，以获得更多的财政支持，保护产权于是就在这种妥协过程中产生了。保护产权不仅是为了防止君主对商人集团的剥夺，也是为了防止土地拥有者对商人的剥夺。所以在保护产权的过程中，君主需要协调商人和土地拥有者的关系。国家对商人集团的推动也不是没有选择的，对那些有着更多财富、上交更多税收的商人就会给予更多的支持，为他们提供更好的资金积累环境。这促进了资本的原始积累，为商人集团转变成最初的资本集团打下了一个坚实的基础。因此市场经济的产生不是自然的，它离不开民族国家持续的支持。没有国家持续的支持也是其他地区市场经济无法产生的重要原因。

反过来，市场经济对民族国家也有强大的推动作用，财富和科技的支持使得民族国家在军事竞争中获得持续的资源和优势。有学者统计，在和平时期，欧洲君主一般花费40%～50%的财政预算来维持军事力量；到了战时，这个财政预算就上升到80%～90%。[1] 市场经济作为一个高效的财富创造机器，其远远非自给自足的生产方式所能比，在市场经济为基础的财政支持下，民族国家使军事竞争更加激烈。根据数据统计，1480～1550年的70年里，欧洲国际体系内共发生了48次主要战争，而1550～1600年的50年里就发生了48次主要战争；1650～1700年，这个数字上升到119次，1700～1750年则是276次，1750～1800年主要战争的次数已高达509次，整个战争的数量和规模都直线地上升。[2] 到了19世纪市场经济的发展时期，1816～1899年主要战争数量回归到了109次[3]，这期间国际市场快速发展，资本主义国家都在通过全球的资本主义扩展来汲取资源，以便酝酿更大规模的战争，于是在20世纪初就产生了人类历史上前所未有的第一次世界大战和第二次世界大战，后者的伤亡人数高达1.9亿人。

以市场经济为基础的财政资源的积累和科技水平的提高持续地推动了民族国家间的竞争，使得民族国家间的军事竞争更残酷，这反过来对市场经济的要求就更高，需要更多的财政支持和更高的科技水平。这是一个反复互动、互相促成的过程。在这个过程中，以民族国家和市场经济为基础的现代国际体系形成了。这个体系的纽带是民族国家间的持续竞争和国际市场将体系内各个地区连接起来的经济互动。现代国家体

① Paul Kennedy, *The Rise and Fall of the Great Powers*: *Economic Change and Military Conflict from 1500 to 2000* (Harper Collins Publisher Ltd., 1988), p. 85.

② Benno Teschke, "Theorizing the Westphalian System of States: International Relations from Absolutism to Capitalism," *European Journal of International Relations* 8 (1), 2002, p. 12.

③ Ibid.

系也是一个从欧洲向世界不断扩张的体系。扩张的动力既存在于民族国家间的竞争——因此需要不断从向外扩张中获取资源，又存在于中心－边缘关系，在利润的刺激下，市场经济带动着民族国家不断地对外扩张以获得廉价的初级产品。这两个过程又在民族国家和市场经济不断互动的过程中被强化。与此同时，民族国家和市场经济这种政治经济模式的示范效应也随着体系的扩张在全球蔓延。

二 现代国际体系内的生存与发展

（一）体系与发展问题

上部分讨论了现代国际体系的形成与扩张，本部分的讨论集中于现代国际体系内部的生存和斗争。整体的背景是 19 世纪已全面形成的现代国际体系。英国的工业革命在 18 世纪末全面展开，到 1840 年左右结束，然后欧洲大陆工业革命随之全面展开。在这个过程中，市场经济也在体系内连成一片形成了国际市场。很显然，在这个现代国际体系内，世界政治经济力量的发展是不平衡的。有富裕但规模较小的国家，如荷兰；有贫穷但比较庞大的国家，如俄国；有军事实力主要倚重海军的英国；还有军事实力主要倚重陆军的奥匈帝国。同时，军事政治呈现出一个多极的结构，有多个强权，如英国、普鲁士（德国）等。从经济上看，市场经济全面发展，特别是到了 19 世纪中叶，体系内的国际市场全面形成，这与英国反复的推动有直接关系，1834～1846 年英国先后颁布了《济贫法》、1844 年的《英格兰银行条例》、1846 年的《反〈谷物法〉法案》，基本上开放了自己的劳工市场、金融市场和粮食市场。英国在 19 世纪中叶进一步取消了它所有的关税，这是前无古人、后无来者的行为。在英国的带领下，国际市场在 19 世纪推动了自由贸易和自由竞争的发展，同时，中心－边缘关系也在 19 世纪驱动了整个体系的全球扩张。在上文讨论的 19 世纪 109 次主要战争里，殖民战争有 73 次。[①] 最后，整个现代国际体系形成了以英、法、德以及由典型的殖民地发展为中心国家的美国、典型的边缘国家发展为中心国家的日本等的现代国际体系。而发展问题也是在这样一个背景下提出的。

在现代国际体系的背景下，发展问题就是生存问题，因为这是一个竞争的体系。现代国际体系内的发展问题一定是和市场经济结合在一起的，一般一开始都是农业商品化，然后才进入工业化。这里有一个产品升级的过程，农产品升级到工业产品，初级产品升级到高级产品是一个发展的必要内容。但我们要解释的其实不是怎么发展的

---

① Benno Teschke, "Theorizing the Westphalian System of States: International Relations from Absolutism to Capitalism," *European Journal of International Relations* 8 (1), 2002, p. 12.

问题，而是不发展的问题，即为什么进入了现代国际体系内的这些国家依旧处于不发展的状态？从社会的角度看就是寻找发展的阻力的问题。后进入现代国际体系意味着经济的落后，经济落后意味着生产方式还处于自给自足的状态，这也就意味着土地拥有者集团仍然占据政治主导地位。土地拥有者集团不会主动地转变为资本集团。如果会，那么就不存在发展和不发展的问题了。之所以不会自发的转变为资本集团，是因为在旧的社会中，土地拥有者集团是最富有的集团，他们一定会将自己的经济资源转化为政治资源来保卫自己的生活和生产方式。而资本集团在落后的国家里肯定是弱小的集团，处于一种落后的状态，所以资本集团想要发展，推动工业化，就必须得克服土地拥有者集团的障碍。

我们来看看不同的国家发展面对的不同核心问题是什么。首先，城市国家进行工业化相对比较容易，这是由于其土地拥有者集团的力量比较弱小；其次，移民国家的工业化也相对容易，因为不存在土地拥有者的阻碍问题。而工业化最困难的国家，也是世界上大多数的国家，可将其称为"原住民"国家。原住民国家是以自给自足生产方式和以土地拥有者集团为主导，因而工业化的阻力最大。那么在此情况下由谁来克服这一阻力呢？凡是成功克服阻力实现工业化的原住民国家都发挥了国家组织的重要作用，因为资本集团自身无法克服这一阻力，所以必须得借用国家的力量来实现突破。

在原住民国家中，国家一般通过两种路径推动发展：一是改良，二是革命。这两种路径取决于该国社会力量的构成，比如，英国、德国、日本属于典型的改良道路。改良道路意味着土地拥有者的力量与国家的力量达成妥协，在推进工业化的同时，也要保护土地拥有者集团的利益。第二种道路就是革命的道路，对土地拥有者的力量无法实现妥协，必须用暴力推翻，并建立新的国家组织。俄国（苏联）及中国都是走的这条道路。总之，国家之所以能够如此行为，必须与现代国际体系的环境相联系，即为了在体系内求得生存而必须推动发展，特别是工业化。

上述讨论展示了政治上推动工业化的重要性，格申克隆（Gerschenkron）的后发展思考则为我们展示了经济上推动工业化的重要性。格申克隆观察到：随着国家越后发展，国家就越需要强组织力干预经济，国家的产业组织的规模就会变得越大。[①] 这个后发展的观察基于这样两个逻辑，即先发展国家的经验和有限资本的集中。后发展国家会汲取先发展国家的成功经验，同时具备强组织力的国家集中有限的资本，投入到已经被先发展国家的成功证明了的工业化道路上，以实现快速发展。所以后发展的观察和逻辑呼唤一个强大国家对经济的介入，越后发展，越需要国家去进行计划，计划的

---

① Alexander Gerschenkron, *Economic Backwardness in Historical Perspective: A Book of Essays* [Cambridge (Mass.): Harvard University Press, 1962], Chapter 1.

目的就在于走捷径，将稀缺的资本集中起来使用。

对于后发展国家来讲，它们的发展战略对内主要是盘剥农业。由于农业是落后国家唯一的内部资源，由此压榨农业成为其汲取农业剩余、实施工业化的重要来源。对外发展战略则是依靠外援、外债、外资和外贸等外部资源推动自己的发展。具体来说，传统的发展战略被称作出口导向战略和进口替代战略。前者主要建立在本国的比较优势上，也就是本国的初级产品的生产，通过初级产品的生产赚取足够的外汇和利润来推动产品升级；而进口替代战略主要是直接生产高级产品，用自己的产品来替代进口。当然，由于缺少技术和经验，这些被制造出来的高级产品一般都难以和先发展国家的产品竞争。这就需要国家的强力支持——不仅需要国家资金的支持，更需要国家通过关税来保护，希望通过关税保护来获得一部分国内市场，使自己的产品逐步发展起来。下面我们通过几个案例来展示后发展国家的发展道路和战略。

（二）后发展的实践

首先讨论美国。美国在 16～18 世纪是典型的边缘国家，主要给欧洲提供粮食、棉花这一类的初级产品，所以美国早期的发展显然建立在比较优势的基础之上，特别是美国南部的粮食和棉花的生产，黑人奴隶的运用则保证了最低成本。所以种植园主们非常富有，同时也非常强大，因而农业出口导向是非常明显的，而且发展也比其他原住民国家更快。随着南方种植园的成功发展，工业资产阶级在北方产生了，开始自己制造工业产品。由此美国形成了两种道路：北方开始进入工业的进口替代道路，而南方依旧坚持农业的出口导向道路。这二者在最初是可以融合的，比如到 19 世纪 70 年代为止，有四分之一的美国机器制造是为了满足农具之用，这表明农业的需求对工业是有促进作用的；与此同时，在国内销售的粮食催生了磨粉这一工业，1850～1880 年三十年间，磨粉业成为美国规模最大的工业，因而农业的供给也同样对工业有促进作用。[1] 但是，矛盾在随后的发展中开始显现，最大的矛盾体现在关税上，进口替代战略关键的一点就是依靠关税保护，而关税保护对种植园主来说是一个重大的伤害，因为种植园主所使用的农具大部分还是依赖从英国进口，关税保护使得种植园主的生产成本大大提高。

这种矛盾最终造成了 19 世纪 60 年代美国内战的爆发。北方获胜的结果是：从 1840 年开始一直到 20 世纪初美国成为世界第一工业强国，这一期间平均关税水平一直

---

① Herman M. Schwartz, *States Versus Markets: The Emergence of a Global Economy*（New York: St. Martin's Press, 2000）, p. 129.

维持在 40%，内战后还有所增加，这使美国成为当时世界上关税保护最强的国家。[1] 这也说明美国的工业化不是自由贸易支撑起来的，反而是在进口替代战略下国家干预经济的结果，而且美国成为第一工业强国后，依旧保持着高关税水平，直到被苏维埃俄国超过。

与美国相比，普鲁士德国走的是另外一条发展的道路。普鲁士德国是典型的原住民国家，位于欧洲腹地，四面都有其他国家的军事威胁，这一军事竞争环境促使普鲁士成为一个高度军事化的国家。比如，1780 年在普鲁士的首都柏林，平均每五人中就有一人是军人。[2] 长期处于军事竞争的环境之下，德国必须拥有强大的军力来保卫自己的领土。1871 年普鲁士联合周边小的邦国组成德意志帝国，将欧洲的军事竞争推向了更大的高潮。德国是典型的进口替代工业化国家，其基础是著名的"铁与麦"的结合。德国实行的是改良式的发展道路，是在国家的调节下，重工业资产阶级和容克地主达成妥协。容克地主通过销售粮食产品来赚取外汇，然后国家通过外汇来购买重工业发展所需的工业设备，继而实行进口替代工业化发展。

美国是第一代后发展国家，德国是第二代后发展国家，而俄国（苏联）则属于第三代后发展国家。

俄国的后发展状态与美国、德国很不同。美国和德国都有较好的和稳定的农业基础，而俄国由于地理纬度较高，大部分国土都处于寒冷地带，农业产量十分不稳定；但是俄国的地主贵族力量非常强大，一直是国家政治的主导力量，这就成为俄国走向工业化的重要阻碍。直到第一次世界大战后，苏维埃俄国成立，它才走向一种极端的进口替代发展道路。苏维埃俄国在经历了残酷的内战之后，面对无法获得外部资源的帮助，即没有外援、外资、外贸和外债的情况下，其重工业的发展只能建立在极度压榨农业剩余价值的基础之上。在农村，农业集体化的实行使其成为最有效地汲取农业剩余的制度。在城市，国有化的实行意味着国家不仅有计划地推动发展，而且国有化能够控制消费品的价格，通过抬高消费品价格将所有的消费者的剩余全部榨取过来，用于工业化的发展。

苏联走向这样一条道路是有其背景的。斯大林在 1931 年曾这样说："我们比发达国家落后五十年到一百年，我们必须在十年内把距离缩短，如果做不到这一点就会被灭亡"[3]。有意思的是，历史刚好只给了苏联 10 年的发展时间，10 年后纳粹德国入侵

① Ha - Joon Chang, *Kicking Away the Ladder：Development Strategy in Historical Perspective*（London：Anthem Press，2002），pp. 26 - 28.

② 夏诚：《世界现代化史纲（第一卷）：世界体系的形成与第一轮现代化》，广西人民出版社，1999，第 169 页。

③ Joseph Stalin, *Works*（Moscow，1955），pp. 40 - 41.

了苏联。如果没有这 10 年快速的工业发展，苏联恐怕难以最终战胜这个敌人。苏联这 10 年的发展速度是极其高速的。1928 年，苏联工人占总人口比重是 17.6%，到了 1939 年已经达到 50.2%。[①] 苏联用 10 年的时间完成了快速工业化的过程，从 1929 年排在七大工业国的第四位上升到 1939 年的第二位，按照总产值来计算，只落后于美国。[②]

当然这种快速的发展也带来了很多问题。苏联属于后发展中最极端的案例。因为后发展强调国家对稀缺资本的集中，苏联通过中央计划型经济将全部的稀缺资本集中起来投入到重工业的发展中。这个过程中失去了市场的调节，成为发展面临的最大问题。有了市场才能有科技创新，才会有效率的提高，市场能够将一定的投入转化为更多的产出。虽然只依赖市场竞争，后发展国家就无法集中资本，也就很难提高发展的速度；但如果完全不依赖市场，尽管资本集中能够有效地动员资源，但从长期讲则无法保证效率，这就是苏联后来所面临的问题：20 世纪 70 年代苏联生活水平和发展水平都在下降，科技水平已经整体上落后西方 10~15 年。因此，成功的发展需要基于资本集中和市场效率的平衡。

实现这一平衡最好的国家应当是日本。日本于 1853 年被美国的坚船利炮打开国门，被迫进入了现代国际体系。与俄国不同，日本的农业比较发达。在开始发展时，外贸、外资、外债的贡献都非常小，日本的发展主要依靠农业基础。1875~1889 年，日本国家的财政主要是靠地租来支持的，超过半数的财政收入都来源于地租。[③] 当然，最重要的还是工业化的直接推动者，即国家。1868 年，日本明治维新创造了一个坚强的国家组织。这个国家组织很快与土地拥有者集团达成妥协，开始主导工业化的进程。它首先直接投资于重工业的发展，在企业的效益稳定之后移交给与政府关系密切的实业家，这就形成了日本模式，即强国家和商业集团的联合。这也就是为什么至今日本政府与大财团的关系依旧十分紧密，因为这些财团发源于当时政府的强力支持。通过这种模式，日本使资本集中和市场效率达到了平衡，日本通过国家集中资本，同时通过扶持大的商业集团维持了市场的竞争。

总结本文，影响发展的主要因素是现代国际体系、社会力量和国家。在社会力量里，资本集团显然是倾向于工业化的，但因为在发展的原初状态，土地拥有者集团往

① Richard Sakwa, *Soviet Politics: An Introduction* (London and New York: Routledge, 1989), p. 48.

② Kennedy, *The Rise and Fall of the Great Powers: Economic Change and Military Conflict from 1500 to 2000*, (Harper Collins Publisher, Ltd., 1988), p. 330

③ E. H. Norman, *Origins of the Modern Japanese State* (Selected Writings of E. H. Norman, edited by John W. Dower, including Norman's classic book *Japan's Emergence as a Modern State*, New York: Pantheon Books, 1975), p. 184.

往往更加强大，所以社会力量不足以完全承担起工业化和市场经济发展的这一重任。因此国家就变得至关重要了。但是，有的国家能够推动工业化，而有的却不能。关键在于这个国家在现代国际体系里处于何种位置。一般来讲，越处于生存威胁的状态，国家就越需要通过推动工业化来实现对安全的追求。因此，格申克隆的后发展逻辑需要一定的修正，落后的状态可能为强组织力的出现创造了条件，但并不能保证它的出现。持续的军事竞争和生存威胁才是创造坚强的国家组织的根本。民族国家的产生以及在现代国际体系内深受生存威胁的德国、苏联和日本等案例都说明了这一点。越是经济落后（后发展的逻辑）以及越是深受生存威胁（军事竞争的逻辑）才越有可能出现持续推动工业化的国家，才越有可能解决土地拥有者阻碍发展的问题。当然，无论是后发展的逻辑还是军事竞争的逻辑都是现代国际体系的产物。

本文还具体讨论了国家对经济干预的问题，并提出：资本集中与市场效率的平衡是长期发展的保障。资本集中与市场效率的背后其实就是国家和社会的关系。从历史的角度看，国家对经济的干预是一个从政策干预到全面干预再到深入干预的过程。美国通过一场内战保住了关税这一政策干预的作用，到了苏联则变成了国家对经济的全面干预，而日本则呈现出国家有选择地深入干预的特点。今天，国家对经济的干预面临着前所未有的挑战。不仅是全球化相对压缩了国家的干预空间，更重要的是发展形态的变化。今天的发展已经不再是简单地从农业到工业的转型，自从 20 世纪 70 年代英国进入了所谓的"后工业"社会（后工业社会的标志就是服务业在国民经济中起主要作用），发展就变成了一个相对复杂和多重选择的问题：国家到底是工业化还是服务业化？到底是现代化还是后现代化？到底是工业化还是后工业化？这就是我们所称的挤压型发展时期。① 以前，国家只需推动以农业为主的经济向以工业为主的经济转型，推动传统价值向现代价值转变，但在挤压型发展时期，国家必须面对传统价值、现代价值和后现代价值的同时存在，国家必须具备能够同时处理不同方向和不同价值下的经济、社会问题的能力。可想而知，这是一个新的、艰巨的考验。

本文的讨论对认识中国的发展也有一定的启示。比如一般认为中国这三十多年的经济成就主要源于 1979 年开始的改革开放和市场经济的崛起。这虽然很有道理，但并不全面。在很多第三世界国家里，市场经济一直都存在，为什么没有出现类似中国的发展？所以，仅仅归功于市场经济的崛起是片面的。要理解当前中国的快速发展，我们必须要回到 1949 年，共产党在新中国成立前后清除了工业化的最重要的障碍，即地主阶级，这是大部分实施市场经济的第三世界国家没有做到的，所以 1949 年的意义和

---

① Whittaker D. Hugh, Tianbiao Zhu, Timothy Sturgeon, Mon Han Tsai, and Toshie Okita, "Compressed Development," *Studies in Comparative International Development* 45 (4), 2010, pp. 439–467.

1979 年的意义同样重大。1949 年消除了阻碍工业化的障碍，但同时也取消了市场。直到 1979 年，当市场重新被找回来的时候，资本集中与市场效率才趋于平衡，因而造就了这三十多年的高速经济发展。

参考文献

［1］ Bruce Russett and Harvey Starr, *World Politics：The Menu for Choice*（New York：W. H. Freeman and Company, 1989）.

［2］ K. J. Kolsti, *International Politics：A Framework for Analysis*（Englewood Cliffs：Prentice Hall, 1967）, 5th ed.

［3］ Michael Mann, *States, War and Capitalism*［Cambridge（Mass.）and Oxford：Blackwell, 1988］.

［4］ Michael Mann, *The Sources of Social Power I：A History of Power from the Beginning to A. D. 1760*（New York：Cambridge University Press, 1986）.

［5］ Niall Ferguson, *The Cash Nexus：Money and Power in the Modern World, 1700 – 2000*（New York：Basic Books, 2006）.

［6］ Frank Tallett, *War and Society in Early – modern Europe, 1495 – 1715*（London and New York：Routledge, 1992）.

［7］ Karl Polanyi, *The Great Transformation：The Political and Economic Origins of Our Time*（Boston：Beacon Press, 1957）.

［8］ Charles Tilly, *Coercion, Capital, and European States, A. D. 990 – 1992*［Cambridge（Mass.）and Oxford：Blackwell, 1992］.

［9］ Benno Teschke, "Theorizing the Westphalian System of States：International Relations from Absolutism to Capitalism," *European Journal of International Relations* 8（1）, 2002.

［10］ Alexander Gerschenkron, *Economic Backwardness in Historical Perspective：A Book of Essays*［Cambridge（Mass.）：Harvard University Press, 1962］, Chapter 1.

［11］ Herman M. Schwartz, *States versus Markets：The Emergence of a Global Economy*（New York：St. Martin's Press, 2000）.

［12］ Ha – Joon Chang, *Kicking Away the Ladder：Development Strategy in Historical Perspective*（London：Anthem Press, 2002）.

［13］ 夏诚：《世界现代化史纲（第一卷）：世界体系的形成与第一轮现代化》，广西人民出版社，1999。

［14］ Joseph Stalin, *Works*（Moscow, 1955）.

［15］ Richard Sakwa, *Soviet Politics：An Introduction*（London and New York：Routledge, 1989）.

［16］ Kennedy, *The Rise and Fall of the Great Powers：Economic Change and Military Conflict from 1500 to 2000*（Harper Collins Publisher Ltd., 1988）.

[17] E. H. Norman, *Origins of the Modern Japanese State* (Selected Writings of E. H. Norman, edited by John W. Dower, including Norman's classic book *Japan's Emergence as a Modern State*, New York: Pantheon Books, 1975).

[18] Whittaker D. Hugh, Tianbiao Zhu, Timothy Sturgeon, Mon Han Tsai, and Toshie Okita, "Compressed Development," *Studies in Comparative International Development* 45 (4), 2010.

数理政治经济学研究

价格比率不等于劳动比率吗？
——破解所谓《资本论》第三卷与第一卷的一个"矛盾"

冯金华[**]

摘要　所谓的马克思《资本论》第三卷与第一卷的一个"矛盾"，即根据第三卷的平均利润率计算的商品的价格与根据第一卷的劳动价值论计算的单位商品中包含的全部劳动不成比例，其实并不存在，因为在利润平均化之后的价格与利润平均化之前的劳动之间没有可比性。一旦使用正确的比较方法，即总是比较同一条件下的价格与劳动，并在比较中，始终坚持社会必要劳动时间（包括第一种含义和第二种含义的社会必要劳动时间）决定商品价值量的基本原理，立刻就会发现同一商品的价格总是与其内含的全部社会必要劳动成比例，不同商品的价格比率总是与它们内含的全部社会必要劳动的比率相等。这个结果，无论是在利润平均化之前还是在利润平均化之后，都毫无例外地成立。

关键词　价格比率　劳动比率　《资本论》第三卷和第一卷

一　引言

马克思主义经济学受到质疑最多的一个地方是：根据《资本论》第三卷的利润平均化理论计算的单位商品的价格与根据《资本论》第一卷的劳动价值论计算的这些单位商品中包含的劳动通常不成比例，或者说，不同的单位商品的价格比率往往不等于它们内含的劳动比率（Samuelson，1971）。

反对马克思主义经济学的人自然是以此大做文章，宣称马克思的劳动价值论与利润平均化理论存在矛盾，并进一步认为马克思的劳动价值论是错误的，或最多只适用于亚当·斯密所说的那种既不存在资本积累又不存在土地私有制的"早期"和"原始"的"伊甸园"，一旦"翻过这一页"，进入所谓的"文明"社会，则不同商品的价格比率和它们内含的劳动比率就将"永远"地不再相等（Samuelson，1971）。

[**]　冯金华，上海财经大学马克思主义研究院。

另一方面，支持马克思主义经济学的人（在某种程度上甚至也包括马克思本人[①]）则有点进退失措，不知道如何才能合乎逻辑地解释这一似乎已经是确定不疑的矛盾。其中，大部分的支持者只能跟着反对者承认这一矛盾的存在，但强调这是所谓现象与本质之间的矛盾；并认为由于劳动价值论揭示的是价格的本质，故它与作为现象的价格之间存在不一致是"理所当然"的，不值得大惊小怪（Morishima，1973；杨玉生、杨戈，2005 年）。另外一些支持者退而强调劳动价值论的"哲学的""社会的"或"历史的"意义（Fine，2001）。还有一些支持者则提出了所谓"新"的解释，如 Dumenil（1983）和 Foley（1982）的"劳动时间的货币表示（MELT）"、Kliman 和 McGlone（1999）的"分期单一体系（TSS）"。可惜的是，这些新解释也缺乏说服力。例如，"劳动时间的货币表示"只适用于"净产品"，而"分期单一体系"的价值决定无法独立于生产价格。

令人奇怪的是，无论是支持还是反对马克思主义经济学的人都没有意识到，这个所谓的矛盾其实根本就不存在。这是因为，他们比较的价格和劳动（或价格比率和劳动比率）并不是处于同一个环境之中，而是处于不同的条件之下，即一方面是利润平均化之后的价格或价格比率，另一方面却是利润平均化之前的劳动或劳动比率。不同条件下的这种价格与劳动（或价格比率与劳动比率）根本就是风马牛不相及，完全没有可比性。

正确的比较方法应当是：必须在相同的条件下来考察商品的价格与劳动（或价格比率与劳动比率）的关系。例如，我们可以来比较利润平均化之后商品的价格和劳动，也可以来比较利润平均化之前商品的价格和劳动，但不能像过去那样比较利润平均化之后的价格和利润平均化之前的劳动。否则，比较的结果就没有意义。

一旦我们使用正确的比较方法，即总是比较同一条件下的劳动与价格，并在比较中，始终坚持社会必要劳动时间［包括第一种含义和第二种含义的社会必要劳动时间，简称社会必要劳动（1）和社会必要劳动（2）］决定商品价值量的基本原理，立刻就会发现，同一商品的价格总是与其内含的社会必要劳动量成比例，不同商品的价格比率总是与它们的社会必要劳动的比率相等。这个结果，无论在利润平均化之前还是在利润平均化之后，都毫无例外地成立。因此，《资本论》第三卷的利润平均化与第一卷的劳动价值论之间不存在任何的矛盾。换句话说，劳动价值论是"普适"的：它既适用于利润平均化之前，又适用于利润平均化之后。

[①] 例如，马克思说："商品按照它们的价值或接近于它们的价值进行的交换，比那种按照它们的生产价格进行的交换，所要求的发展阶段要低得多。按照它们的生产价格进行的交换，则需要资本主义的发展达到一定的高度。"（《马克思恩格斯文集》第 7 卷，人民出版社，2009，第 197 页。）

本文依次讨论三种情况，即相当于亚当·斯密所说的早期和原始的"伊甸园"经济、相当于马克思《资本论》第一卷所讨论的"剩余价值"经济和相当于《资本论》第三卷所讨论的"平均利润"经济，并证明，在每一种情况下，商品的价格都与其内含的社会必要劳动成比例，且不同商品的价格比率都等于它们的社会必要劳动的比率，尽管在某一种情况下商品的价格通常不会与另一种情况下的社会必要劳动成比例，在某一种情况下不同商品的价格比率通常不会等于另一种情况下它们的社会必要劳动的比率。

本文的基本假定包括：①供求均衡；②简单再生产；③生产的规模报酬不变；④不同部门的剩余价值率相同。其中，第一个假定用来排除由于供求不一致而可能造成的价格对社会必要劳动的偶然偏离；后面三个假定则主要是为了讨论起来更加的简单和方便——放松这些假定并不会影响本文所得到的结论。

二 "伊甸园"经济

首先来看亚当·斯密所说的"早期"的和"原始"的社会状态。[①]此时，既不存在剩余价值，更不存在平均利润。

考虑一个只使用劳动和资本两种要素、生产资本品和消费品两种产品的简单经济，并设在该经济中，生产 1 单位资本品需要 a_1 单位的劳动（即"直接"劳动）和 b_1 单位的资本，生产 1 单位消费品需要 a_2 单位的劳动和 b_2 单位的资本。于是，根据规模报酬不变的假定，生产 K 单位资本品需要 a_1K 单位的劳动和 b_1K 单位的资本，生产 Y 单位消费品需要 a_2Y 单位的劳动和 b_2Y 单位的资本。若用 p_1 和 p_2 分别表示资本品和消费品的价格，w 表示劳动的价格即工资，则 K 量资本品的价格总额就为 p_1K，且等于其生产中所消耗的劳动成本 wa_1K 加资本成本 p_1b_1K；同样，Y 量消费品的价格总额为 p_2Y，且等于其生产中所消耗的劳动成本 wa_2Y 加资本成本 p_1b_2Y。于是得到不存在任何剥削时的价格体系：

$$p_1K = wa_1K + p_1b_1K$$
$$p_2Y = wa_2Y + p_1b_2Y$$

或者：

$$p_1 = wa_1 + p_1b_1$$
$$p_2 = wa_2 + p_1b_2$$

---

① "在土地尚未私有而资本尚未累积的原始社会状态下，劳动的全部生产物属于劳动者，既无地主又无雇主来同他分享。"（亚当·斯密：《国民财富的性质和原因的研究》上卷，商务印书馆，1983，第 58 页。）

其解显然为：

$$p_1 = w \frac{a_1}{1 - b_1}$$

$$p_2 = w \frac{a_1 b_2 - a_2 b_1 + a_2}{1 - b_1}$$

消费品与资本品的价格比率则为：

$$\frac{p_2}{p_1} = \frac{a_1 b_2 - a_2 b_1 + a_2}{a_1}$$

现在来看单位资本品和消费品中包含的全部社会必要劳动（包括直接劳动和凝结在物质资本中的"间接"劳动或"物化"劳动），以及单位消费品和资本品中包含的全部劳动的比率（简称劳动比率）。同样根据规模报酬不变的假定，由生产 1 单位资本品需要 a_1 单位的劳动和 b_1 单位的资本可知，生产 b_1 单位的资本需要 $a_1 b_1$ 单位的劳动和 b_1^2 单位的资本，生产 b_1^2 单位的资本需要 $a_1 b_1^2$ 单位的劳动和 b_1^3 单位的资本……于是，当 $b_1 < 1$ 时，[①] 1 单位资本品中所包含的全部劳动（用 x_1 表示）就为：

$$x_1 = a_1 + a_1 b_1 + a_1 b_1^2 + \cdots = \frac{a_1}{1 - b_1} \tag{1}$$

由此可见，在不存在任何形式的剥削的情况下，单位资本品内含的全部劳动完全取决于资本品本身生产中的消耗系数（即 a_1 和 b_1），且随这些消耗系数的下降而减少。[②]

另一方面，生产 1 单位消费品需要 a_2 单位的劳动和 b_2 单位的资本，而生产 b_2 单位的资本需要 $a_1 b_2$ 单位的劳动和 $b_1 b_2$ 单位的资本，生产 $b_1 b_2$ 单位的资本需要 $a_1 b_1 b_2$ 单位的劳动和 $b_1^2 b_2$ 单位的资本，生产 $b_1^2 b_2$ 单位的资本需要 $a_1 b_1^2 b_2$ 单位的劳动和 $b_1^3 b_2$ 单位的资本，如此等等。于是，1 单位消费品中所包含的全部劳动（用 x_2 表示）为：

$$x_2 = a_2 + a_1 b_2 + a_1 b_1 b_2 + a_1 b_1^2 b_2 + \cdots = \frac{a_1 b_2 - a_2 b_1 + a_2}{1 - b_1} \tag{2}$$

由此可见，与资本品不同，单位消费品内含的全部劳动不仅取决于资本品的消耗系数，而且取决于消费品的消耗系数（a_2 和 b_2），即取决于所有的消耗系数。[③]

---

① $b_1 \geq 1$ 是不合理的，因为它意味着，生产 1 单位资本品需要 1 单位或 1 单位以上的资本品——除了还需要一部分的直接劳动以外。

② 由于资本品是中间产品，故该结论还可以更加一般地说成：在不存在任何剥削的条件下，中间产品内含的全部劳动完全由中间产品的消耗系数确定。

③ 由于消费品是最终产品，故该结论也可以更加一般地说成：在不存在任何剥削的条件下，最终产品内含的全部劳动由所有产品（包括最终产品和中间产品）的消耗系数确定。

将上述决定 p_1、p_2 和 x_1、x_2 的公式做一比较即可看到：

$$p_1 = wx_1$$

$$p_2 = wx_2$$

这意味着，在不存在剩余价值或平均利润的条件下，单位资本品和消费品的价格与它们内含的全部劳动成正比，比例系数为工资；或者，说得更加具体一点，单位资本品和消费品的价格恰好分别等于其内含的全部劳动与工资的乘积。当工资给定时，单位商品的价格随其内含的全部劳动的增加而上升；当单位商品内含的全部劳动给定时，其价格随工资的上升而上升。

上面两式的两边同时除以工资则得到：

$$\frac{p_1}{w} = x_1$$

$$\frac{p_2}{w} = x_2$$

它意味着，单位资本品和消费品的价格与工资的比率，或者以工资品来计量的这些商品的价格，恰好分别等于其内含的全部劳动。特别是，当 $w = 1$ 时，单位资本品和消费品的价格恰好分别等于它们内含的全部劳动，即 $x_1 = p_1$ 和 $x_2 = p_2$。[①]

最后，单位消费品与资本品内含的全部劳动的比率为：

$$\frac{x_2}{x_1} = \frac{a_1 b_2 - a_2 b_1 + a_2}{a_1}$$

恰好等于相应的价格比率。

以上对单位商品内含的全部劳动的讨论也可以通过建立和求解所谓的"劳动体系"来进行。例如，1 单位资本品中包含的全部劳动 x_1 应当等于其生产中消耗的直接劳动 a_1 加间接劳动 $x_1 b_1$（生产 1 单位资本品要消耗 b_1 单位的资本，而 b_1 单位资本中包含的全部劳动为 $x_1 b_1$）；同样，1 单位消费品中包含的全部劳动 x_2 也应当等于其生产中消耗的直接劳动 a_2 加间接劳动 $x_1 b_2$（生产 1 单位消费品要消耗 b_2 单位的资本，而 b_2 单位资本中包含的全部劳动为 $x_1 b_2$），于是，相应的劳动体系可以表示为如下的方程组：

$$x_1 = a_1 + x_1 b_1$$

$$x_2 = a_2 + x_1 b_2$$

当 $b_1 \neq 1$ 时，其解与式（1）和式（2）完全相同。

---

① 实际上，如果所有商品的价格均用劳动来表示，则劳动的价格即工资自然就等于 1。在这种情况下，自然就有 $p_j = x_j$，即每一单位商品的（以劳动来衡量的）价格恰好等于它内含的全部劳动。

三 "剩余价值"经济

现在来看存在剥削的情况。我们先讨论以"剩余价值"形式出现的剥削，然后再讨论以"平均利润"形式出现的剥削。需要注意的是，一般来说，在现实经济中，伴随着从无剥削状态到有剥削状态的转变，技术会发生变化，从而，消耗系数会不同。因此，尽管我们下面使用的表示消耗系数的符号仍然与以前相同，但它们代表的却可能是完全不同的数值。当然，在同一个模型中，我们总假定技术是不变的，从而消耗系数也是不变的。

若用 s 表示剩余价值率（注意：这里使用了不同部门具有相同剩余价值率的假定[①]），则伊甸园中的价格体系将相应地变为：

$$p_1 K = w a_1 K + s w a_1 K + p_1 b_1 K$$
$$p_2 Y = w a_2 Y + s w a_2 Y + p_1 b_2 Y$$

其中，$w a_1 K$ 和 $s w a_1 K$（$w a_2 Y$ 和 $s w a_2 Y$）分别是资本品（消费品）生产部门的以价格表示的可变资本和剩余价值。上式可简化为：

$$p_1 = w a_1 (1 + s) + p_1 b_1$$
$$p_2 = w a_2 (1 + s) + p_1 b_2$$

解之即得：

$$p_1 = w \frac{a_1 (1 + s)}{1 - b_1}$$
$$p_2 = w \frac{(a_1 b_2 - a_2 b_1 + a_2)(1 + s)}{1 - b_1}$$

消费品与资本品的价格比率则为：

$$\frac{p_2}{p_1} = \frac{a_1 b_2 - a_2 b_1 + a_2}{a_1}$$

恰好等于伊甸园中的相应比率。

再来看单位资本品和消费品中包含的全部劳动以及它们的比率。前面说过，在没有剩余价值的情况下，生产 1 单位资本品需要 a_1 单位的直接劳动和 b_1 个单位的资本。现在，由于出现了剩余价值，这 a_1 单位的直接劳动就需要被一分为二，即分为必要劳动和剩余劳动。

---

① 可以证明，如果假定工资总是等于劳动力价值，则即使不同的部门具有不同的剩余价值率，也不会改变本文的结论。

为此，我们先根据剩余价值率 s 来计算在全部直接劳动中必要劳动所占的比率（简称必要劳动比率，用 ω 来表示）。它显然为：①

$$\omega = \frac{1}{1 + s}$$

不难看到，这里的必要劳动比率相当于劳动力的价值。特别是，由于我们假定，在不同的部门中，剩余价值率 s 是相同的，故不同部门的必要劳动比率 ω 也相同。

于是，生产 1 单位资本品所需要的 a_1 单位的（直接）劳动现在可分为必要劳动 ωa_1 和剩余劳动 $s\omega a_1$。②换句话说，生产 1 单位资本品现在需要 $\omega a_1 + s\omega a_1 = \omega a_1(1 + s)$ 单位的劳动和 b_1 单位的资本。③从而，生产 b_1 单位的资本需要 $\omega a_1(1 + s)b_1$ 单位的劳动和 b_1^2 单位的资本，生产 b_1^2 单位的资本需要 $\omega a_1(1 + s)b_1^2$ 单位的劳动和 b_1^3 单位的资本……这样，1 单位资本品所包含的全部劳动就为：

$$x_1 = \omega a_1(1 + s) + \omega a_1(1 + s)b_1 + \omega a_1(1 + s)b_1^2 + \cdots = \omega \frac{a_1(1 + s)}{1 - b_1} = \frac{a_1}{1 - b_1} \qquad (3)$$

与无剩余价值时的情况完全相同。

同样，由于在没有剩余价值的情况下，生产 1 单位消费品需要 a_2 单位的劳动和 b_2 单位的资本，故当剩余价值率为 s 从而必要劳动比率为 ω 时，生产 1 单位消费品就需要 $\omega a_2(1 + s)$ 单位的劳动和 b_2 单位的资本，生产 b_2 单位的资本则需要 $\omega a_1(1 + s)b_2$ 单位的劳动和 $b_1 b_2$ 单位的资本，生产 $b_1 b_2$ 单位的资本需要 $\omega a_1(1 + s)b_1 b_2$ 单位的劳动和 $b_1^2 b_2$ 单位的资本……这样，1 单位消费品所包含的全部劳动就为：

$$x_2 = \omega a_2(1 + s) + \omega a_1(1 + s)b_2 + \omega a_1(1 + s)b_1 b_2 + \omega a_1(1 + s)b_1^2 b_2 + \cdots$$

$$= \omega \frac{(a_1 b_2 - a_2 b_1 + a_2)(1 + s)}{1 - b_1} = \frac{a_1 b_2 - a_2 b_1 + a_2}{1 - b_1} \qquad (4)$$

同样与无剩余价值时的情况完全相同。

由此可见，剩余价值的出现并不会改变商品内含的劳动。无论是资本品还是消费品，内含的全部劳动都与不存在任何形式的剥削时一样，仍然只是取决于自身的或全部的消耗系数，且随这些消耗系数的下降而减少，而与剩余价值率以及必要劳动比率完全无关。

---

① 注意，这里把剩余价值率看成为剩余劳动与必要劳动的比率。

② $s\omega$ 是全部直接劳动中剩余劳动所占的比率。

③ 实际上，由于 $\omega(1 + s) = 1$，从而 $\omega a_1(1 + s) = a_1$，即可直接推知在剩余价值经济中，单位资本品和消费品内含的全部劳动与伊甸园中的情况是完全一样的。这里的讨论是为了进一步说明其计算过程，同时，也是为了后面研究利润平均化条件下的相应问题做些准备。

将剩余价值条件下决定 p_1、p_2 和 x_1、x_2 的公式做一比较亦容易看到：

$$p_1 = w(1 + s)x_1$$
$$p_2 = w(1 + s)x_2$$

这意味着，与伊甸园的情况一样，在存在剩余价值但利润尚未平均化的条件下，单位资本品和消费品的价格也与其内含的全部劳动成比例，所不同的是，比例系数现在不是仅仅等于工资，而是等于工资与 1 加剩余价值率的乘积。换句话说，单位资本品和消费品的价格现在等于其内含的全部劳动与工资及 1 加剩余价值率的乘积。当工资和剩余价值率给定时，单位商品的价格随其内含的全部劳动的增加而上升；当单位商品内含的全部劳动给定时，其价格随工资或剩余价值率的上升而上升。特别是，当剩余价值率 $s = 0$ 时，单位资本品和消费品的价格分别等于它们内含的全部劳动与工资的乘积，结果与不存在任何剥削时完全相同，而当工资等于 1 加剩余价值率的倒数（亦即等于必要劳动比率，或劳动力价值）时，单位资本品和消费品的价格分别等于它们内含的全部劳动。

价格与劳动的关系还可以写成：

$$p_j = w x_j + w s x_j \quad j = 1,2$$

其中，$w x_j$ 是以工资表示的单位商品内含的全部劳动的必要部分，$w s x_j$ 则为相应的剩余部分。于是，价格也可以看成是由"必要"和"剩余"两个部分构成。

在剩余价值经济中，单位消费品与资本品内含的全部劳动的比率为：

$$\frac{x_2}{x_1} = \frac{a_1 b_2 - a_2 b_1 + a_2}{a_1}$$

它等于相应的价格比率，而且，也等于伊甸园中的劳动比率和价格比率。换句话说，单位消费品与资本品的劳动比率或价格比率在伊甸园和剩余价值经济中没有任何区别。

类似于伊甸园的情况，对剩余价值经济中单位资本品和消费品内含的全部劳动的讨论也可以通过建立如下的劳动方程组来进行：

$$x_1 = \omega a_1 + s \omega a_1 + x_1 b_1$$
$$x_2 = \omega a_2 + s \omega a_2 + x_1 b_2$$

其解显然同式（3）和式（4）。

四　"平均利润"经济

若在剩余价值经济的价格体系中用平均利润来代替剩余价值，即可得到利润平均化条件下的价格体系：

$$p_1 K = w\, a_1 K + p_1\, b_1 K + r(w\, a_1 K + p_1\, b_1 K)$$

$$p_2 Y = w\, a_2 Y + p_1\, b_2 Y + r(w\, a_2 Y + p_1\, b_2 Y)$$

其中，r 表示平均利润率，$r(w\, a_1 K + p_1\, b_1 K)$ 和 $r(w\, a_2 Y + p_1\, b_2 Y)$ 分别是资本品和消费品生产部门得到的平均利润。上式可简化为：

$$p_1 = (w\, a_1 + p_1\, b_1)(1 + r)$$

$$p_2 = (w\, a_2 + p_1\, b_2)(1 + r)$$

解之即得：

$$p_1 = w\, \frac{a_1(1 + r)}{1 - b_1(1 + r)}$$

$$p_2 = w\, \frac{(a_1\, b_2 - a_2\, b_1)(1 + r)^2 + a_2(1 + r)}{1 - b_1(1 + r)}$$

消费品与资本品的价格比率为：

$$\frac{p_2}{p_1} = \frac{(a_1\, b_2 - a_2\, b_1)(1 + r) + a_2}{a_1}$$

容易看到，当 $a_1\, b_2 \neq a_2\, b_1$ 时，除非 $r = 0$，否则，该比率不再与伊甸园和剩余价值经济中的相应比率相同。由于一般来说，在利润平均化的条件下，单位消费品和资本品的价格比率不再等于伊甸园和剩余价值经济中的相应的价格比率，故也不会等于后者的劳动比率。[①] Samuelson（1957，1970，1971）和其他一些人看到了这种不等，并据此认为，马克思的劳动价值论是错误的。然而，他们没有意识到，这种不等是完全没有意义的，因为它比较的是完全不同的两种经济条件下的情况，即利润平均化之后的价格比率和利润平均化之前的劳动比率。他们没有看到（如我们下面将要证明的），尽管在利润平均化之后，单位消费品和资本品的价格比率通常不等于利润平均化之前的相应的劳动比率，但却可以等于利润平均化条件下的相应的社会必要劳动的比率。

与剩余价值经济相比，出现平均利润之后，对单位商品中包含的全部社会必要劳动的计算要稍微复杂一些。这是因为，在利润平均化之前，每一部门投入的和得到的（或实现的）剩余劳动总是相等的，从而，投入的和得到的直接劳动（包括剩余劳动和必要劳动）以及全部劳动（包括直接劳动和间接劳动）也都是相等的。在这种情况下，

---

① 此外还可看到，当平均利润率不等于零时，即使假定消耗系数相同，利润平均化之后的消费品的价格也不会与利润平均化之前单位消费品内含的全部劳动成比例。

社会必要劳动自然就等于投入的或得到的劳动。但是，在利润平均化之后，每一部门投入的和得到的这些劳动通常不再相等。

例如，与以前一样，我们假定在利润平均化之后，每一部门的剩余价值率仍然为 s，从而，必要劳动在全部直接劳动中所占的比率仍然为 $\omega = 1/(1 + s)$。在这种情况下，资本品生产部门的资本家就仍然与以前一样，用 ωa_1 单位的劳动与工人交换 $a_1 = \omega a_1 + s\omega a_1$ 单位的劳动（$s\omega a_1$ 为剩余劳动），并用这些劳动与 b_1 单位的资本（即 $x_1 b_1$ 单位的间接劳动）生产出 1 单位的资本品；消费品生产部门的资本家也仍然与以前一样，用 ωa_2 单位的劳动与工人交换 $a_2 = \omega a_2 + s\omega a_2$ 单位的劳动（$s\omega a_2$ 为剩余劳动），并用这些劳动与 b_2 单位的资本（即 $x_1 b_2$ 单位的间接劳动）生产出 1 单位的消费品。换句话说，每一部门生产单位商品时投入的全部劳动仍然与以前一样。

但是，尽管在利润平均化的条件下，每一部门生产单位商品时投入的全部劳动仍然与以前一样，它们通过商品交换得到的全部劳动却不是如此：现在，1 单位资本品交换到的全部劳动为 $(\omega a_1 + x_1 b_1)(1 + r)$，1 单位消费品交换到的全部劳动为 $(\omega a_2 + x_1 b_2)(1 + r)$。它们不再等于生产时投入的全部劳动 $\omega a_1(1 + s) + x_1 b_1$ 和 $\omega a_2(1 + s) + x_1 b_2$。

现在的问题是：在利润平均化之后，应当如何计算单位商品中包含的全部社会必要劳动？是按照生产时投入的劳动，还是按照出售后得到的劳动？根据劳动价值论的"一贯逻辑"，答案显然是后者而非前者。[1] 这是因为，在马克思那里，"每一种商品……的价值，都不是由这种商品本身包含的必要劳动时间决定的，而是由它的再生产所需要的社会必要劳动时间决定的。"[2] 这里，社会必要劳动时间应同时包括两个方面的含义：其一，"社会必要劳动时间是在现有的社会正常的生产条件下，在社会平均的劳动熟练程度和劳动强度下制造某种使用价值所需要的劳动时间。"[3] 其二，"不仅在每个商品上只使用必要的劳动时间，而且在社会总劳动时间中，也只把必要的比例量使用在不同类的商品上……可见，只有当全部产品是按必要的比例生产时，它们才能卖出去。社会必要劳动时间可分别用在各个特殊生产领域的份额的这个数量界限，不过是价值规律本身进一步展开的表现，虽然必要劳动时间在这里包含着另一种意义。为了满足社会需要，只有如许多的劳动时间才是必要的。"[4] "正如商品按其价值出卖的条

---

① 应当说明的是，马克思本人亦未能将这一逻辑贯彻到底。例如，在利润平均化之后，他用投入的劳动来决定价值，而用得到的劳动来决定所谓的"生产价格"。正是这种不一致，给反对者留下了批评的口实，也给支持者带来很多的困惑。

② 《马克思恩格斯文集》第 7 卷，人民出版社，2009，第 157 页。

③ 《马克思恩格斯文集》第 5 卷，人民出版社，2009，第 52 页。

④ 《马克思恩格斯文集》第 7 卷，人民出版社，2009，第 716～717 页。

件是商品只包含社会必要劳动时间一样，对于资本的某一整个生产领域来说，这种条件就是，花费在这个特殊领域中的只是社会总劳动时间中的必要部分，只是为满足社会需要（需求）所必要的劳动时间。如果在这个领域中花费多了，即使每个单位商品所包含的只是必要劳动时间，这些单个商品的总量所包含的却会多于社会必要劳动时间，正如单个商品虽然具有使用价值，这些单个商品的总量在既定的前提下却会丧失它的一部分使用价值。"①第一种含义的社会必要劳动时间或社会必要劳动（1）强调的是"平均生产条件"，主要针对部门内部的不同企业；第二种含义的社会必要劳动时间或社会必要劳动（2）强调的则是"社会必需总量"，主要针对不同的部门。"平均生产条件"和"社会必需总量"两者结合在一起，共同决定了商品的价值。正如马克思所总结的："价值不是由某个生产者个人生产一定量商品或某个商品所必要的劳动时间决定，而是由社会必要的劳动时间，由当时社会平均生产条件下生产市场上这种商品的社会必需总量所必要的劳动时间决定"。②

　　容易看到，同时包含上述两种含义的社会必要劳动通常不会等于实际投入的劳动，但却总会等于通过商品交换而得到的或实现的劳动。例如，对一个部门来说，某一企业投入的劳动只是该企业的"个别劳动"，但它从自己商品的出售中得到的却是社会必要劳动即价值。除非该企业的劳动生产率恰好代表整个部门的"平均生产条件"，否则，它得到的价值就不会等于它投入的个别劳动。如果它的劳动生产率高于平均水平，它得到的价值就将高于它投入的个别劳动，反之，则低于它投入的个别劳动。

　　同样，对于整个社会来说，某个部门投入的劳动也只是该部门的"个别劳动"，而它从自己商品的出售中得到的却是社会必要劳动或价值。除非该部门生产的产量恰好等于市场上这种商品的"社会必需总量"，否则，它得到的价值也不会等于它投入的个别劳动。如果它的产量超过了社会必需总量，它得到的价值就会低于它投入的个别劳动，反之，则会高于它投入的个别劳动。例如，设某部门生产 1 单位产品所需投入和耗费的劳动为 2 小时，市场上对该部门产品的"社会必需总量"为 100 件，则根据社会必要劳动（2），该部门的社会必要劳动总量就是 $2 \times 100 = 200$ 小时，相应地，单位商品的价值量为 $200/100 = 2$。如果该部门实际投入的劳动不是 200 小时，而是 300 小时，生产的产量不是 100 件，而是 150 件，则这 300 小时的实际劳动投入仍然只能等于 200 小时的社会必要劳动，从而，单位商品的价值将下降到 $200/150 = 4/3$，尽管每单位商品上实际耗费的劳动为 2 个小时。

　　进一步来看，在资本可以自由流动、企业可以自由进入和退出的情况下，一个部

①　《马克思恩格斯文集》第 8 卷，人民出版社，2009，第 260 页。
②　《马克思恩格斯文集》第 7 卷，人民出版社，2009，第 722 页。

门投入的全部个别劳动是否能够满足社会必要劳动（2）的要求，或者说，该部门生产的全部产品是否恰好满足整个社会的需要，或等于社会必需总量，一个重要的条件就是它是否满足利润平均化的要求。如果它得到的不是平均利润，则它投入的全部个别劳动就不能满足社会必要劳动（2）的要求，从而，就不可能成为等量的社会必要劳动，尽管它可以满足社会必要劳动（1）的要求。这是因为，当一个部门得到的利润大于或小于平均利润时，该部门就会出现新企业的进入或原有企业的退出，导致供过于求或供不应求。这意味着，由该部门生产的全部产量就不会恰好等于社会必需的总量，从而，它投入的个别劳动就不会等于它通过交换而从其他部门那里得到的劳动。反过来说，如果把该部门投入的个别劳动看作社会必要劳动，并要求与其他部门的等量的社会必要劳动相交换，则结果就是该部门的产品供过于求或供不应求。无论哪种情况，都不符合社会必要劳动（2）的要求。换句话说，如果我们把投入的劳动看成是决定价值的社会必要劳动，则除非所有部门的个别利润率都恰好等于平均利润率，否则，那些个别利润率不等于平均利润率的部门，其产品的价值将永远也不会得到完全的实现，或者说，它所实现的价值（即能够交换到的其他部门的劳动）将永远也不会等于决定该价值的投入的劳动。这显然违背了价值或社会必要劳动的本质规定和要求。[①]

例如，在资本品生产部门，如果按投入的全部劳动来决定价值，则 1 单位资本品的价值就等于 $\omega a_1 + s\omega a_1 + x_1 b_1$，其中，$x_1 b_1$ 为不变资本，ωa_1 为可变资本，$s\omega a_1$ 为剩余价值。于是，个别利润率为 $s\omega a_1 / (\omega a_1 + x_1 b_1)$。如前所说，这样得到的个别利润率通常不会等于整个社会的平均利润率。[②]如果它高于平均利润率，就会引起新企业的进入，反之，则会引起原有企业的退出。为简单起见，我们假定在该部门中，所有的企业都是一样的，从而，无论是新企业的进入，还是原有企业的退出，都不会影响该部门的技术水平或消耗系数。在这种情况下，企业的进入或退出就不会影响单位资本品上投入的全部劳动（它仍然与以前一样等于 $a_1 + x_1 b_1$），但却会使得这些投入的劳动无法完全实现：如果该部门实现的个别利润率高于平均利润率，则新企业的进入就会导致其产品供过于求，结果，该部门投入的一定量的劳动就只能交换到其他部门的较少量的劳动，或者说，该部门的产品相对来说将变得更加"便宜"。产品的相对便宜具有两个方面的影响：其一，引起对该部门产品的需求增加，抵消开始时的供大于求的

① "商品按照它们的价值来交换或出售是理所当然的，是商品平衡的自然规律。"（《马克思恩格斯文集》第 7 卷，人民出版社，2009，第 209 页）

② 容易证明，只有当一个部门的间接劳动与直接劳动之比恰好等于 $(s-r)/(1+s)r$ 时，该部门的个别利润率才等于平均利润率；而当某一部门的个别利润率恰好等于平均利润率时，该部门在生产中投入的全部劳动就恰好等于它实现的或得到的全部劳动，从而，是按投入的还是按得到的全部劳动来决定价值没有任何区别。

失衡；其二，该部门实现的利润率下降，趋向整个社会的平均水平。另一方面，如果该部门实现的个别利润率低于平均利润率，则原有企业的退出就会导致其产品供不应求，结果，该部门投入的一定量的劳动就能够交换到其他部门的更多量的劳动，或者说，该部门的产品相对来说将变得更加"昂贵"。产品的相对昂贵亦具有两个方面的影响：其一，引起对该部门产品的需求减少，抵消开始时的供不应求的失衡；其二，该部门实现的利润率上升，趋于整个社会的平均水平。

总之，无论一个部门实现的个别利润率是大于还是小于社会的平均利润率，只要它们不相等，就会引起企业的进入和退出，导致供求失衡。这意味着，如果我们用投入的劳动来决定价值，则由投入的劳动决定的价值将永远无法得到完全的实现，或者说，可以实现的价值将总是高于或者低于而不会等于决定它的投入的劳动。企业的进入或退出的调整过程会一直进行下去，直到一个部门所实现的利润率最终等于整个社会的平均水平。此时，供求恢复均衡，该部门实现的价值也将恰好等于所得到的全部劳动。由此可见，在利润平均化的条件下，按照投入的全部劳动来决定价值根本就是不合理的，因为由投入的劳动所决定的价值永远都不可能交换到恰好等于决定该价值的投入的劳动。即使我们一开始时用投入的全部劳动来决定价值，但由于个别利润率不等于平均利润率而引起的企业进入和退出，实现的价值也总是会背离投入的劳动，且最后将总是会等于所实现的劳动。

另一方面，如果按照得到的而非投入的全部劳动来决定价值，则不会出现任何的问题。在这种情况下，所有的价值都能够实现，或者说，所有的价值都恰好等于决定它们的劳动。例如，在资本品生产部门中，1 单位资本品的价值现在等于 $(\omega a_1 + x_1 b_1)(1 + r) = (\omega a_1 + x_1 b_1) + r(\omega a_1 + x_1 b_1)$，其中，$r(\omega a_1 + x_1 b_1)$ 为平均剩余劳动。由于实现的利润率 $r(\omega a_1 + x_1 b_1)/(\omega a_1 + x_1 b_1) = r$ 恰好为整个社会的平均利润率，故不会引起新企业的进入或原有企业的退出；又由于资本品生产部门的资本家在消费了全部的平均剩余劳动 $r(\omega a_1 + x_1 b_1)$ 之后，用剩下的 ωa_1 去与工人交换到 a_1 的劳动，[①]并与剩下的资本 b_1 或间接劳动 $x_1 b_1$ 一起生产出 1 单位的资本品，故整个社会的生产可以周而复始地继续进行下去。[②]

由于在利润平均化条件下决定价值的是得到的而非投入的全部劳动，故 1 单位资本品中包含的（社会必要的）劳动和资本现在应分别为 $\omega a_1(1 + r)$ 和 $b_1(1 + r)$，从而，$b_1(1 + r)$ 单位资本包含的劳动和资本分别为 $\omega a_1 b_1 (1 + r)^2$ 和 $b_1^2 (1 + r)^2$，b_1^2

---

① 当然，这需要先在部门之间进行产品交换。

② 实际上，在不存在利润平均化的情况下，决定价值的也应当是得到的而非投入的劳动。只是在那时，得到的和投入的劳动总是相等的（假定供求均衡），故我们也可以用后者来决定价值。

$(1 + r)^2$ 单位资本包含的劳动和资本分别为 $\omega a_1 b_1^2 (1 + r)^3$ 和 $b_1^3 (1 + r)^3$，如此等等。这样，1 单位资本品所包含的全部劳动就为：

$$x_1 = \omega a_1 (1 + r) + \omega a_1 b_1 (1 + r)^2 + \omega a_1 b_1^2 (1 + r)^3 + \cdots$$

$$= \omega \frac{a_1 (1 + r)}{1 - b_1 (1 + r)} \tag{5}$$

同样道理，在利润平均化之后，1 单位消费品包含的劳动和资本分别为 $\omega a_2 (1 + r)$ 和 $b_2 (1 + r)$，$b_2 (1 + r)$ 单位资本包含的劳动和资本分别为 $\omega a_1 b_2 (1 + r)^2$ 和 $b_1 b_2 (1 + r)^2$，$b_1 b_2 (1 + r)^2$ 单位资本包含的劳动和资本分别为 $\omega a_1 b_1 b_2 (1 + r)^3$ 和 $b_1^2 b_2 (1 + r)^3$……这样，1 单位消费品所包含的全部劳动就为：

$$x_2 = \omega a_2 (1 + r) + \omega a_1 b_2 (1 + r)^2 + \omega a_1 b_1 b_2 (1 + r)^3 + \omega a_1 b_1^2 b_2 (1 + r)^4 + \cdots$$

$$= \omega \frac{(a_1 b_2 - a_2 b_1)(1 + r)^2 + a_2 (1 + r)}{1 - b_1 (1 + r)} \tag{6}$$

前面说过，在"剩余价值"经济中，与在"伊甸园"中一样，单位资本品和消费品内含的全部劳动也是只取决于自身的或全部的消耗系数，而与剩余价值率或必要劳动比率无关。然而，在平均利润经济中我们却看到，所有商品内含的全部劳动现在不仅取决于自身的或全部的消耗系数，而且还取决于平均利润率以及必要劳动比率（从而剩余价值率）。

此外，在"伊甸园"和"剩余价值"经济中，对资本品的自身消耗系数 b_1 的限制是相同的，即它不能大于或等于 1，但在平均利润经济中，这个限制也不再相同：b_1 现在是不能大于或等于 $1/(1 + r)$。换个角度来看，这也意味着平均利润率不是可以任意变化的。例如，当资本品的自身消耗系数 b_1 给定时，平均利润率 r 不能大于或等于 $1/b_1 - 1$。之所以如此是因为，与"剩余价值"只与直接劳动有关不同，平均利润不仅与直接劳动有关，而且也与间接劳动即物质投入有关，从而与自身消耗系数 b_1 有关。

将利润平均化条件下决定 p_1、p_2 和 x_1、x_2 的公式做一比较同样容易看到：

$$p_1 = \frac{w}{\omega} x_1 = w (1 + s) x_1$$

$$p_2 = \frac{w}{\omega} x_2 = w (1 + s) x_2$$

这意味着，与"剩余价值"经济中的情况一样，在利润平均化的条件下，单位资本品和消费品的价格也分别与其内含的全部劳动成比例，且比例系数也等于工资与 1

加剩余价值率的乘积。①这里最值得注意（也可能是令许多人感到"奇怪"）的一点是，尽管利润已经平均化，但单位商品的价格与其内含的全部劳动的关系（或者同一单位商品的价格与劳动的比率）却仍然只取决于剩余价值率（以及工资），而与平均利润率没有任何关系。②换句话说，利润的平均化不会改变价格与劳动的关系。无论是在平均利润模型中还是在剩余价值模型中，单位资本品和消费品的价格都分别等于工资、1 加剩余价值率以及它们内含的全部劳动的乘积。特别是当不存在剩余价值或平均利润时，单位资本品和消费品的价格分别等于工资与它们内含的全部劳动的乘积。这正好是"伊甸园"经济的情况。

在平均利润经济中，单位消费品与资本品内含的全部劳动的比率为：③

$$\frac{x_2}{x_1} = \frac{(a_1 b_2 - a_2 b_1)(1 + r) + a_2}{a_1}$$

该比率同样等于相应的价格比率，但是，它不再等于"伊甸园"或"剩余价值"经济中的劳动比率和价格比率。换句话说，单位消费品与资本品的劳动比率或价格比率在平均利润经济中和在"剩余价值"经济或"伊甸园"经济中不再相同，尽管它们在后面两个模型中是完全一样的。

仿照"伊甸园"和"剩余价值"经济中的讨论，若设生产和销售 1 单位资本品和消费品所得到（注意：不是所投入）的全部劳动分别为 x_1 和 x_2，则利润平均化条件下的劳动体系可以表示为：

$$x_1 = \omega a_1 + x_1 b_1 + r(\omega a_1 + x_1 b_1)$$
$$x_2 = \omega a_2 + x_1 b_2 + r(\omega a_2 + x_1 b_2)$$

容易看到，它是通过在剩余价值经济的劳动体系中用平均剩余劳动 $r(\omega a_1 + x_1 b_1)$ 和 $r(\omega a_2 + x_1 b_2)$ 分别代替剩余劳动 $s\omega a_1$ 和 $s\omega a_2$ 而得到的；其解则与式（5）和式（6）相同。

五　多种商品的一般情况

前面对只包括一种资本品和一种消费品的简单经济的讨论容易推广到包括多种商

---

① 当工资等于必要劳动比率，或 1 加剩余价值率的倒数时，单位商品的价格就等于其内含的全部劳动。

② 对该"奇怪"的一个解释是：利润的平均化不仅会影响价格，而且也会以完全相同的方式影响单位商品中包含的全部劳动。因此，当我们把利润平均化之后的价格与劳动放在一起比较时，两方面的影响恰好会相互抵消，从而得到与剩余价值经济中完全一样的结果。

③ 前面曾经看到，即使是在利润平均化的条件下，同一商品的价格与劳动的比率也只取决于剩余价值率（以及工资），而与平均利润率无关；现在看到的不同商品的价格比率或劳动比率却正好相反：它们只取决于平均利润率（以及消耗系数），而与剩余价值率或工资无关。

品的更加一般的情况中去。这里以平均利润经济为例。设生产第 $j(j = 1,2,\cdots,n)$ 种商品需要投入 a_j 单位的（直接）劳动以及 $b_{ij}(i = 1,2,\cdots,n)$ 单位的第 i 种商品。于是，在利润平均化的条件下，价格体系可写成：

$$p_j = \left(w a_j + \sum_{i=1}^{n} p_i b_{ij} \right)(1 + r) \quad j = 1,2,\cdots,n$$

其矩阵形式为：

$$p = (wa + pb)(1 + r)$$

这里

$$p = (p_1,\cdots,p_n), a = (a_1,\cdots,a_n), b = \begin{pmatrix} b_{11} & \cdots & b_{1n} \\ \vdots & \ddots & \vdots \\ b_{n1} & \cdots & b_{nn} \end{pmatrix}$$

解之即得：

$$p = wa(1 + r)[I - b(1 + r)]^{-1}$$

相应地，劳动体系为：

$$x_j = \left(\omega a_j + \sum_{i=1}^{n} x_i b_{ij} \right)(1 + r) \quad j = 1,2,\cdots,n$$

其矩阵形式为：

$$x = (\omega a + xb)(1 + r)$$

这里，$x = (x_1,\cdots,x_n)$，ω 与以前一样表示必要劳动比率。它的解为：

$$x = \omega a(1 + r)[I - b(1 + r)]^{-1}$$

比较价格体系和劳动体系的解，即知：

$$p = \frac{w}{\omega}x = w(1 + s)x$$

这意味着

$$p_j = w(1 + s)x_j \quad j = 1,2,\cdots,n \tag{7}$$

以及

$$\frac{p_j}{p_i} = \frac{x_j}{x_i}i, \quad j = 1,2,\cdots,n$$

它们显然是只包括一种资本品和一种消费品的简单经济中的类似结果的一般化。

顺便说一下，如果假定所有商品的价格总量等于它们内含的全部劳动的总量，则每一单位商品的价格就一定等于它内含的全部劳动（冯金华，2008，2010）。这是因为，将式（7）中每一个等式的左右两边分别乘以相应的产量（用 q_j 表示）后再相加可以得到：

$$\sum_{j=1}^{n} p_j q_j = w(1+s) \sum_{j=1}^{n} x_j q_j$$

但根据假定有：

$$\sum_{j=1}^{n} p_j q_j = \sum_{j=1}^{n} x_j q_j$$

这意味着 $w(1+s)=1$。代入式（7）后即得到 $p_j = x_j (j = 1,2,\cdots,n)$。

以上讨论可以总结如下：从不存在资本积累和土地私有制的原始社会，到存在剩余价值的剥削社会，再到利润平均化之后的现代资本主义社会，尽管社会经济条件发生了巨大的变化，但劳动价值论的基本原理并没有变化，因为在每一个不同的社会中，单位商品的价格总是与其内含的社会必要劳动成比例，且不同单位商品的价格比率总是等于它们内含的社会必要劳动的比率。这意味着，劳动价值论确实提供了社会经济的一个普遍规律。特别是，利润的平均化也不会违背这一规律。换句话说，劳动价值论不仅适用于亚当·斯密所说的原始社会，而且适用于剥削社会，不仅适用于利润平均化之前的剥削社会，而且适用于利润平均化条件下的现代资本主义社会。由此可见，至少从逻辑上讲，《资本论》第三卷的利润平均化理论与第一卷的劳动价值论之间并不存在所谓的矛盾。

参考文献

［1］杨玉生、杨戈：《价值·资本·增长》，中国经济出版社，2005。

［2］斯蒂德曼：《按照斯拉法思想研究马克思》，商务印书馆，1991。

［3］冯金华：《价值转形：一个伪问题》，《经济评论》2008 年第 3 期。

［4］冯金华：《生产价格会偏离价值吗》，《经济评论》2010 年第 3 期。

［5］Samuelson, P. A., "Wages and Interest: A Modern Dissection of Marxian Economic Models", *The American Economic Review* 47（6），1957.

［6］Samuelson, P. A., "The 'Transformation' from Marxian 'Values' to Competitive 'Prices': A Process of Rejection and Replacement", *Proceedings of the National Academy of Sciences* 67（1），1970.

［7］ Samuelson, P. A. , "Understanding the Marxian Notion of Exploitation: A Summary of the So – Called Transformation Problem Between Marxian Values and Competitive Prices", *Journal of Economic Literature* 9 (2), 1971.

［8］ Morishima, M, *Marx's Economics: A Dual Theory of Value and Growth* (Cambridge: Cambridge University Press, 1973) .

［9］ Fine, B. , "The Continuing Imperative of Value Theory", *Capital & Class* (75), 2001.

［10］ Duménil, G. , "Beyond the Transformation Riddle: A Labor Theory of Value", *Science & Society* 47 (4), 1983.

［11］ Foley, Duncan K. , "The Value of Money the Value of Labor Power and the Marxian Transformation Problem", Review of Radical Political Economics 14 (2), 1982.

［12］ Kliman, A. & Mcglone, T. , "A Temporal Single – system Interpretation of Marx's Value Theory", *Review of Political Economy* 11 (1), 1999.

转形问题的关键和误区：
一个必要的修正

张忠任^{**}

摘要 转形问题，即价值向生产价格转化问题。作为马克思经济学研究中的一个百年难题，源自 1894 年出版的《资本论》第 3 卷，1907 年由德国统计学家鲍特凯维兹对其计算方法进行了探索之后而为世人所瞩目。围绕这一问题在 20 世纪 50 年代和 70 年代曾发生过两次世界性大论战。

转形问题成立与否是一个事关马克思经济学生死攸关的根本问题。因为如果转形问题不能成立，意味着导致李嘉图体系解体的两大矛盾之一（价值规律与"等量资本获得等量利润"的矛盾）没有被解决，从而马克思主义经济学将成为没有价值理论的经济学。这意味着什么，大家都应该是清楚的。

转形问题的难点在于如何证明成本价格的生产价格化以后"总计一致 2 命题"（即转形后平均利润总额等于剩余价值总额，并且生产价格总额等于价值总额）是否能够同时成立。

本文指出，实现这一点，在数学上并不困难。实际上，这一问题早在 2000 年就由 BSZ 转形模型解决了。转形问题之所以成为一个百年难题，不过是由于人们的一些并不重要的误解而造成的。

关键词 总计一致 2 命题 成本生产价格化 系数法 BSZ 转形模型 劳动力亚商品化

一 转形问题的难点与关键

转形问题属于生产价格问题的一个环节。对于生产价格理论，马克思是在《资本论》第 3 卷第一篇讨论了剩余价值转化为利润之后，在第二篇尤其是第九章中集中阐

** 张忠任，日本国岛根县立大学综合政策学部教授，博导，博士；中南财经政法大学财税学院主讲教授（楚天学者）。主要研究领域为劳动价值论和政府间财政关系。联系方式：697 - 0016，日本岛根县浜田市野原町 2433 - 2，岛根县立大学 217 研究室；TEL：0081 - 855 - 24 - 2240（研究室）；FAX：0081 - 855 - 24 - 2306（研究室）；E - mail：z - zhang@ u - shimane. ac. jp。

述的①。

为了阐述的方便，我们首先来定义一下符号。我们用 c_i，v_i，m_i 和 w_i 分别表示第 i 部门的不变资本、可变资本、剩余价值和总价值，那么价值体系可以表示为

$$c_i + v_i + m_i = w_i \quad (i = 1,2,\cdots,n) \tag{1}$$

令 $e\,(= m_i/v_i; i = 1,2,\cdots,n)$ 表示剩余价值率②，则式（1）可化为

$$c_i + (1 + e)v_i = w_i \quad (i = 1,2,\cdots,n) \tag{2}$$

注意，在这里马克思一般假定各部门的剩余价值率相同。通常以为这仅仅是为了研究的方便。其实不然。如果考虑到利润率的平均化意味着一种均衡的话，可以认为剩余价值率的平均化意味着另一种均衡。

令 $\pi_i = m_i\,/\,[\,(c_i + v_i)\,]$ 表示第 i 部门的利润率，剩余价值转化为利润以后则式（2）化为

$$(1 + \pi_i)(c_i + v_i) = w_i \quad (i = 1,2,\cdots,n) \tag{3}$$

这里，$c_i + v_i$ 是第 i 部门的资本总额，称为成本价格。利润就是 $\pi_i(c_i + v_i)$。总之，剩余价值转化为利润以后，价值等于成本价格 $c_i + v_i$ 加上利润 $\pi_i(c_i + v_i)$。

这时，各部门的利润率一般是不相同的。但是，在资本主义经济当中，不论资本投入哪个部门，等量资本大体上都要求取得等量利润，于是部门之间就会发生竞争，其结果是各部门的不同的利润率转化为相同的平均利润率。各部门按照平均利润率取得的利润就是平均利润。平均利润率形成以后，商品不再按照成本价格加上利润出售，而是按照成本价格加上平均利润出售。成本价格加上平均利润就是生产价格。

所谓"转形"，指的就是价值向生产价格的转化。其实质是导致平均利润率形成的各部门间剩余价值的再分配。

价值转化为生产价格以后，只有量的变化，而没有质的变化，在质上生产价格与价值是相同的，生产价格只是表现着转化了的价值。而在量上，变化只发生在各个部门

---

① 关于生产价格概念的渊源，可以上溯到斯密的"自然价格"、李嘉图的"生产费用"以及重农学派的"必要价格"等，都具有类似的含义。不过他们谁也没有能够说明生产价格与价值的区别，这也是马克思的重要贡献之一。参见《马克思恩格斯全集》第25卷，人民出版社，1972，第221页。

② 在《资本论》中的剩余价值率记号是 m'。

之间[①]，从全社会来看，全部商品生产价格的总额仍然等于全部商品价值的总额。价值转化为生产价格的实质是剩余价值的再分配，各部门按照平均利润率取得的利润即平均利润虽然与剩余价值额会有不同，从全社会来看，平均利润总额仍然等于剩余价值总额。总之，转形后，生产价格总额等于价值总额，平均利润总额等于剩余价值总额，这就是有名的"总计一致 2 命题"。

生产价格怎样计算呢？马克思先给出了一种过渡性计算方法，如式（4）所示[②]。

$$(1 + r)(c_i + v_i) = P_i \quad (i = 1, 2, \cdots, n) \tag{4}$$

这里 P_i 表示第 i 部门的生产价格总额，r 表示平均利润率。r 相当于剩余价值总额在社会总资本中所占的份额，即

$$r = \frac{\sum_{i=1}^{n} m_i}{\sum_{i=1}^{n} (c_i + v_i)}$$

式（4）的使用方法可如表 1 所示（这正是我们目前在政治经济学教科书上所经常看到的东西）。我们把式（4）称为"半转形公式"。

表 1 按照半转形公式计算的生产价格化数例

部门	a	b	c	d	e	f	g	h	p
	不变资本	可变资本	剩余价值率	剩余价值	利润率	商品价值	平均利润率	平均利润	生产价格
			$c = d/b$	$d = bc$	$e = d/(a+b)$	$f = a+b+d$		$h = g(a+b)$	$p = a+b+h$
1	80	20	100%	20	20%	120	20%	20	120
2	90	10	100%	10	10%	110	20%	20	120
3	70	30	100%	30	30%	130	20%	20	120
总计	240	60		60		360		60	360

在表 1 最后一行中，我们看到转形后生产价格总额仍然等于价值总额（360 = 360），平均利润总额仍然等于剩余价值总额（60 = 60），即"总计一致 2 命题"得到了

---

① 按照马克思的分析，一般说来，资本有机构成高的部门，价值将小于生产价格；资本有机构成低的部门，价值大于生产价格，只有资本有机构成与社会资本平均构成一致的部门，价值等于生产价格。森岛通夫将以上结论称为 3 个命题。这 3 个命题目前还没有被严密证明。张忠任（2004）证明了其中之一（资本有机构成与社会资本平均构成一致的部门，价值等于生产价格的命题）的必要条件成立，但是还没有找到其充分条件。只是通过数据验证指出该命题的充分条件应该比马克思的结论略窄。

② 这种表述方式虽然在目前的政治经济学教科书中一般看不到，实际上在鲍特凯维兹 1907 年的论文中已经有了。

同时满足。

但是，马克思知道，这种过渡性的转形方法是不彻底的，因为对成本价格部分还没有进行生产价格化[①]。

对此，如果我们把式（4）稍微变一下形，可能看得更为清楚。令 $x_i = P_i/w_i$，则 x_i 表示生产价格对价值的偏离率，也可以理解为 w_i 的变化率，于是式（1）便转化为

$$(1 + r)(c_i + v_i) = w_i x_i \quad (i = 1, 2, \cdots, n) \tag{5}$$

注意式（5）的右端包含作为 w_i 的变化率的变量 x_i，但是左端作为成本价格的 c_i 和 v_i 却没有任何变化。

所以，转形问题的难点就在于如何在能够同时满足"总计一致2命题"（生产价格总额等于价值总额以及平均利润总额等于剩余价值总额）的前提下来实现转形过程中的成本价格的生产价格化。

二　系数法的提出和误区的产生

最早试图用数学方法解决转形的计算问题并取得突破性成果的是德国柏林大学教授，经济学家、统计学家鲍特凯维兹（Ladislaus von Bortkiewicz）。

为了解决转形计算中的成本价格部分的生产价格化问题，鲍特凯维兹创造了一种系数法。他把两大部类硬扩充成三大部类：第 1 部类为生产资料，第 2 部类为工人消费资料，第 3 部类为资本家消费资料即奢侈品。按照斯威齐译文中的符号，c_i, v_i, s_i（$i = 1, 2, 3$）分别表示第 i 部类的不变资本、可变资本和剩余价值。鲍特凯维兹认为在简单再生产条件下，下列平衡关系应该成立[②]。

$$\left.\begin{array}{l} c_1 + v_1 + s_1 = c_1 + c_2 + c_3 \\ c_2 + v_2 + s_2 = v_1 + v_2 + v_3 \\ c_3 + v_3 + s_3 = s_1 + s_2 + s_3 \end{array}\right\} \tag{6}$$

[①] 因此，马克思进一步指出："……一个商品的生产价格，对他的买者来说，就是成本价格，并且可以作为成本价格加入另一个商品的价格形成。因为生产价格可以偏离商品的价值，所以，一个商品的包含另一个商品的这个生产价格在内的成本价格，可以高于或低于它的总价值中由加到它里面的生产资料的价值构成的部分。必须记住成本价格这个修改了的意义"。这里所阐述的就是对于转形来说成本价格的生产价格化的必要性。不过，马克思认为"对我们现在的研究来说，这一点没有进一步考察的必要"。参见《马克思恩格斯全集》第 25 卷，第 185 页。

[②] 这种平衡关系是不能成立的。虽然奢侈品只进入资本家阶级的消费，但是不存在不食人间烟火的资本家。在《资本论》第 2 卷中，马克思虽然把工人阶级的消费资料和资本家的奢侈品分为两个分部类，但是属于第Ⅱ部类内部的划分（参见《马克思恩格斯全集》第 24 卷，人民出版社，1972，第 447 ~ 449 页）。因此，鲍特凯维兹的这一假定，在经济学上是不能成立的。不过，在数学上只能说由于这一假定使其模型不具有一般性。不过，鲍特凯维兹这一假定实际上只是对数据结构的要求，在解方程组的过程当中他不知不觉地又把这一假定给化掉了。

用 x,y,z 表示 c,v,s 的生产价格对其价值的偏离率，令 ρ 表示平均利润率，则有

$$\left.\begin{array}{c}(1+\rho)(c_1 x + v_1 y) = (c_1 + c_2 + c_3)x \\ (1+\rho)(c_2 x + v_2 y) = (v_1 + v_2 + v_3)y \\ (1+\rho)(c_3 x + v_3 y) = (s_1 + s_2 + s_3)z\end{array}\right\} \tag{7}$$

现在共有 4 个未知数 x,y,z,ρ，而方程却只有 3 个[①]。为使方程组有解，有两个解决办法：或者增加一个方程，或者减少一个未知数。鲍特凯维兹曾经考虑过，令总生产价格等于总价值，即把

$$Cx + Vy + Sz = C + V + S \tag{8}$$

作为一个限制条件加进来，这样便有了 4 个未知数和 4 个方程。在这里，

$$C = c_1 + c_2 + c_3, V = v_1 + v_2 + v_3, S = s_1 + s_2 + s_3$$

但是，他又觉得这样做太麻烦，不如设法减少一个未知数。方程组（6）的计量单位是劳动时间，他认为如果用货币来表示更为理想。他说，生产货币 1 个单位所必要的劳动量（他实际上说的就是货币作为商品的社会必要劳动时间），是直接沟通两个计算体系（指劳动时间和货币）的桥梁[②]。并假定货币商品是黄金，把黄金的 1 单位（或者黄金 1 盎司的 $1/35$）作为价值的单位，接着他又进一步假定所有奢侈品的单位价值都是 1 了[③]。这实际上意味着假定 $z = 1$，这样方程组（7）的未知数就由 4 个减少为 3 个，化为

$$\left.\begin{array}{c}(1+\rho)(c_1 x + v_1 y) = (c_1 + c_2 + c_3)x \\ (1+\rho)(c_2 x + v_2 y) = (v_1 + v_2 + v_3)y \\ (1+\rho)(c_3 x + v_3 y) = s_1 + s_2 + s_3\end{array}\right\} \tag{9}$$

鲍特凯维兹用初等数学方法给出了式（9）的解法，不过，这样不易看出其模型中的根本问题。下面我们直接用线性代数的方法改写一下式（7）便得到

$$\begin{bmatrix} c_1/w_1 & v_1/w_1 & 0 \\ c_2/w_2 & v_2/w_2 & 0 \\ c_3/w_3 & v_3/w_3 & 0 \end{bmatrix}\begin{bmatrix} x \\ y \\ z \end{bmatrix} = \frac{1}{1+\rho}\begin{bmatrix} x \\ y \\ z \end{bmatrix} \tag{10}$$

───────────────

[①] 式（7）的要害之一，就在于把可变资本的偏离率与第 2 部门商品的偏离率等同了。

[②] 指出这一点很重要，对于解决转形的单位问题有重要意义。

[③] 日本伊藤诚（1976）曾经质疑过假定 $z = 1$ 的妥当性。伊藤诚说，如果生产黄金的劳动不是 1 小时而是 2 小时的话，那么就应该是 $z = 1/2$，这样，鲍特凯维兹的价格计算就会缩减 $1/2$。参见伊藤诚《马克思的价值理论研究》，《科学与社会》1976 年秋季号。并见伊藤诚《价值和资本的理论》，岩波书店，1981，第 326 ~ 329、340 ~ 341 页。当然，伊藤的本意是指 z 可以取任何正值，不限于 1。

于是，$\dfrac{1}{1+\rho}$ 不过是矩阵

$$\begin{bmatrix} c_1/w_1 & v_1/w_1 & 0 \\ c_2/w_2 & v_2/w_2 & 0 \\ c_3/w_3 & v_3/w_3 & 0 \end{bmatrix}$$

的特征值，而 $(x,y,z)n$ 则是属于 $\dfrac{1}{1+\rho}$ 的特征向量而已。

用线性代数的方法，很容易就可以求得式（10）的解。此时，存在一个自由度，鲍特凯维兹选择假定 $z=1$ 予以解决。不过，问题的关键并不在于方程求解本身，而在于如何认识每个变量的性质。在式（10）里，在价值量上，鲍特凯维兹把生产资料总和等同于不变资本总和，工人消费资料总和等同于可变资本总和，资本家消费资料等同于奢侈品总和。这本身就是荒谬的。而从式（10）来看，他又进一步把不变资本 c、可变资本 v 以及奢侈品 s，在数学上看作是具有同样性质的外生变量，从而内生变量偏离系数 $(x,y,z)n$ 也具有相同性质，这实际上就无形中抹消了不变资本和可变资本的本质区别，这是他最大的误区！

鲍特凯维兹上述误区的直接继承与发展者是塞顿（F. Seton）。塞顿把问题一般化为 n 个部门，这是一个很大的贡献。但是，在塞顿那里，干脆对不变资本和可变资本不加以区分，而是放在一起考虑了。塞顿模型如下：

$$\left.\begin{aligned} (k_{11}p_1 + k_{12}p_2 + \cdots + k_{1n}p_n) &= \rho a_1 p_1 \\ (k_{21}p_1 + k_{22}p_2 + \cdots + k_{2n}p_n) &= \rho a_2 p_2 \\ &\cdots \\ (k_{n1}p_1 + k_{n2}p_2 + \cdots + k_{nn}p_n) &= \rho a_n p_n \end{aligned}\right\} \tag{11}$$

在式（11）中，ρ 被称为"费用率"，$\rho = 1 - \pi$，而 π 是平均利润率。p_i 被定义为第 i 种产品单位劳动价值的价格（相当于生产价格对价值的偏离率）。式（11）共有 n 个方程，却有 $n+1$ 个未知数，即 ρ 和 $p_i (i = 1, 2, \cdots, n)$。因此有一个自由度，只能求出一组相对价格。

塞顿的错误与在 20 世纪初所提出的关于非负矩阵的 Perron—Frobenius 定理[①]有关，大概就是为了应用该定理说明解的存在性，他不得不选择把可变资本与不变资本一体化。

---

① Perron（1907 年）给出了正矩阵具有一个正特征值的谱半径，并且该特征值具有单特征值的性质的结论。1912 年，Frobenius 进一步将之推广到了非负不可约矩阵。

这里有一个原则性问题，就是塞顿虽然继承了鲍特凯维兹对不变资本和可变资本的模糊认识，但是，在鲍特凯维兹那里，可变资本是作为一个完全独立的外生变量来处理的，而在塞顿那里，可变资本已经消失了！这一问题的本质，在与塞顿同时发表的萨缪尔逊的论文以及他 1970 年的论文中，给我们带来了进一步认识的机会。

萨缪尔逊的方法是建立在一个实物量体系上的。他令 W 为工资率（即单位劳动力的价值），s 为剩余价值率，I 为单位矩阵；$a_0 = [a_{0j}] = (a_{01}, a_{02}, \cdots, a_{0n})$，表示单位商品直接劳动消耗向量；$mn = [m_i] = (m_1, m_2, \cdots, m_n)n$，表示劳动者所需最低生存商品向量，即实物工资，则关于工资率有如下公式 $\pi m = \sum \pi_i m_i = W$。$\pi = [\pi_i] = (\pi_1, \pi_2, \cdots, \pi_n)$，表示单位商品价值向量；

$$a = [a_{ij}] = \begin{bmatrix} a_{11} & a_{12} & \cdots & a_{1n} \\ a_{21} & a_{22} & \cdots & a_{2n} \\ \vdots & \vdots & \vdots & \vdots \\ a_{n1} & a_{n2} & \cdots & a_{nn} \end{bmatrix}$$，表示物质消耗系数矩阵；于是，萨缪尔逊认为，

马克思在《资本论》第 1 卷中的价值公式，从单位商品的角度，可以表现为

$$\pi = \pi a + (1 + s) W a_0 \tag{12}$$

令 $A_0(0)$ 表示全部劳动消耗系数向量，所谓全部劳动包括直接劳动（活劳动）和间接劳动（死劳动），$A_0(0) = a_0 (I - a)^{-1}$，于是可得

$$\pi = (1 + s) W A_0(0)$$
$$\pi m = W \tag{13}$$

这就是萨缪尔逊根据实物量体系所导出的价值体系。关于生产价格体系的导出。他令 r 为平均利润率，$P = [P_i] = (P_1, P_2, \cdots, P_n)$ 为生产价格向量，将马克思的生产价格公式，表示为

$$P = (W a_0 + Pa)(1 + r) \tag{14}$$

他接着令 $A_0(r)$ 为平均利润条件下的全部劳动消耗系数向量，即 $A_0(r) = (1 + r) a_0 [I - a(1 + r)]^{-1}$，并通过合并同类项整理后得到

$$P = W A_0(r)$$
$$Pm = W \tag{15}$$

这就是萨缪尔逊导出的生产价格体系。接着他利用 $Pm = W$，得出 $A_0(r)m = 1$，即

$$(1 + r) a_0 [I - a(1 + r)]^{-1} m = 1 \qquad (16)$$

式 (16) 是一个以 r 为未知数的一元高次方程，从中解出 r ，代入 $P = W_P A_0(r)$ 里，即可求得 P 了。由此出发，萨缪尔逊[①]认为价值体系和生产价格体系是各自独立决定的，是可替代但是不可调和的两个体系。

萨缪尔逊模型的本质于 1977 年由斯蒂德曼揭示了。他把萨缪尔逊模型简化为

$$P = (1 + r)P(m a_0 + a) \qquad (17)$$

这样我们发现，萨缪尔逊模型竟然就是塞顿模型的一个变种！最终可变资本还是被模糊化了。虽然由此可以使用关于非负矩阵的 Perron—Frobenius 定理了，却陷入了错误的泥沼。

不过，在萨缪尔逊那里，问题的本质却变得更加清晰了。

在萨缪尔逊那里，意味着劳动力不是独立变量，是一种"亚商品"，即劳动力可为其他商品所完全替代，这就是问题的本质之所在。由此看来，在塞顿那里，意味着取消了劳动力变量，等于不承认劳动力是一种不同于其他商品的存在。而在鲍特凯维兹那里，因为他把不变资本和可变资本看作具有相同的数学性质，意味着劳动力是完全独立变量，与一般普通物质商品无异！

由此，我们可以归纳出对于转形问题的如下错误认识：①认为劳动力是完全独立变量，如鲍特凯维兹等；②认为劳动力是不需要考虑的，如塞顿等。③认为劳动力是完全可替代的不完全独立变量（即"亚商品"），如萨缪尔逊等。

我们在下一部分将看到，为了解决转形问题，完全没有必要将可变资本进一步分解到劳动力，只要能够正确处理可变资本与不变资本的关系就足够了。

三 简单的结论：唯一的正确解决方法

其实，鲍特凯维兹所开辟的系数法，就是建立价值和生产价格之间转化关系的最好工具，问题是，鲍特凯维兹在产业结构上没能够取得列昂惕夫那种深刻认识，也就是说，只要解决了产业结构的科学表述问题，通过系数法就可能实现转形过程中的成本生产价格化问题。

这里还有一个问题就是，在不变资本的处理上，其理论背景就是对劳动力性质的

---

① 萨缪尔逊在这里还犯了一个非本质却也致命的错误，他主观地认为在价值体系和生产价格体系中工资率是不变的。这怎么可能？既然把实物工资向量不变作为前提，那么价值体系转化为生产价格以后，工资率怎么会不变？另外，在萨缪尔逊之后，还有一些人把斯拉法工资率的概念等同于萨缪尔逊的工资率，这就是错上加错了。萨缪尔逊的工资率意味着单位劳动力价值；而斯拉法的工资率乃是工资在新创造价值中的份额，是在 0 与 1 之间的一个数值，根本不是一个东西。

数学表述上，必须克服劳动力亚商品化问题，即体现出"劳动力是一种特殊商品"，是一种能够带来剩余价值的特殊商品。

还有一个问题，就是对于所谓"总计一致 2 命题"（即转形后平均利润总额等于剩余价值总额，并且生产价格总额等于价值总额）的认识。这两个命题，其实是转形的约束条件（绝不能看成转形的目的！）。

澄清了以上模糊认识，我们就可以通过系数法来体现作为成本的一部分的不变资本的生产价格化问题了，这部分可以写作

$$\sum_{i=1}^{n} c_{ij}x_i \quad (j = 1, 2, \cdots, n) \tag{18}$$

而"劳动力是一种特殊商品"这一点，体现在能够带来剩余价值的不变资本上，对此可以通过 $v_j y (j = 1, 2, \cdots, n)$ 来表述。

再加上两个约束条件[①]，我们便可以得到一个在成本价格的生产价格化前提下转形后"总计一致 2 命题"能够同时成立的转形模型，这就是所谓规范型的 BSZ 转形模型[②]。

价值体系与生产价格体系的联系可为如式（19）所示。

$$\begin{cases} (1 + r)\left(\sum_{i=1}^{n} c_{ij}x_i + v_j y\right) = x_j w_j \quad (j = 1, 2, \cdots, n) \\ \sum_{j=1}^{n} w_j x_j = \sum_{j=1}^{n} w_j \\ \sum_{j=1}^{n}\left(\sum_{i=1}^{n} c_{ij}x_i + v_j y\right) = \sum_{j=1}^{n}\left(\sum_{i=1}^{n} c_{ij} + v_j\right) \end{cases} \tag{19}$$

与该模型相关的价值体系为：

$$\sum_{i=1}^{n} c_{ij} + v_j + m_i = w_j \quad (j = 1, 2, \cdots, n) \tag{20}$$

而生产价格体系则为：

$$(1 + r)\left(\sum_{i=1}^{n} C_{ij} + V_j\right) = P_j \quad (j = 1, 2, \cdots, n) \tag{21}$$

可以证明模型（19）在很弱的数据条件 $\left[(1 + r)c_i = (1 + r)\sum_{j=1}^{n} c_{ij} < w_i (i = 1, \right.$

---

① 第一个考虑把两个约束条件放到转形模型中的是 Yoriaki，Fujimori（藤森赖明）（1985）。

② 其等价模型在 2000 年 10 月于日本经济理论学会第 48 次大会（高知大学大会）上首次提出。

$2,\cdots,n$）] 下具有唯一正解[①]。特别是，r 的解与马克思的定义完全一致。

下面我们举例说明，就用当年鲍特凯维兹无法得到能同时满足"总计一致 2 命题"的一个数例，其价值体系下的数值如表 2 所示。

表 2 鲍特凯维兹的一个数例（价值）

部门	c	v	m	w
1	225	90	60	375
2	100	120	80	300
3	50	90	60	200
合　计	375	300	200	875

对于表 2 中的不变资本，我们不妨可以理解为表 3 所示的情况。

表 3 对鲍特凯维兹数例中可变资本的一种形式上的分解（价值）

225	0	0
100	0	0
50	0	0

基于表 1 的数据先算出平均利润率 $r = \dfrac{200}{675}$，然后代入公式（19）得

$$
\begin{cases}
\left(1 + \dfrac{200}{675}\right)\left(225x_1 + 90y\right) = 375x_1 \\[2mm]
\left(1 + \dfrac{200}{675}\right)\left(100x_1 + 120y\right) = 300x_2 \\[2mm]
\left(1 + \dfrac{200}{675}\right)\left(50x_1 + 90y\right) = 200x_3 \\[2mm]
375x_1 + 300x_2 + 200x_3 = 875
\end{cases}
$$

由此可解得 $x_1 = 1.14545$，$x_2 = 0.9192$，$x_3 = 0.8485$，$y = 0.8182$，转形的结果如表 4 所示。

表 4 鲍特凯维兹数例的转形结果（生产价格）

部门	C	V	R	P
1	257.7273	73.6364	98.1818	429.5455
2	114.5455	98.1818	63.0303	275.7576
3	57.2727	73.6364	38.7879	169.6970
合　计	429.5455	245.4545	200.0000	875.0000

---

① Zhongdan, Huan & Zhongren, Zhang［2005］.

在表 4 例中，我们不仅实现了成本价格的生产价格化，而且能够同时满足"总计一致 2 命题"。

综上所述，从数学上解决转形并不是一件很困难的事情，问题的关键在于我们在理论上的认识。

参考文献

［1］ Bortkiewicz, L. v. , "On the Correction of Marx's Fundamental Theoretical Construction in the Third Volume of Capital", trans. P. M. Sweezy, *Karl Marx and the Close of his System* (New York：A. M. Kelley, 1949), pp. 199 – 221.

［2］ Samuelson, P. A. , " Wages and Interest：A Modern Dissection of Marxian Economic Models", American Economic Review (47), 1957.

［3］ Samuelson, P. A. , " The 'Transformation' from Marxian 'Values' to Competitive 'Price'：A Process of Rejection and Replacement", *Proceeding of the National Academy of Sciences* 67 (1), 1970, pp. 423 – 425.

［4］ Steedman, Ian, andSweezy, Paul, et al. , The Value Controversy, Verso Editions and NLBSeton, F. , The " Transformation Problem ", *Review of Economic Studies* (25), 1981.

［5］ Yoriaki, Fujimori , "On a Recent Discussion of the Transformation Problem (Notes)", *Journal of Economics* (Josai University) 21 (2/3), 1985, pp. 443 – 451.

［6］ Zhongdan, Huan & Zhongren, Zhang , "A Necessary and Sufficient Condition of Positive Solutions to BSZ Transformation Model Shimane", *Journal of Policy Studies* (9), 2005.

［7］ Zhongren, Zhang, "A Final Solutionof the Transformation Problem", *Quantitative and Technical Economics* (18), 2001.

［8］ Zhongren, Zhang, "Some Problems of the Static Direct Transformation", *Shimane Journal of Policy Studies* (3), 2002.

［9］ Zhongren, Zhang, *A Solution to the* 100 – year – old *Puzzleby History and Study of the Transformation Problem of Values into Production Prices* (Beijing in China：People's Publishing House, 2004).

［10］ Zhongren, Zhang, "Problemsthe Labor – management Relations and Wage Good Bundle vectorin Transformation Process", *Economics Study of Shanghai School* (20), 2008.

马克思－斯拉法均衡与特征值问题：
摩尔－彭诺斯伪逆的一个应用[*]

李帮喜　藤森赖明[**]

摘要　本文以华罗庚命题为出发点，应用摩尔－彭诺斯伪逆的性质，在投入和产出矩阵的秩条件下，明示了拥有矩形系数矩阵的马克思－斯拉法联合生产体系的均衡价格及均衡数量的求解问题可归结于求一类含有伪逆的方阵特征值问题，并通过具体的数值例例证了马克思－斯拉法体系价格均衡和数量均衡的动态不稳定性。

关键词　固定资本　马克思－斯拉法模型　摩尔－彭诺斯伪逆　特征值问题

一　引言

华罗庚教授[1][2][3][4][5][6]在社会主义经济大范围最优化的数学理论中，以不含固定资本的列昂惕夫投入产出模型为对象，通过求一类方阵特征值问题，证明了生产价格均衡系统虽然稳定，但数量均衡系统不稳定的"对偶不稳定性"命题，并通过具体的数值例进行了例证。本文从华罗庚命题出发，以包含固定资本乃至更为一般的联合生产体系为对象，具体分析这类价格和数量均衡的求解问题及其动态稳定性的特征。

斯拉法[7]在较早时期就对联合生产体系下的固定资本问题进行了一些初步的探讨，首次将固定资本的役龄（或年龄）概念引入到联合生产体系的分析中。① 置盐－中谷[9]及中谷[10]在工资预付的前提下对包含固定资本的多部门线性经济模型进行了较为系统的分析和总结。② 本文将存在联合生产的生产过程、工资为预付，并以等式来定义

---

*　本文的日文原文首发于《季刊经济理论》（日本经济理论学会会刊）第 48 卷第 3 号（2011 年 10 月），第 56～68 页。中文翻译得到了日本经济理论学会的许可，中文有部分删减和调整。中文译文被《政治经济学评论》2012 年第 3 期转载。

　　感谢语： 感谢卢荻教授（中国人民大学、伦敦大学），中谷武教授（神户大学、流通科学大学），《季刊经济理论》第 47 卷主编角田修一教授（立命馆大学），第 48 卷主编冈部洋实教授（北海道大学）以及本刊编审对本文提出的宝贵意见。本文文责自负。

**　李帮喜，经济学博士，早稻田大学政经学院研究助理；藤森赖明，经济学博士，早稻田大学政经学院教授。

①　固定资本的役龄概念可参见斯拉法原著的中译本第十章的内容。比较具有代表性的文献可参照 Kurz 和 Salvadori[8]第 7 章。

②　浅田[11]把斯拉法－置盐－中谷的这个分析框架称为"SON 经济"。这类模型的中文文献可参照李－藤森[12]。

均衡的多部门线性模型称为马克思－斯拉法模型。[7][13]①置盐－中谷将包含旧固定资本的马克思－斯拉法体系简化成仅含新品的列昂惕夫推广体系，证明了不含旧固定资本而只存在新品的体系下也可决定平均利润率这一命题。② 但置盐－中谷的简化方法仅对仅以固定资本为联合生产物的情形才能适用，而不能适用于存在多个联合生产物的更为一般的联合生产体系。而且置盐－中谷的简化方法忽略了原马克思－斯拉法体系所具有的动态特性。

本文针对以上问题，考察如何对一般的联合生产体系的均衡问题进行求解，以及如何将其直接变换为一类求方阵特征值的问题。涉及的联合生产体系不限于仅以固定资本为联合生产物的情形，而是基于拥有矩形系数矩阵的马克思－斯拉法模型，应用摩尔－彭诺斯（Moore－Penrose）伪逆的性质，对均衡价格体系和均衡数量体系进行一个系统分析。最后，通过具体的数值计算例来验证以上的理论结果。

二 马克思－斯拉法模型与特征值问题

（一）基本框架

不考虑非生产性消费，令生产价格向量为 p，投入系数矩阵为 A，产出矩阵为 B，劳动投入向量为 L，工资品向量为 f，平均利润率为 r，生产价格体系的均衡方程式可表示为：

$$pB = (1 + r) pM \tag{1}$$

在此，

$$M = A + fL \tag{2}$$

其中，M 为增广投入系数矩阵。

同样，令活动水平向量为 x，平均增长率为 g，数量体系的均衡方程式可表示为：

$$Bx = (1 + g) Mx \tag{3}$$

假设 $m \times n$ 阶的矩形投入矩阵 M 和产出矩阵 B 满足以下条件：

$$rank (B) = rank (M) = m = \min (m, n) \tag{4}$$

① 比如 Schefold[14] 论及的 Pure Fixed Capital 就是这类模型。需要注意的是，含有固定资本的马克思－斯拉法联合生产体系的投入与产出系数矩阵一般不是方阵，而是一类列数大于行数的矩形矩阵。

② 当然，如果只考虑如何决定平均增长率的问题的话，简化成仅含新品的数量体系也能决定平均增长率。[15]

生产价格 p 和活动水平 x 的定义式可简单表示为：

$$pB = \alpha pM \qquad (5)$$

$$Bx = \beta Mx \qquad (6)$$

当然，本文均以非平凡解为讨论的对象。

（二）奇异值分解与伪逆

令以 B，M 的奇异值为对角元素的矩阵分别为 Σ，Λ。由 B，M 的秩条件可知：

$$rank（\Sigma）= rank（\Lambda）= m$$

可利用适当的正交矩阵 U，V，S，T 得出 B，M 的奇异值分解：

$$B = U(\Sigma \quad O)^t V, \quad M = S(\Lambda \quad O)^t T$$

这里的 U，S 为 m 阶，V，T 为 n 阶。由奇异值分解得出的伪逆可表示为：

$$B^+ = V\begin{pmatrix} \Sigma^{-1} \\ O \end{pmatrix}^t U \qquad (7)$$

$$M^+ = T\begin{pmatrix} \Lambda^{-1} \\ O \end{pmatrix}^t S \qquad (8)$$

值得注意的是，此时的伪逆是唯一的。①

（三）均衡行向量

由 $rank（BB^+）= rank（MM^+）= m$ 可得：

$$BB^+ = I, \quad MM^+ = I$$

这样，满足（5）式的 p，α 即满足：

$$p = \alpha pMB^+ \qquad (9)$$

同样，右乘 M^+ 可得：

$$pBM^+ = \alpha p \qquad (10)$$

MB^+ 与 BM^+ 互为逆矩阵，（9）式与（10）式等价，故有：

$$p = \alpha pMB^+ \Leftrightarrow pBM^+ = \alpha p$$

由此可知，它们的特征值互为倒数。

---

① 关于广义逆及奇异值分解的详细说明，可参照 Strang[16]，柳井-竹内[17]，Ben-Israel 和 Greville[18] 等。

（四）均衡列向量

从包含 B^+ 的特征值问题出发。即：

$$x = \beta B^+ M x \qquad (11)$$

（11）式两边左乘 B，由 $BB^+ = I$ 可知：

$$Bx = \beta Mx$$

显然，满足（11）式的 β，x 也满足（6）式。

同样，满足

$$\beta x = M^+ B x \qquad (12)$$

的 β，x 也满足（6）式。

再来确认一下 $B^+ M$ 的特征值和 $M^+ B$ 的特征值之间的具体关系。

$$B^+ M = V \begin{pmatrix} \Sigma^{-1\,t} U S \Lambda & O \\ O & O \end{pmatrix}^t T, \quad M^+ B = T \begin{pmatrix} \Lambda^{-1\,t} S U \Sigma & O \\ O & O \end{pmatrix}^t V \qquad (13)$$

U，V，S，T 均为正交矩阵，从除零以外的 $B^+ M$ 的特征值与 $M^+ B$ 的特征值互为倒数的意义上，可以说 $B^+ M$ 与 $M^+ B$ 互逆。

（五）$B^+ M$ 的特征值与 MB^+ 的特征值的关系

由（13）式可知，$B^+ M$ 拥有 $n - m$ 个重根 0。下面来确认 $B^+ M$ 的非零特征值与 MB^+ 的特征值的关系。

由 $m \times n$ 阶的 M 和 $n \times m$ 阶的 B^+ 构成的 MB^+ 的特征值与 $B^+ M$ 的非零特征值一致。①

实际上，从 MB^+ 和 $B^+ M$ 的约当（Jordan）标准型可以看出，MB^+ 的特征方程式 $\psi_{MB^+}(\lambda)$ 和 $B^+ M$ 的特征方程式 $\psi_{B^+ M}(\lambda)$ 满足以下关系式，即 $\psi_{B^+ M}(\lambda) = \lambda^{n-m} \psi_{MB^+}(\lambda)$。②

（六）生产价格方程式与特征值问题

首先，（5）式和（9）式可作如下表述：

$$p(B - \alpha M) = 0 \qquad (14)$$

$$p(I - \alpha MB^+) = 0 \qquad (15)$$

从前几节的分析可知，"（14）$\Rightarrow$（15）"。下面证明"（15）$\Rightarrow$（14）"。

---

① 参照柳井 – 竹内[17] 第 5 章第 5.4 节第 126 页的引理 5.7。

② 约当标准型可参照韩 – 伊理[19] 的详细说明。

取一组适当的非奇异矩阵 X，G，Y，对 B 的奇异值分解施以适当的非奇异变换，可将 B 分解为：

$$B = X(G \quad O)Y \tag{16}$$

这里的 G 是 m 阶非奇异矩阵。显然可知：

$$B^+ = Y^{-1}\begin{pmatrix} G^{-1} \\ O \end{pmatrix}X^{-1} \tag{17}$$

再有：

$$B = (B_1 \quad B_2) = X(G \quad O)\begin{pmatrix} Y_{11} & Y_{12} \\ Y_{21} & Y_{22} \end{pmatrix}$$

可知：

$$Y_{11} = (XG)^{-1}B_1, \quad Y_{12} = (XG)^{-1}B_2$$

$(XG)^{-1}$ 为非奇异，显然有 $rank(Y_{12}) = rank(B_2)$。即可知，$Y_{12} \neq O_{m,(n-m)}$，Y_{21} 可为零矩阵。

（15）式的两边右乘 B 可得：

$$p(B - \alpha MB^+B) = 0$$

由（16）式和（17）式可知，$B^+B = Y^{-1}\dot{I}_m Y$。这里的 $\dot{I}_m = \begin{pmatrix} I & O \\ O & O \end{pmatrix}$。由此可知：

$$p(B - \alpha MY^{-1}\dot{I}_m Y) = 0$$

n 阶的 $\dot{I}_m$ 为幂等矩阵，上式两边右乘 $Y^{-1}\dot{I}_m(=O)$ 可得：

$$p(B - \alpha M)Y^{-1}\dot{I}_m = 0$$

令 Y_{ij} 为 Y 的子矩阵，则有：

$$Y^{-1}\dot{I}_m = \begin{pmatrix} Y_{11} & Y_{12} \\ Y_{21} & Y_{22} \end{pmatrix}^{-1}\begin{pmatrix} I & O \\ O & O \end{pmatrix} = \begin{pmatrix} Y_1 & O \\ Y_2 & O \end{pmatrix}$$

在此，$Y_1 = Y_{11}^{-1} + Y_{11}^{-1}Y_{12}(Y_{22} - Y_{21}Y_{11}^{-1}Y_{12})^{-1}Y_{21}Y_{11}^{-1}$，$Y_2 = -(Y_{22} - Y_{21}Y_{11}^{-1}Y_{12})^{-1}Y_{21}Y_{11}^{-1}$。再令 $u = (u^1 \quad u^2) = p(B - \alpha M)$，则有：

$$u^1 Y_1 + u^2 Y_2 = 0 \tag{18}$$

因 Y_{21} 可取任意值，则 $Y_{21} = O_{(n-m),m}$ 时，$u^1 Y_1 = u^1 Y_{11}^{-1} = 0$。$Y_{11}^{-1}$ 是 m 阶非奇异矩阵，故必有 $u^1 = 0_m$。再取任意非零的 Y_{21}，令 $rank(Y_{21}) = \iota$，此时 ι 满足 $1 \leqslant \iota \leqslant \min(m,$

$n-m$）。Y_2 是 Y_{21} 被左乘一个 $n-m$ 阶非奇异矩阵，被右乘一个 m 阶非奇异矩阵而得到的，显然 $rank$（Y_2）$=rank$（Y_{21}）。这样，$Y_2 = O$ 也可对应 Y_{21} 任意选择。例如，可取一矩阵 Y_{21}，使 Y_2 变为秩是 ι 的（0，1）矩阵。而 $u^2 Y_2 = 0$ 时，对任意的一个 $Y_2 = O$，必有 $u^2 = 0_{n-m}$。因此，$u = 0_n$，亦即"（15）$\Rightarrow$（14）"。

（七）活动水平向量与齐次联立方程的基本解

（6）式和（11）式可作如下表述。

$$（B - \beta M）x = 0 \tag{19}$$

$$（I - \beta B^+ M）x = 0 \tag{20}$$

如前所述，显然有"（20）$\Rightarrow$（19）"。

$B^+ M$ 的特征值由 MB^+ 的特征值和（$n-m$）个零构成。除零以外，前者和后者的特征值一致。因此，不考虑非基本产品时，生产价格均衡体系的利润率因子 α 与活动水平均衡体系的增长率因子 β 一致。

令 $\zeta = rank$（$B - \beta M$），可知（19）式存在 $n - \zeta$ 个基本解，[1] 再令这些基本解为 $\{x^1, \cdots, x^{n-\zeta}\}$，可知齐次联立方程（19）式存在无数个非平凡解 $\sum_1^{n-\zeta} a_i x_i$（a_i 为任意实数）。

由（$I - \beta B^+ M$）$x = 0$ 可得出一个对应于特征值 $\frac{1}{\beta}$ 的特征向量 x，而由（$B - \beta M$）$x = 0$ 可得出对应于 β 的 $n - \zeta$ 个基本解，可知至少有一个基本解可以作为特征向量来求得。故而，虽不能通过特征值问题求得所有活动水平向量，但通过数值计算的一些技法优先求出具有经济意义且可作为一个特征向量的基本解是可能的。[2]

（八）马克思－斯拉法均衡的特征值问题

应用摩尔－彭诺斯伪逆的性质来求马克思－斯拉法模型的均衡生产价格与均衡活动水平（数量）的问题，可归结为以下的特征值问题。即：

$$p =（1+r）pC \tag{21}$$

$$x =（1+g）Dx \tag{22}$$

在此，$C = MB^+$，$D = B^+ M$。

数值计算上需要注意的是，C，D 不一定为非负矩阵。而且上述的特征值问题不局限于仅以固定资本为联合生产物的联合生产体系，可适用于以等式定义的任何联合生产体系。

---

① 基本解的求法可参照宫冈－真田[20]第 6.3 节。

② 马克思－斯拉法模型数量均衡体系成立的必要条件的证明方法，将另行讨论。

三　数值计算例

如上所述，应用摩尔 - 彭诺斯伪逆的性质，从理论上明示了更为一般的联合生产体系的均衡求解问题可作为一类含有伪逆的方阵特征值问题来解决的方法。下面，通过具体的数值例来验证上述理论结果。[①]

（一）马克思 - 斯拉法模型的数值计算例

1. 数值设定

投入系数矩阵 A，产出矩阵 B，工资品向量 f，劳动投入向量 L 分别做如下设定：

$$A = \begin{pmatrix} 0.12 & 0 & 0.16 & 0.2 & 0 & 0.6 \\ 0 & 0.36 & 0 & 0.7 & 0.24 & 0.5 \\ 0.08 & 0 & 0.2 & 0 & 0.8 & 0 \\ 0 & 0 & 0 & 0 & 0 & 0 \end{pmatrix},$$

$$B = \begin{pmatrix} 0.15 & 0.05 & 0.05 & 0 & 0.6 & 0.1 \\ 0 & 0.3 & 0 & 1 & 0.1 & 0.4 \\ 0.25 & 0 & 0.15 & 0.1 & 0.8 & 0 \\ 0.05 & 0.25 & 0.4 & 0.4 & 0 & 1 \end{pmatrix},$$

$$L = (\,0.16 \quad 0.12 \quad 0.12 \quad 0.3 \quad 0.16 \quad 0.1 \quad\,), \quad f = {}^t(0 \quad 0 \quad 0 \quad 1)_\circ$$

增广投入系数矩阵 M 可由 $M = A + fL$ 求得。从设定中可知，消费品只有一种。

2. 数值例 1：马克思 - 斯拉法模型的均衡生产价格

由 $C = MB^+$ 可求出：

$$C = \begin{pmatrix} -0.104 & -0.059 & 0.101 & 0.581 \\ 1.348 & 0.755 & -0.804 & 0.080 \\ 0.281 & -0.089 & 0.756 & 0.027 \\ -0.725 & 0.193 & 0.748 & 0.112 \end{pmatrix}$$

其特征方程式为：

$$\lambda^4 - 1.518\lambda^3 + 0.937\lambda^2 - 0.912\lambda + 0.498 = 0$$

可知 C 的特征值为：

$$\lambda_1 = 0.8, \ \lambda_2 = 0.989, \ \lambda_3 = -0.135 + 0.782i, \ \lambda_4 = -0.135 - 0.782i$$

对应 λ_1，λ_2，λ_3，λ_4 的特征向量分别为：

[①]　数值计算使用的是 FreeBSD 系统的 Maxima - 5.23.2 和 Scilab - 4.1.2。

$$p^1 = (1 \quad 1 \quad 1 \quad 1),$$

$$p^2 = (0.179 \quad 0.399 \quad -0.890 \quad 0.127),$$

$$p^3 = (0.752 - 0.038 + 0.105i - 0.258 + 0.290i - 0.138 - 0.503i),$$

$$p^4 = (0.752 - 0.038 - 0.105i - 0.258 - 0.290i - 0.138 + 0.503i)_\circ$$

由此可求得平均利润率为：

$$r = \frac{1}{\lambda_1} - 1 = 0.25 \tag{23}$$

对应正实数特征值 λ_1 的特征向量 p^1 给出生产价格的均衡比率。C 虽然不是非负矩阵，但存在具有经济意义的正实数特征值和与其对应的左特征向量。

3. 数值例 2：马克思 - 斯拉法模型数量体系的稳态

由 $D = B^+M$ 可得：

$$D = \begin{pmatrix} -0.062 & -0.060 & 0.067 & -0.521 & 1.473 & -1.363 \\ 0.152 & 0.130 & 0.012 & 0.852 & -1.742 & 2.036 \\ -0.178 & -0.169 & 0.074 & -1.412 & 3.458 & -3.760 \\ -0.168 & 0.305 & -0.071 & 0.158 & 1.351 & -0.833 \\ 0.174 & 0.012 & 0.224 & 0.408 & -0.278 & 1.235 \\ 0.264 & 0.036 & 0.112 & 0.615 & -1.402 & 1.496 \end{pmatrix}$$

其特征方程式为：

$$\lambda^2 (\lambda^4 - 1.518\lambda^3 + 0.937\lambda^2 - 0.912\lambda + 0.498) = 0$$

除重根 0 以外，D 的特征值与 C 的特征值完全相同。

与 D 的特征值相对应的右特征向量为：

$$z^1 = {}^t (0.227 \quad 0.047 \quad 0.278 \quad 0.820 \quad 0.442 \quad 0.032),$$

$$z^2 = {}^t (-0.336 \quad 0.411 \quad -0.825 \quad 0.136 \quad -0.009 \quad 0.139),$$

$$z^3 = {}^t (-0.252 - 0.032i \quad 0.353 + 0.045i - 0.686 - 0.309 -$$
$$0.233i \quad 0.231 - 0.003i \quad 0.287 + 0.227i),$$

$$z^4 = {}^t (-0.252 + 0.032i \quad 0.353 - 0.045i - 0.686 - 0.309 + 0.233i$$
$$0.231 + 0.003i \quad 0.287 - 0.227i),$$

$$z^5 = {}^t (-0.487 - 0.648 \quad 0.345 \quad 0.449 - 0.038 - 0.144),$$

$$z^6 = {}^t (0.127 - 0.778 - 0.468 \quad 0.385 \quad 0.104 - 0.029)_\circ$$

D 不一定为非负矩阵，但存在正特征值 λ_1，以及与其相对应的非负右特征向量 z^1。决定马克思 - 斯拉法模型活动水平体系稳态的是 λ_1 和 z^1。

平均增长率 g 与平均利润率 r 一致。[1] 即

$$g = r$$

稳态下的数量体系的均衡生产数量的比率由 Bz^1 决定。即

$$q^1 \equiv Bz^1 = {}^t(0.319 \quad 0.891 \quad 0.534 \quad 0.494)$$

显然，此时的均衡生产数量的比率也具有经济意义。

4. 数值例 3：B^+M 的特征向量与 $(B - \beta M)x = 0$ 的基本解的关系

令 $\beta = \dfrac{1}{\lambda_1}$。下面来确认与 λ_1 相对应且具有经济意义的特征向量 z^1 为 $(\lambda_1 B - M)$ $x = 0$ 的基本解之一。

$$\lambda_1 B - M = \begin{pmatrix} 0 & 0.04 & -0.12 & -0.2 & 0.48 & -0.52 \\ 0 & -0.12 & 0 & 0.1 & -0.16 & -0.18 \\ 0.12 & 0 & -0.08 & 0.08 & -0.16 & 0 \\ -0.12 & 0.08 & 0.2 & 0.02 & -0.16 & 0.7 \end{pmatrix}$$

由 $rank(\lambda_1 B - M) = 3$ 可知，与 λ_1 相对应的基本解存在 $6 - 3 = 3$ 个，在此记为 $\{x^1, x^2, x^3\}$。

$$\{x^1, x^2, x^3\} = \{x \in R^n \mid (\lambda_1 B - M)x = 0\}$$

$x^1 = {}^t(0.586 \quad -0.662 \quad 0.266 \quad 0.058 \quad 0.336 \quad 0.175)$

$x^2 = {}^t(-0.335 \quad -0.521 \quad -0.737 \quad -0.143 \quad 0.046 \quad 0.227)$

$x^3 = {}^t(0.151 \quad -0.109 \quad 0.135 \quad -0.886 \quad -0.398 \quad -0.066)$

z^1 可表示为 $z^1 = 0.378x^1 - 0.395x^2 - 0.838x^3$，显然 z^1 为 x^1, x^2, x^3 的线性组合。$(\lambda_1 B - M)x = 0$ 的基本解可表示为 $\{x^1, x^2, x^3\}$，$\{z^1, x^1, x^2\}$，$\{z^1, x^1, x^3\}$ 或者 $\{z^1, x^2, x^3\}$。换言之，与 λ_1 相对应的特征向量 z^1 是与 λ_1 相对应的 $(\lambda_1 B - M)x = 0$ 的基本解之一。[2]

（二）马克思 – 斯拉法动态均衡的不稳定性

1. 动态生产价格体系

马克思 – 斯拉法生产价格的动态模型的基本方程式可表示为：

$$p(t+1) = (1+r) p(t) MB^+ \tag{24}$$

---

[1] 应该注意的是，平均增长率与平均利润率一致是以不存在非基本产品为前提的。

[2] 与 λ_1 相对应的 ${}^t(\lambda_1 B - M)$ 的基本解存在 $4 - 3 = 1$ 个，在此记为 $\{y^1\}$。可知，$\{y^1\} = \{y \in R^m \mid {}^t(\lambda_1 B - M)y = 0\}$，$y^1 = {}^t(1 \quad 1 \quad 1 \quad 1) = {}^tp^1$。

在此，可用上述计算的 $C = MB^+$ 的特征值与左特征向量来计算生产价格的时间序列。

因为 C 的正实数特征值并非绝对值最大，所以决定均衡的特征值 λ_1 和与其相对应的左特征向量 p^1 并不起支配性作用。故而无论初期值是什么，迟早都会出现负的价格比率。

例如，可设初期值 $p(0) = (1 \quad 2 \quad 1 \quad 2)$，以 $r = \dfrac{1}{\lambda_1} - 1$ 进行迭代运算。计算结果如表 1 所示。

表 1 马克思－斯拉法模型的生产价格时间序列

期数	1	2	3	4	5	6	7	8	9	10
p_1	1.423	1.699	0.874	0.534	0.834	0.717	0.360	0.369	0.462	0.327
p_2	1.748	1.361	1.135	1.047	0.898	0.740	0.672	0.625	0.547	0.489
p_3	0.744	0.041	−0.071	0.034	−0.214	−0.443	−0.405	−0.412	−0.544	−0.588
p_4	0.992	1.098	1.220	0.733	0.477	0.604	0.532	0.311	0.288	0.330

由表 1 可以看出，从初期值 $p(0)$ 出发到第 3 期，即有负值的 p_3 出现。这是由于 C 的非负性未能得到保证，而导致了负的生产价格的出现。

2. 动态数量体系

马克思－斯拉法数量体系的动态模型的基本方程式可表示为：

$$x(t+1) = M^+ B x(t) \tag{25}$$

与非负特征向量相对应的 $M^+ B$ 的正实数特征值并非绝对值最大，故而在动态过程中不起支配性作用。从任意的初期值出发，迟早会出现负的活动水平或负的产出量。例如，可设活动水平的初期值为 $x(0) = {}^t(1 \quad 1 \quad 1 \quad 1 \quad 1 \quad 1)$，以此来求各期的活动水平 $x(t)$。计算结果如表 2 所示。

表 2 马克思－斯拉法模型的活动水平时间序列

期数	1	2	3	4	5	6	7	8	9	10
x_1	4.915	1.307	2.610	6.609	6.460	8.103	12.69	15.96	20.28	27.65
x_2	0.492	1.065	0.589	0.431	0.645	0.238	−0.287	−0.684	−1.573	−2.910
x_3	3.252	1.095	2.273	4.928	5.105	6.679	10.12	12.91	16.70	22.70
x_4	3.149	2.410	2.486	4.066	4.373	4.701	6.121	7.147	8.029	9.634
x_5	0.321	2.455	2.541	2.201	3.776	4.819	5.391	7.197	9.294	11.33
x_6	−1.316	0.285	1.053	−0.384	0.125	0.923	0.297	0.417	1.088	1.014

由表 2 可以看出，因具有经济意义的特征值不具有支配性，在相当早的阶段就出现了负的活动水平，其不稳定性更为突出。

四 主要结论及其意义

本文分别从理论与数值计算的角度，将华罗庚命题扩展到一个更为一般的拥有矩形系数矩阵的马克思－斯拉法体系，应用摩尔－彭诺斯伪逆的性质，只需假定一个关于投入与产出矩阵的秩条件，即可把价格系统的均衡问题等价变换为一类求含有伪逆方阵特征值的问题。通过具体的数值例，可知马克思－斯拉法的价格均衡与数量均衡都不具有支配作用，也就是说，此类联合生产体系具有一种价格与数量均衡都不稳定的"动态不稳定性"。这与不含固定资本的列昂惕夫模型的动态特性有着本质性的区别。

置盐－中谷提出的从全部商品的均衡价格定义群中削去旧固定资本价格的这一变换方法，完全依存于模型本身的设定，即只局限于一类特定的投入和产出系数矩阵的情形，这一方法不适用更为一般的联合生产的情形。

本文应用伪逆的这一变换方法，只要是以等式来定义的均衡问题，不论是仅以固定资本为联合生产物的置盐－中谷模型，还是有多种联合生产物的更为广泛的联合生产模型，只要从形式上满足系数矩阵的秩条件，即可应用到求一类具有经济意义的均衡价格问题上。从这个意义上来讲，伪逆的应用是一种极为有效的方法。[①]

在不考虑非生产性消费的前提下，均衡活动水平体系的平均增长率与均衡价格体系的平均利润率是一致的。虽然不能完全通过特征值问题来求具有经济意义的活动水平的均衡解，但从本文后半部分的例证中可以看出，在数值计算上可以求出对应于均衡价格的活动水平的均衡解。

现实经济中，旧固定资本会在价格的形成过程中发挥一定的作用，从以上的分析中可知由市场的供需一致条件（等式条件）确立的经济均衡体系不稳定，这类竞争均衡一般也无法实现。换言之，完全或过度依赖市场的经济早晚会出现过剩生产现象甚至危机，迟早会对资本家的商品经济造成直接或间接性的打击。这种不稳定性是以市场为基础、含有固定资本的商品经济所共通的问题。即使是明确存在经济计划主体的社会主义经济，若是拥有与商品经济类似的完全竞争型的市场性框架，则不能过度期待市场对供需调节的功能，同样也不可避免地出现这种生产过剩现象。因此，对经济

---

① 比如说，这类伪逆变换的方法可应用到系数矩阵为 n 阶的方阵 A，但 $rank(A) < n$（即 A 不满秩）的情形。

的均衡与稳定发展产生重大影响的固定资本，应该由经济计划的主体即国家进行切实有效的调控与投资管理，才能达到经济的均衡与持续稳定的发展。

本文为简单起见，假设了固定资本在生产过程中的效率保持不变，且折旧年限是物理性的。本文未言及的固定资本的经济年限的内生决定、报废处理成本，以及如何对宏观经济进行有效的调控管理等理论问题将另行讨论。①

参考文献

［1］ Hua, Loo Keng, "On the Mathematical Theory of Globally Optimal Planned Economic System", *Proceedings of the National Academy of Sciences of the United States of America* 81 （20）, 1984.

［2］ 华罗庚：《计划经济大范围最优化的数学理论——（Ⅰ）量综与消耗系数方阵》,《科学通报》1984 年第 12 期。

［3］ 华罗庚：《计划经济大范围最优化的数学理论——（Ⅱ）消耗系数（Ⅲ）正特征矢量法的数学证明》,《科学通报》1984 年第 13 期。

［4］ 华罗庚：《计划经济大范围最优化的数学理论——（Ⅳ）数学模型（矛盾论的运用）（Ⅴ）论调整（Ⅵ）生产能力的上限，表格》,《科学通报》1984 年第 16 期。

［5］ 华罗庚：《计划经济大范围最优化的数学理论——（Ⅶ）论价格》,《科学通报》1984 年第 18 期。

［6］ 华罗庚：《计划经济大范围最优化的数学理论——（Ⅹ）生产系统的危机》,《科学通报》1985 年第 9 期。

［7］ Sraffa, P. , *Production of Commodities by Means of Commodities – Prelude to a Critique to Economics* （Cambridge University Press, 1960）.

　　〔美〕斯拉法：《用商品生产商品：经济理论批判绪论》, 巫宝三译, 商务印书馆, 1991。

［8］ Kurz, H. D. and Salvadori, N. , *Theory of Production—A Long – period Analysis* （Cambridge University Press, 1995）.

［9］ Okishio, Nobuo and Nakatani, Takeshi, "Profit and Surplus Labor – Considering the Existence of the Durable Equipments", *The Economic Studies Quarterly* ⅩⅩⅥ （2）, 1975.

［10］ Nakatani, Takeshi, *Economics of Value*, *Price and Profit* （Keisou Shobou, 1994）.

　　〔日〕中谷武：《价值、价格与利润的经济学》, 劲草书房, 1994。

［11］ Asada, Toichiro. RealWage Rate, "Rate of Profit and Rate of Exploitation in a Fixed Capital Economy", *The Economic Studies Quarterly* ⅩⅩⅩⅢ （1）, 1982.

［12］ 李帮喜、藤森赖明：《固定资本与剑桥方程式》,《经济理论与经济管理》2010 年第 7 期。

---

① 关于固定资本的经济年限的内生决定的模拟计算可参照 Li[21]。

［13］ Marx, K. , Das Kapital II（Zweiter Band, Hamburg, 1885）.

马克思：《资本论》第 2 卷，中共中央马克思恩格斯列宁斯大林著作编译局译，人民出版社，2004。

［14］ Schefold, B. , *Mr Sraffa on Joint Production and Other Essays*（Unwin Hyman Ltd. , 1989）.

［15］ Fujimori, Yoriaki, *Modern Analysis of Value Theory*（Springer, 1982）.

［16］ Strang, Gilbert, *Linear Algebra and Its Applications*（Academic Press, 1976）.

［17］ Yanai, Haruo and Takeuchi, Kei, *Projection Matrix, Generalized Inverse Matrix and Singular Value Decomposition*（University of Tokyo Press, 1983）.

〔日〕柳井晴夫、竹内启：《射影矩阵、广义逆矩阵、特异值分解》，东京大学出版会，1983。

［18］ Ben – Israel, A. and Greville, T. N. E. , *Generalized Inverses – Theory and Applications*（Springer, 2003）.

［19］ Han, Tesun and Iri, Masao, *Jordan Canonical Form*（University of Tokyo Press, 1982）.

〔日〕韩太舜、伊理正夫：《约当标准形》，东京大学出版会，1982。

［20］ Miyaoka, Etsuo and Sanada, Katsunori, *Applied Linear Algebra*（Kyoritsu Shuppan, 2007）.

〔日〕宫冈悦良、真田克典：《应用线形代数》，共立出版会，2007。

［21］ Li, Bangxi, "Economic Durability of Fixed Capital", *Waseda Journal of Political Science and Economics* NO. 381 – 382, 2011.

经济思想史研究

关于《资本论》第 2 部和第 3 部的撰写时期 *

大谷祯之介 ** 著

彭 曦 译 韩立新 校

摘要 本文详细介绍了 MEGA 第 Ⅱ 部门 "资本论及其手稿" 的构成和出版状况，并以马克思本人的《资本论》手稿为依据，结合 MEGA 编者《资本论》手稿的形成史的研究，考证了《资本论》第 2 部和第 3 部的撰写时期，特别是对第 2 部第 2 稿和第 8 稿的撰写时期提出了自己的见解。并将这一见解视为编辑 MEGA Ⅱ/11 卷的编辑原则。本文是对大谷祯之介于 2006 年 1 月发表在《经济理论》杂志上的论文 "关于《资本论》第 2 部和第 3 部的撰写时期——从 MEGA 编者的考证工作来看" 一文的翻译。

关键词 《资本论》手稿 MEGA 文献学

前言

现在人们读到的《资本论》第 2 部和第 3 部是恩格斯根据马克思的手稿编辑而成的恩格斯版，那些手稿都是未完稿，恩格斯费尽周折才将之编辑出版。恩格斯在第 3 部的序言中表明自己改动过的地方都做了标记，[①] 但实际上没有标记的改动非常之多，而且马克思的不少观点也被改动了。因此，要求出版再现马克思手稿的版本的呼声高涨，MEGA 的第 Ⅱ 部门 "《资本论》及其手稿"[②] 正顺应了这一呼声。许多手稿在已经

---

* 本文是对作者 2006 年 1 月发表在《经济理论》杂志上的论文《关于〈资本论〉第 2 部和第 3 部的撰写时期——从 MEGA 编者的考证工作来看》一文的翻译。从这篇论文，我们可以知晓日本的马克思主义文献学研究所达到的水平以及日本能够参与新 MEGA 编辑的原因。

** 大谷祯之介（1934—），经济学家，立教大学经济学博士。1962 年东洋大学经济学部助教，1963 年任讲师，1970 年任副教授。1974 年起任法政大学经济学部教授，2005 年任法政大学名誉教授。1992 年任国际马克思恩格斯财团新 MEGA 编委，1998 年任该财团日本 MEGA 编委会代表，2001～2007 年担任经济理论学会代表干事。是日本著名的马克思主义经济学家、翻译家以及新 MEGA 编辑和研究专家。
主要著作有：《图解社会经济学》（樱井书店，2001 年）、《依据马克思编辑马克思》（大月书店，2003 年）、《21 世纪与马克思》（樱井书店，2007 年）、《马克思的联合理论》（樱井书店，2011 年）。编辑了 *Marx – Engels – Gesamtausgabe*（MAGA）II/11：Manuskripte zum zweiten Buch des "Kaitails" 1868 bis 1881，Akademie – Verlag，2008。与其他人共同翻译了马克思《资本论手稿集》（大月书店，1978～1994 年）等。

① MEGA，Ⅱ/15，S. 7 – 8；BD. 23，S. 11 – 12.

② MEGA 的 "第 Ⅱ 部门" 由 Zweite Abteilung 翻译而来，但因为容易与《资本论》的 "第 2 部" 混淆，所以本稿使用罗马数字，标记为 "第……部"。为了与其他的譬如《资本论》第 2 部" 等说法相混淆，译者将 Zweite Abteilung 翻译成 "第 Ⅱ 部门"，这也符合整个 MEGA 出版计划分 4 个部门的说法。——译者注

出版的几卷中得到了公开发表，剩下的 4 卷也将在今后几年出齐①，那时我们就能以出版物的形式看到马克思《资本论》的所有手稿。

本文首先概观 MEGA 第Ⅱ部门的结构和第Ⅱ部门各卷的刊行状况，接着论述推定草稿撰写时期这项工作的意义。马克思决定将经济学著作以《资本论》之名出版，着手撰写手稿。本文还将对这些手稿，特别是其中的第 2 部和第 3 部手稿的撰写时期进行梳理并做出结论。

一　MEGA 第Ⅱ部门的结构和刊行状况

MEGA 第Ⅱ部门"《资本论》及其手稿"收录了马克思恩格斯生前出版的《资本论》第 1 部的所有版本，以及为准备《资本论》所做的所有草稿及其出版物。在开始编辑新 MEGA② 时，编者部将 1857～1858 年撰写的《政治经济学批判大纲》视为《资本论》的"草稿"或者"草稿 1"，将"1861～1863 年手稿"视为"草稿 2"，认为 1863～1865 年写下了有关全部三部《资本论》的最初草稿，并将其视为"草稿 3"。在写完这些手稿之后，才完成《资本论》第 1 部的印刷稿，并付诸出版。编辑部基于这样的整体把握，确定了第Ⅱ部门应该收录的文献并着手编辑。全部 15 卷的题目和结构如下③：

第 1 卷　"卡尔·马克思：1857～1858 年经济学手稿"（《政治经济学批判大纲》等的草稿，共 2 册，于 1976 年、1981 年刊行）。

第 2 卷　"卡尔·马克思：1858～1861 年经济学手稿以及著作"（《政治经济学批判》草稿以及《政治经济学批判》第 1 册，通称《政治经济学批判》，1980 年刊行）。

第 3 卷　"卡尔·马克思：经济学批判（1861～1863 年手稿）"（共 6 册，1976～1982 年刊行）。

第 4 卷　"卡尔·马克思：经济学草稿（1863～1867 年）"：

第 1 分册　"直接生产过程的结果"、《资本论》第 2 部第 1 稿、《价值、价格、利润》（通称《工资、价格、利润》），1988 年刊行。

第 2 分册　《资本论》第 3 部第 1 稿，1992 年（实际 1993 年）刊行。

第 3 分册　《资本论》第 2 部第 3 稿以及第 4 稿、第 3 部第 2～3 稿以及其他、第

---

① 实际上，截至 2012 年，剩下的 4 卷都已经出版。MEGA 第 12 卷已于 2005 年，MEGA 第 11 卷于 2008 年，第 13 卷于 2008 年，第 4 卷第 3 分册于 2012 年正式出版。——译者注。

② MEGA1 在梁赞诺夫的主导下从 1927 年开始刊行，1933 年中断；MEGA2（一般称作"新 MEGA"）从 1975 年开始，由莫斯科和柏林的马克思列宁主义研究所（简称 ML 研究所）刊行。

③ 在此，列出了刊行主体由莫斯科、柏林的两 ML 研究所转移到国际马克思恩格斯财团之后最终决定的编排计划。编排分卷进行，当初的计划与现在进行的编辑只有一处不同，即原来计划将第 2 部第 2 稿收录于第 11 卷，将 1877 年以后的第 2 部的各种草稿收录于第 12 卷，后来都收录在第 11 卷。

2 部以及第 3 部的各种草稿（计划 2006 年刊行）。

第 5 卷　《资本论》第 1 部初版，1983 年刊行。

第 6 卷　《资本论》第 1 部第 2 版，1987 年刊行。

第 7 卷　《资本论》第 1 部法文版，1989 年刊行。

第 8 卷　《资本论》第 1 部第 3 版，1989 年刊行。

第 9 卷　《资本论》第 1 部英文版，1990 年刊行。

第 10 卷　《资本论》第 1 部第 4 版，1991 年刊行。

第 11 卷　"卡尔·马克思：《资本论》第 2 部草稿，1868～1881 年"（第 2 部第 2 稿、第 5～8 稿等，计划 2006 年刊行）。

第 12 卷　《资本论》第 2 部的恩格斯编辑用稿，2005 年刊行。

第 13 卷　《资本论》第 2 部的恩格斯版，计划 2007 年刊行。

第 14 卷　马克思、恩格斯《资本论》第 3 部草稿以及编辑文本（1871～1894 年），2003 年刊行。

第 15 卷　《资本论》第 3 部恩格斯版，2004 年刊行。

第 14 卷、第 15 卷已分别于 2003 年、2004 年刊行，第 12 卷将于 2005 年刊行。如果按计划，第 11 卷和第 4 卷第 3 分册在 2006 年，第 13 卷在 2007 年出版的话，第 II 部门就出齐了。

另外，可能有读者会问：为什么在第 1 稿（第 4 卷第 1 分册）之后完成第 3 稿和第 4 稿（第 4 卷第 3 分册），然后才是第 2 稿（第 11 卷）呢？在此，让我们对其原委进行简要的说明。

恩格斯在马克思手稿中发现了封面上分别写有 I、II、III、IV 的草稿。尽管 III 中包含了"属于第 3 部的内容"，但是，他判断大部分是第 2 部的草稿。因此，他将那些草稿称为第 2 部的"第 1～4 稿"，并将以后写的第 2 部的其他草稿依照他所推断的撰写时期，称为"第 5～8 稿"。他在第 2 部的序言中所称的"第 1～8 稿"是他自己命名的。但是，这 4 个草稿是按照 I、III、IV、II 这样的顺序撰写的。1877 年，马克思在重新着手撰写第 2 部的时候，为了从以前撰写的草稿中找出能用上的部分，做了一个"对我以前的笔记的备忘录"①。在那个时候，给 4 个"旧笔记"标记了 I～IV 的序号。该备忘首先从第 I 笔记，然后从第 II 笔记中引用或概括了与第 1 章"资本的变形"相关的论述，并在备忘中记下了那些内容在笔记中的页码。马克思将包括第 2 部全 3 章

---

① 恩格斯在第 2 部的序言中说：作为第 2 部新稿的基础，在 1877 年 3 月整理的来自上述 4 个草稿的提示和笔记。在 MEGA 第 II 部门第 11 卷中，有"第 2 部　资本的流通过程　应该用自以前论述（第 1～4 稿）的地方"这一编者加的小标题。

的两种笔记标记为Ⅰ和Ⅱ，将另外两种笔记按时间顺序标记为Ⅲ、Ⅳ。所以，Ⅰ～Ⅳ的序号不是按时间顺序标记的用于第 2 部草稿的序号，而是包括用于第 3 部草稿的手头笔记的序号，因此笔记Ⅲ中有"属于第 3 部的内容"。但恩格斯将这些序号视为写于由他命名的按写作时间顺序排列的"第 5～8 稿"之前的第 2 部手稿的手稿序号，结果造成了从撰写时期来看，第 4 稿在前、第 2 稿在后这样一种假象。不过，本论文为了方便，还是依照恩格斯的说法，用"第……稿"来称呼各草稿。

马克思决定将经济学著作以《资本论——政治经济学批判》之名出版，制定了在第 1～3 部阐述理论，在第 4 部整理学术史的计划。他为第 2 部撰写的草稿收录于MEGA 第Ⅱ部门第 4 卷第 1 分册、第 3 分册以及第 11 卷，为第 3 部撰写的草稿收录于第 4 卷第 2 分册、第 3 分册。与第 3 部相关的马克思的草稿片段收录于第 14 卷。

二　编辑 MEGA 时对各草稿撰写时期的推断

在收录马克思草稿的时候，最让 MEGA 编者头痛的问题是如何处理撰写时期不明的手稿，以及如何说明其形成史，因为 MEGA 是按撰写时期的先后顺序排列的，而且还要对所收录文稿的形成原委进行说明。另外，如果不了解各草稿的撰写时期以及顺序，也无法准确地把握马克思理论认识的发展脉络。当然，马克思在撰稿时，一般都会记下时间。不过，乍一看完全没有显示撰写时期线索的情况也不在少数。特别是马克思从"1861～1863 年草稿"搁笔[①]，直到开始撰写《资本论》第 1 部印刷稿那段时期的诸多草稿，也就是收录于 MEGA 第Ⅱ部门第 4 卷第 3 分册的 1863～1867 年的一些草稿，不少都没有留下马克思自己标记的日期。因此，MEGA 编者不得不从书信等草稿以外的资料，或者在草稿的论述中寻找线索，来推断、确定撰写时期。

笔者在 1990 年承担了收录于第Ⅱ部门第 11 卷的《资本论》第 2 部第 8 稿的编辑工作。从 1995 年起，又承担了撰写于第 2 部第 2 稿之后的其他草稿的编辑工作。笔者作为 MEGA 出版部门国际马克思恩格斯基金会（成立于 1992 年）的委员，见证了编辑工作的过程、编者的辛劳以及出版的各种场面。

下面，主要根据笔者在这种背景下的经历来介绍编者是如何推断《资本论》第 2 部以及第 3 部马克思草稿的撰写时期，又得出了何种结论的。

三　《资本论》第 2 部第 1 稿以及第 3 部第 1 稿的撰写时期

《资本论》第 3 部的现行版（恩格斯版）中随处都有关于《资本论》第 2 部的指

---

① 本稿多处使用了"搁笔"这一生硬的词语。那是因为"完稿""结束""完成"这些词语不适合用来描述草稿的撰写情形，草稿很多时候是在途中中断的。

示，那些指示都是针对第 2 部的现行版（恩格斯版）的。因此，读者很容易想到：马克思在做那些指示时，手头放着包括所指示处论述内容的第 2 部。但是，用于"恩格斯版"第 2 部的马克思第 2 部的所有草稿，都是在马克思第 3 部第 1 稿之后撰写的。马克思第 3 部第 1 稿的绝大部分都用于"恩格斯版"的第 3 部。因为马克思是在撰写第 3 部第 1 稿的途中开始撰写第 2 部第 1 稿的——关于这一点接下来将进行论述，马克思放在手头的第 2 部草稿就是这个第 2 部第 1 稿，写在第 3 部第 1 稿中的针对第 2 部所做的指示就是针对第 2 部第 1 稿的指示。因此，见于"恩格斯版"第 3 部的针对第 2 部的指示，是恩格斯调整为马克思晚年草稿中的论述之后的内容。

《资本论》第 2 部第 1 稿和第 3 部第 1 稿撰写于何时？两者孰先孰后？其实这关系到 MEGA 编者在一开始所得出的判断，即马克思在 1863～1865 年撰写了包括《资本论》全 3 部在内的"草稿 3"这一判断是否准确的问题，具有重要的意义①

正如前文中的一览表所示，第Ⅱ部门先是刊行了收录《政治经济学批判大纲》（《1857～1858 年经济学手稿》，以下简称《大纲》）前半部分的第 1 卷第 1 分册和收录"1861～1863 年草稿"的第 3 卷第 1 分册。截至 1980 年，刊行了第 3 卷第 2～5 分册和收录"初稿"以及《政治经济学批判》第 1 册的第 2 卷。第 1～3 卷出完以后，接下来应该着手刊行收录 1863～1867 年草稿的第 4 卷。因此，编者，特别是主导第Ⅱ部门编辑的莫斯科马克思列宁研究所的编者致力于对收录于第 4 卷草稿的撰写时期进行考证。就在 1980 年，MEGA 编辑的局外人，一个名叫波尔德伊勒夫的学者发表论文，② 对在马克思列宁主义研究所已成为定论的"草稿 3"的撰写时期进行了正面否定。因此，MEGA 的编者一方面对之进行反驳，一方面基于对 1863～1867 年草稿的考证，表明了他们的见解。这便是发表于 1981 年的由 V. 比戈茨基、L. 米西科维奇、M. 切尔诺夫斯基、A. 切普连科 4 人共同署名的论文《关于 1863～1867 年马克思〈资本论〉撰写时期的区分》③。这篇论文举出推断的依据，明确了收录于第 4 卷全部 3 分册中草稿的撰写时期和顺序，是极其重要的文献。这篇论文的考证要点如下：

第一，马克思于 1863 年 7 月停止撰写"1861～1863 年草稿"，之后最迟在 8 月前半个月开始撰写用于《资本论》第 1 部的草稿"货币向资本的转化"，该部分原来计划作为第 1 章。这项工作持续到 1864 年夏天。

第二，他在那年夏天末着手撰写第 3 部。先从第 2 章开始写，写到途中感觉有必

---

① 第 2 部第 1 稿在 1974 年由莫斯科的马克思列宁主义研究所翻译成俄语刊行，在之后的 1982 年有了日译本。原文终于在 1988 年作为 MEGA 第Ⅱ部门第 4 卷第 1 分册的一部分得以刊行。笔者翻译了其中第 5 章的文本（大谷［1983～2002］）。

② Волдырев，在柏林，J. 孔拉德发表了几乎相同的见解（Conrad［1980］）。

③ Выгодский／Миськевич／Терновский／Чепуренко［1981］.

要在第 3 部之前先写第 2 部，因此中断第 3 部，着手撰写第 2 部（第 1 稿第 1 节）。1865 年上半年，在完成了第 2 部之后，再次回到第 3 部，在那年底写到了最后一章的开头，然后工作就中断了。

第三，马克思在 1863～1865 年撰写了《资本论》全 3 部最初的草稿，可以将之视为《资本论》的"草稿 3"。

同在 1981 年，这篇论文的作者之一切普连科在题为《寄语马克思〈资本论〉第 2 部第 1～4 稿撰写时期的推断》的论文中，对第 2 部草稿进行了深入考证①。1982 年，上述 4 人在《马克思恩格斯年鉴》上用德文发表了与上述论文同名的论文，② 只不过在内容上增加了切普连科论文的考证结论。论文能在莫斯科以及柏林的马克思列宁主义研究所 MEGA 编辑部的机关刊物《马克思恩格斯年鉴》上登载，就意味着 MEGA 第 Ⅱ 部门第 4 卷的编辑以及关于形成史的说明将以此为准。

笔者有机会于 1980～1982 年在阿姆斯特丹的社会史国际研究所调查马克思的第 2 部、第 3 部草稿，并于 1981 年 11 月至 12 月在莫斯科访学，当时 4 人共同署名论文刚发表不久。笔者在马克思列宁主义研究所与共同论文的作者比戈茨基、米西科维奇以及切普连科三人有过密切的交往。但是，当时笔者还没有读他们的论文，因此无法进行深入的讨论。1982 年回到日本之后，读了该论文，发现其中有些考证缺乏说服力，另外还有一些考证是在单纯误读的基础上进行的。笔者撰文言及了从同年开始发表的第 2 部、第 3 部草稿，但他们看不懂日语论文。因此，笔者将拙见用德文整理，投给了社会史国际研究所的刊物《社会史国际评论》，该稿刊登在 1983 年第 1 期③，笔者把该论文寄到了莫斯科。该论文有三个论点：

第一，共同论文认为在第 2 部第 4 稿之后撰写的誊清稿片段其实是在第 4 稿之前不久撰写的，第 4 稿是参照该稿写成的。

第二，共同论文考证出写在第 2 部第 2 稿封面上的第 2 部的写作计划是在第 1 稿之前起草的，但是，该计划应该是在后来撰写第 4 稿片段以及第 4 稿时起草的。

第三，以上述两点为前提，我进而对第 3 部第 1 稿的论述进行仔细分析，发现共同论文的结论，即第 2 部第 1 稿最早是在第 3 部第 1 稿的第 246 页之后，最迟是在第 276 页之前撰写的，而我认为应该将其订正为最早是在第 182 页之后，最迟是在第 243 页之前撰写的。

不久，莫斯科方面进行了认真的应对，来信表示同意第一个观点，而对第二、第

---

① Чепуренко［1981］.

② Miskewitsch/Ternowski/Tschepurenko/wygodski［1982］.

③ Otani［1983］.

三个观点不能立刻表示赞同，并陈述了理由。笔者也回信表明了拙见。但接下来，对方不是以书信，而是以论文的形式进行了回答。论文是 I. 安特诺娃、V. 舒瓦尔茨、A. 切普连科共同署名的《1863～1865 年的〈资本论〉草稿 3——刊行前的概括》①。在 4 年后的 1988 年，柏林马克思列宁主义研究所刊行的《马克思恩格斯研究论集》登载了对该论文观点全面表示赞同的曼夫雷特·穆勒的论文《关于〈资本论〉第 3 部 1864～1865 年的马克思草稿》②。这些论文都接受了笔者的批判，并根据批判对撰写时期进行了推断。而且，在穆勒论文发表的 1988 年，刊行了收录《资本论》第 2 部第 1 稿的 MEGA 第 Ⅱ 部门第 4 卷第 1 分册，其附属资料中关于形成史的论述与笔者的考证完全一致。③

首先，莫斯科的编者之所以认为撰写于第 2 部第 4 稿之前的草稿片段是第 4 稿的誊清稿，是因为由 4 页构成的草稿片段影印件与第 4 稿的前 4 页的影印件不知在什么时候被替换掉了，而他们是根据影印件来考证的。而如果在社会史国际研究所查阅原件的话，从两者所使用的纸张以及尺寸的差异就很容易发现这个单纯的错误，但莫斯科只有影印件，因而没有发现。

其次，共同论文判断写在第 2 部第 1 稿封面上的写作计划是在第 1 稿之前起草的，并在这样的前提下进行了考证。但是，这一写作计划是马克思后来为第 4 稿准备的。让我们来列举一个证明这一点的线索。第 1 章（资本的流通）的标题在第 1 稿中为 "Der Umlauf des Capitals"，而在第 4 稿前不久的草稿片段中为 "Die Cirkulation des Kapitals"。在第 4 稿中，马克思首先写下了与草稿片段相同的内容，然后将之变更为 "Der Umlauf des Capitals"。从这样的经过来看，可以推断第 4 稿之前的草稿片段以及写在封面上、与第 4 稿一样的 "Die Cirkulation des Kapitals" 是在撰写这两种草稿的时期，但却是他在第 4 稿中将它改为 "Der Umlauf des Capitals" 之前起草的。

再次，关于马克思中断撰写第 3 部第 1 稿，着手撰写第 2 部第 1 稿，是在撰写第 3 部第 1 稿哪个部分时的这个问题，共同论文的推断依据是这样的。他们首先发现在第 3 部第 1 稿的第 256 页中有提及第 2 部中关于流通费用的一节，即第 1 章的第 3 节。这与第 1 章第 4 节）中论述流通费用的第 1 稿的正文不一致，第 1 章的第 3 节）为"流通费用"，那与现在谈到的第 1 稿封面上的写作计划一致。因此，他们判断封面上的写作计划是在第 1 稿之前起草的，并认为上述事实说明在第 3 部的该处，第 1 稿的正文还没有开始撰写。但如上所述，封面上的写作计划不是在第 1 稿之前，而是在那之后撰写

① Antonowa/Schwarz/Tschepurenko［1984］.

② Müller［1988］.

③ MEGA，Ⅱ/4.1，S. 560 - 562.

的。因此，这一事实与他们的判断相反，表明在撰写第 3 部的该部分的时候，构想了不同于已经写完的第 1 稿的新计划（第 1 稿封面上的计划）。换言之，这毋宁表明在那之前第 2 部第 1 稿已经写完了。共同论文以这种错误的上限为前提，从第 3 部第 1 稿这之后的内容中寻找显示第 2 部第 1 稿已经写完的部分，将那锁定在第 275 页。但是，他们视为上限的，其实是显示下限的内容。因此，要做的是从此下限找出上限在何处。笔者关注到第 3 部第 182 页中"市场的概念其最一般的形式必须在探讨资本流通过程的部分来展开"这一句。由于在第 2 部第 1 稿中，其第 1 章第 1 节中市场的概念只是以极其一般的形式进行了论述，所以表明第 3 部的该一部分是在第 2 部第 1 稿之前撰写的。①

经过这样对撰写时期进行推断，弄清了收录于第 II 部门第 4 卷第 1 分册中的第 2 部第 1 稿，与收录于第 2 分册的第 3 部第 1 稿的关系，"附属资料"中关于形成史的论述框架也因此确定下来了。

四　MEGA 第 II 部门第 4 卷第 3 分册所收录诸草稿的撰写时期

按照 MEGA 第 II 部门一开始的定位，其第 4 卷计划收录独立著作《资本论》全部 3 部最初的草稿，以及 1867 年 9 月刊行《资本论》第 1 部（初版）以前的草稿。《资本论》全部 3 部被定位为《资本论》的"草稿 3"，即作为"草稿 2"的"1861～1863年草稿"之后的草稿。第 1 分册收录了《资本论》第 1 部草稿中剩余的"直接生产过程的结果"以及很少的片段、第 2 部最初的草稿即第 1 稿；第 2 分册收录第 3 部最初的、而且涉及所有章"主要手稿"（恩格斯）的第 1 稿；第 3 分册应该收录在"草稿3"之后、第 1 部刊行之前撰写的第 2 部以及第 3 部的草稿，该分册收录哪些草稿这一点在第 1 分册刊行之前就已经确定下来了。但是，在开始编辑该分册的时候，随着对计划收录于该分册的草稿撰写时期推断的进展，浮现出了与第 4 分册编排的根本相关的问题。在计划收录于该分册的草稿中，大约有一半是在 1867 年 9 月刊行第 1 部之后撰写的，这一点十分清楚了。只要将这些草稿收录在此分册中，那么很显然这一分册就无法纳入写在第 1 分册封面上的"经济学诸草稿 1863～1867 年"这一卷当初的框架内。编者也曾考虑到将那些草稿移至《资本论》第 1 部各版之后的第 11 卷，但因为那样做会给已在进行的第 11 卷的编辑工作带来极大的困难，只好放弃了。因此，第 4 卷第 3 分册决定收录 1865 年第 3 部第 1 稿停止撰写后到 1868 年撰写的与第 2 部、第 3 部

---

① 关于围绕上述第 2 部草稿以及第 3 部第 1 稿的撰写时期的讨论经过，请参照大谷［1989］。另外，这个问题与对第 3 部第 1 稿第 1～3 章的撰写时期以及撰写顺序的推断有着紧密的关系。本稿不对这个问题进行深入探讨，关于这个问题请参照大村［1988］的第 80～86 页。

相关的草稿。

该分册的编辑由莫斯科的米西科维奇负责，由他编辑完的草稿通过柏林编委会交给该分册的鉴阅人田中菊次，另外柏林也进行最终检查。在这样的过程中，发现草稿的编辑存在许多问题，特别是在对所收录草稿的撰写时期的推断方面。因此，关于那些草稿的排列，以及在附属资料中对形成史的论述也存在重大误读。

对写于第 3 部第 1 稿之后、与第 3 部开头部分的"费用价格和利润"相关的 4 个草稿片段撰写顺序的推断便是误读之一。那 4 个草稿片段分别是恩格斯用于他所编辑版本的"第 2 稿""第 3 稿"，以及他决定"不用"的 2 个草稿片段。如果将"不用"的草稿片段称为"第 4 稿""第 5 稿"的话，米西科维奇将撰写顺序推断为第 4 稿→第 5 稿→第 3 稿→第 2 稿。对此，日本学者指出顺序应该是第 2 稿→第 3 稿→第 5 稿→第 4 稿。米西科维奇最终也接受了日本学者的这一观点。[①]

另外一点是，校阅者田中对编者米西科维奇就收录于该分册大部分草稿的撰写时期的推断提出质疑，并根据他自己的推断提出了新的编排方案。柏林的编委会也对撰写时期重新进行了探讨。结果是认定不能采纳米西科维奇对撰写时期的推断，也不能基于那样的推断来编排。田中注意到马克思在用符号表示资本（不变资本 + 可变资本）以及资本的生产物的价值（不变资本 + 可变资本 + 剩余价值）时，数字和字母 c、v、m 的组合方式在不同时期有所不同，以此为基准可以有力地推断出许多草稿的撰写时期。[②]

米西科维奇于 2004 年病逝，其工作由柏林的福尔格拉夫接替。他采纳田中对撰写时期的推断，提出了该分册的编排方案。现在，该分册的编排方案已经确定，正在进行最后的收尾工作。关于此分册，就说明到这里。

五　第 2 部第 2 稿的撰写时期

收录于 MEGA 第 II 部门第 5 ~ 10 卷的是由马克思或恩格斯刊行的《资本论》第 1 部的各种版本以及与之直接相关的文稿。这些卷次为刊行时期以及撰写时期提供了许多明显的线索。因此，接下来我们要讨论的撰写时期问题，是有关收录于第 11 卷的第 2 部第 4 稿以后的所有草稿。具体情况如下：

（1）"第 2 部　资本的流通过程（第 2 稿）"。

（2）"第 2 部　资本的流通过程　宜使用以前论述（第 1 ~ 4 稿）的部分"。在前文提及过的"对我以前的笔记的备忘录"。标题为编者所加。在最初页上有马克思笔迹

---

① 关于"费用价格和利润" 4 个草稿片段的撰写时期的讨论，请参照大村 [1988] 的第 88 ~ 91 页。

② 关于田中在这个问题上的观点，请参照田中 [2002] 以及 Tanaka 和 Omura [2005]。

的 "1877 年 3 月末开始撰写"。

（3）"第 2 部　资本的流通过程　第 1 篇　开头"（草稿片段 1）。紧接着上述 "宜使用部分"，写在同一笔记本上的有 "开头"（Eingang）这一标题的草稿片段。

（4）"第 2 部　资本的流通过程　第 1 篇"（草稿片段 2）。最初页上有马克思笔迹的 "4 月 19 日"（1877 年）。

（5）"第 2 部　资本的流通过程　第 1 篇"（第 5 稿）。紧接着上述 "草稿片段 2" 之后撰写的内容。

（6）"第 2 部　资本的流通过程　第 1 篇"（草稿片段 3）。最初页上有马克思笔迹的 "1877 年 10 月 26 日开始撰写"。

（7）"第 2 部　资本的流通过程　第 1 篇"（第 6 稿）。紧接着上述 "草稿片段 3" 之后撰写的内容。

（8）"第 2 部　资本的流通过程　第 1 篇"（草稿片段 4）。见于或整理于 1878 年（以及 1882 年）摘要笔记中的片段。

（9）"第 2 部　资本的流通过程　第 1 篇"（第 7 稿）。最初页上有马克思笔迹的 "1878 年 7 月 2 日"。

（10）"第 2 部　资本的流通过程　第 1 篇"（第 8 稿）。

由此可见，大部分草稿因为马克思自己在开始撰写时标记了时间，或者能从显然是在前不久写下的内容来推断，因此其撰写时期不难推断。撰写时期不明的是最初的第 2 稿和最后的第 8 稿。

在第 2 部草稿中，内容最为浩繁、篇幅占第 11 卷一大半的第 2 稿的编辑由莫斯科的瓦西娜①担任。1999 年 5 月，她在柏林举行的研讨会上做了题为 "《资本论》第 2 部以及第 3 部的马克思草稿、恩格斯刊行的两卷本、这些文献在 MEGA 中的展示"② 的报告，对第 2 稿的撰写时期进行了推断。另外，她在 2005 年终于发行的《MEGA 研究》2001 年号上登载的题为《〈资本论〉第 2 部第 2 稿在著作史中的地位，恩格斯编辑原稿的特征》的论文中，对草稿的撰写时期进行了详尽的考证。③

关于第 2 稿撰写时期，恩格斯在《资本论》第 2 部的序言中曾表明 "第 2 稿写于 1870 年"④。另外，在第 2 稿的第 1 页上写了 "估计是在 1870 年完稿的"。1934 年刊行的《马克思年谱》将恩格斯的这一推断进一步限定为 "在 1870 年 3 月 10 日至 23 日前

---

① 之后，瓦西娜得到了厄雷纳·瓦西捷科的协助。
② Vgl.：Zur Einleitung［2005］，S3 – 4.
③ Vasina［2005］.
④ NEW, Bd. 24, S. 11.

后完稿"。① 保罗·韦勒在对德开战前曾在莫斯科的马克思列宁研究所取得过重要成果，在他未发表的遗稿中，认为第 2 稿撰写于 "1868 年 12 月初至 1870 年中期"。② 之后，在俄文版《马克思恩格斯著作集》第 49 卷第 2 部第 1 稿第一次公开时，没有提出依据，就将写作时间改为 "1867 年 8 月至 1870 年 7 月"。③ 关于这一推断，瓦西娜指出：大概是因为马克思在第 2 稿中为了指示第 1 部，使用了初版的校样，所以认为是 "1868 年 8 月"。④ 在 1981 年第 2 稿的第 1 章以及第 3 章在俄文版《马克思恩格斯著作集》第 50 卷中公开的时候，第 2 稿的撰写时期被视为 "从 1868 年末至 1870 年"。⑤

瓦西娜在上述论文中，介绍了关于第 2 稿的撰写时期众说纷纭的状况，在此基础上对第 2 稿的三章的撰写时期分别进行了推断，那也是对第 2 稿的开始撰写以及搁笔时期的推断。

关于第 1 章以及第 2 章，瓦西娜花了相当多的精力对马克思就第 2 部的诸问题整理的许多摘要笔记的内容与第 2 部中的论述，特别是在许多脚注中所提及的文献的关系进行分析，来探寻推断撰写时期的线索。计划收录于 MEGA 第 Ⅳ 部第 16 卷（1864 ~ 1868 年摘录笔记）以及第 19 卷（1868 ~ 1869 年的摘录笔记）中，包括许多马克思在第 2 稿中所言及的文献摘要。瓦西娜证实第 2 稿，特别是第 1 章以及第 2 章是在整理好摘录笔记以后，利用它撰写而成的。她依照这些利用状况，对两章的撰写时期进行了推断。⑥ 这项工作阐明了马克思在着手第 2 稿以前，阅读了各种各样的文献，并进行了摘录，以便将之用于第 2 部。在开始撰写第 2 稿时，特别是在其第 1 章、第 2 章，以及两章的脚注中，马克思充分利用了这些摘录笔记的内容。瓦西娜的观点相当有说服力，对阐明第 2 稿的形成过程做出了极大的贡献。

马克思在草稿的 30 页⑦，言及了爱尔兰的细腻陶土。瓦西娜推断那是因为恩格斯在 1868 年 12 月 13 日的书信中写有 "陶器" 这样的内容。包括这一点在内，她得出了 "马克思在 1868 年 12 月以前着手撰写第 2 稿的可能性不大"⑧ 的结论。她对第 2 稿开始撰写时期的推断饶有兴趣。可以说，这是她通过摘要笔记的利用状况对韦勒所推断的 "1868 年 12 月初开始撰写" 这种推断的补充。

因为第 2 稿是按照第 1 章、第 2 章、第 3 章的顺序撰写的，所以第 3 章的搁笔时间

① Chronik［1934］.

② Weller［1936］.

③ Сочинения,［1974］, стр. 508.

④ Vasina［2005］, S. 56 - 66.

⑤ Сочинения,［1981］, стр. 3.

⑥ Vasina［2005］, S. 57 - 66.

⑦ MEGA, Ⅱ/11, S. 75.

⑧ Ebenda, S. 65.

就是第 2 稿的搁笔时间。瓦西娜首先认为这一章中有两处表明那写于 1870 年。第一处是第 3 章第 148 页中的"俄国农民不是将自己谷物的一部分吃光，为了用作种子，厉行节约。关于这一点，参照恩·弗列罗夫斯基。"① 瓦西娜对俄国国立社会政治史档案馆所藏的马克思阅读过②的著作《俄国工人阶级的状况》进行调查，发现该书中对应的内容从第 191 页开始，而且书中还有若干下划线③。可是，1870 年 2 月 10 日，马克思在致恩格斯的书信中写了"弗列罗夫斯基的书我看过开头的 150 页"④ 这样的内容。因此，估计马克思在这个时候还没有读到第 191 页。根据这一点，瓦西娜推断第 2 稿第 3 章的第 148 页是在 1870 年 2 月 10 日以后写的。第二处是，马克思在第 3 章的第 161 页这样写道："也就是说，像这样，如果假定生产消费资料的资本 I 一年只周转一次的话，今年的，例如 1870 年的产品必须够 1871 年一年之用。另一方面，1871 年要生产 1872 年的所需数量。另外，1869 年的产品应该在 1870 年被消耗掉。"⑤ 根据这一段的论述，瓦西娜推断 161 页写于 1870 年。⑥ 因此，以上两处写于 1870 年 2 月 10 日以后，完成于当年。

但是，瓦西娜对后面相距甚远的第 164 页中的以下论述表示关注。"也就是说，我们会知道资本家致富的缘由。向自己的农民解释说：Armuth〔贫困〕来自更大的 misère〔贫困〕，归结于弗·罗伊特的检查官的秘密。"⑦ 这里的"弗·罗伊特的检查官"是指弗里茨·罗伊特的小说《从我的农民时代开始》(*Ut mine Stromtid*) 中出场的梅克伦堡人的代表。瓦西娜引用库格曼 1871 年 4 月 27 日在致马克思的书信中说要给他寄这本书。另外，马克思在 6 月 18 日致库格曼的回信中说该书收到了。瓦西娜指出：库格曼以为马克思不知道罗伊特的这部小说，但实际上在 1864 年，威廉·沃尔夫遗赠给马克思的书中，就有罗伊特的《陈腐的故事》(*Olle Kamellen*) 第 4 部，因此马克思大概已经对之有所了解。但是，瓦西娜说没有丝毫线索可知马克思是否阅读过《陈腐的故事》第 3~5 部中的《从我的农民时代开始》。因此，她一举推断：马克思是在读了库格曼寄来的罗伊特的这部小说之后，才知道布雷西希这个人物。如果是那样的话，他在第 2 稿中写下"弗·罗伊特的检查官"这样的内容，最早是在 1871 年 5 月。另外，从 164 页至这一章的末尾，还有大约 40 页，因此马克思写完第 2 稿，最早也要到

---

① Ebenda, S. 361.

② Флеровскій〔1869〕. Vgl.：MEGA, Voauspublikation zu Ⅳ/32, Berlin 1999, S. 147.

③ Vasina〔2005〕, S. 67.

④ Marx an Engels vom 10. Februar 1870. MEW, Bd. 32, S. 537.

⑤ MEGA, Ⅱ/11, S. 426.

⑥ Vasina〔2005〕, S. 67.

⑦ MEGA, Ⅱ/11, S. 436, 在第 2 部恩格斯版中，"F. 路透的检查官"为"检查官布雷西希"（MEW, Bd. 24, S. 477）。

1871 年中期。① 虽然瓦西娜并没有这样断定，如果这一推断正确的话，那么以往被认为是在 1870 年搁笔的时期要延至 1871 年中期。

但是，瓦西娜自己在注释中指出：马克思在 1870 年 5 月将 W. 沃尔夫赠送给他的《陈腐的故事》转赠给了博克海姆。② 马克思为了安慰躺在病床上的博克海姆，将自己书斋里的幽默小说以及娱乐性文学（巴尔扎克、狄德罗、杜马斯）送给了他，其中就包括《陈腐的故事》。③ 当时，马克思当然知道罗伊特，也有可能已经知道《陈腐的故事》中的出场人物布雷西希。另外，如果从写有"今年……1870 年"的地方直到 161 页是在 1870 年写下的话，有可能中间不间断一直往下写，将那之后相距不远的 164 页视为 1871 年 5 月撰写的推断就会非常勉强。

像这样，如果关于罗伊特的布雷西希的地方不能成为推断时期的有力证据的话，那么就像以前所主张的那样，是在 1870 年中期。

如上所述，通过瓦西娜的考证，第 2 稿的确切撰写时期是"1868 年初至 1870 年中期"。MEGA 第 II 部门第 11 卷的附属资料中关于第 2 稿的形成史的说明是根据瓦西娜的考证来进行的。

六 第 2 部第 8 稿的撰写时期

第 2 部第 8 稿不仅是第 2 部最后的草稿，也是马克思《资本论》草稿的最后部分。因此，那撰写于何时，也就是马克思撰写《资本论》到什么时候的问题。该草稿几乎都是关于社会总资本的再生产及其流通的论述，恩格斯将其中绝大部分用于他所编辑的第 2 部第 3 篇。④ 恩格斯版第 3 篇以此第 8 稿为基础，其中没有的部分取自第 2 稿。恩格斯采取的是这样一种编辑方式。⑤

但是，尽管第 8 稿的使用率很高，但恩格斯在序言⑥中完全没有提及其撰写时期。其他草稿中如果没有马克思自己标记的日期，恩格斯会在第 1 页上写下他推断的日期。但是，第 8 稿的封面（关于这一点，接下来将马上进行论述）以及正文的第 1 页上都没有日期。

恩格斯在 1884 年 6 月 29 日致爱德华·伯恩施坦的书信中写道："只要我们进行到最后那一篇（《社会总资本的流通》），艾森加尔滕就可以在我的帮助下帮助誊写属于

---

① Vasina［2005］, S. 68 - 69.

② Ebenda, S. 69.

③ Vgl. , Gemkow［2003］, S. 21 u. 120.

④ 第 2 部第 8 稿的内容可以通过大谷［1981a］［1981b］以及市原［1987］来了解。

⑤ 关于恩格斯是如何利用第 8 稿的问题，请参见 MEGA, II/12 的附属材料。

⑥ MEW, Bd. 24, S. 12.

此篇的 1878 年的手稿。"① 这里所说的 "1878 年的草稿" 显然就是第 8 稿。但恩格斯似乎对 1878 年自己的这一推断不能确定，在第 2 部的序言中只说在第 8 稿是 1877 年 3 月末整理好的 "指示以及备忘" 以后撰写的一连串草稿的最后部分。

由于笔者担任 MEGA 第 Ⅱ 部门第 11 卷的后半部分，即第 2 稿的编辑，所以有必要明确第 8 稿的撰写时期。笔者于 1997 年对阿姆斯特丹和莫斯科的资料进行了调查，希望能解决多年来的课题。

截至 1997 年，在公开发表的文献中涉及第 8 稿的有以下 4 篇：

（1） J. T. 哈里特诺夫于 1956 年在其题为《寄语马克思主义经济理论形成史》的论文中，称第 8 稿为 "1881 年的草稿"。②

（2） 俄文版《马克思恩格斯著作集》第 19 卷（1961 年）"卡尔·马克思弗·恩格斯生平事业年表" 的 1880 年 1～12 月项中，写明 "马克思写《资本论》的第 2 卷和第 3 卷，并重新写了第 2 卷第 3 篇"。③ 这里所说的 "重新写了第 2 卷第 3 篇" 只能是第 8 稿。所以在他们看来，第 8 稿写于 1880 年的某个时期。另外，在之后不久的 "1880 年 10 月～1881 年 3 月" 项中，有 "马克思继续写《资本论》第 2 卷和第 3 卷"④ 这样的内容。"写第 2 卷" 无非就是第 8 稿。因此，按照他们的说法，到 1880 年 1 月～1881 年 3 月，马克思还在继续撰写第 8 稿。

（3） S. M. 古里戈里扬或许是依据《马克思恩格斯著作集》第 19 卷中的上述记载，1970 年他在题为《关于马克思〈资本论〉第 2 卷草稿的问题》的论文中，将第 8 稿的撰写时期推断为 "1880～1881 年"。⑤

（4） 前文中曾经提到过的切普连科 1983 年在题为《马克思〈资本论〉第 2 部的历史》的论文中，提出了第 8 稿撰写 "始于 1879 年 10 月，止于同年末或者次年初" 的新观点。⑥

如果将这四种文献所推断的时期按先后顺序排列的话，其时间跨度为 1879～1881 年，即 1879 年 10 月～1879 年末或 1880 年初（切普连科）、1880 年或者 1880 年 1 月～1881 年 3 月（俄文版《马克思恩格斯著作集》第 19 卷）、1880～1881 年（古里戈里扬）、1881 年（哈里特诺夫）。

其中，明确提出了推断依据的只有切普连科。关于开始撰写的时间，他指出在第 8

---

① Engels an Bemstein, 29. juni 1884, WEW, Bd. 19. S. 614. 参见中文版《马克思恩格斯全集》第 36 卷，1974，第 174 页。

② Харитонов［1956］, стр. 48.

③ Сочинения,［1961］, стр. 612, 参见中文版《马克思恩格斯全集》第 19 卷，1963，第 681 页。

④ Там же, стр. 614, 参见中文版《马克思恩格斯全集》第 19 卷，1963，第 683 页。

⑤ Григорьян［1970］, стр. 171.

⑥ Чепуренко［1983］.

稿的第 42 页和第67～68 页中，马克思从 1879 年 10 月的报纸中引用了《英国大公使馆秘书关于各国工商业的报告书》，[①] 因此开始时期应该是在 1879 年以后；关于搁笔时期，他依据恩格斯的两封书信，指出马克思在 1879 年 12 月中旬身体状况恶化，无法高效率工作，进而他认为这里所说的"工作"就是指第 8 稿，因此认为最迟在 1880 年初这项工作中断了。[②] 但是，首先就开始撰写的时期而言，其他推断都比他的推断要晚。因此，他要提出的是在 1879 年 10 月这个较早时期已经开始撰写的证据。所以，他提示的依据没有任何意义。另外，关于搁笔时期，切普连科所举出的马克思 1879 年 9 月 24 日致 J. P. 贝克尔的书信以及同年 12 月 19 日恩格斯致马克思的书信中只说了"第 2 卷"的工作[③]，如果说那就是第 8 稿的话，首先要对这一点进行证明，但切普连科根本就没有意识到其必要性。说来，直至恩格斯 1884 年考虑将《资本录》第 2 部（Buch Ⅱ）作为独立的第 2 卷（Band Ⅱ）出版，所谓"第 2 卷"都是计划收录第 2 部以及第 3 部这两部的卷次。1878～1880 年马克思所做的关于"第 2 卷的工作"，毋宁应该举出与土地所有，以及 monied capital 相关的各种文献的研究以及摘要，两封书信中所说的"第 2 卷的工作"很有可能与第 3 部有关。切普连科的推断与之前的推断相比，把时间提早了大约一年，但并没有列出依据。

笔者从 1997 年秋天至冬天一直在探寻显示第 2 部第 8 稿撰写时期的线索，结果比起以往的推断，将撰写时期的范围缩小了。推断的要点如下[④]：

首先要介绍一下笔者在俄国国立社会政治史档案馆发现的第 8 稿的封面。现在收藏在社会史国际研究所的第 8 稿，应该是有封面的笔记本，但却没有封皮。而且，最后一页的文章在中途就中断了，而恩格斯版中有后续的部分。因此，恩格斯应该保存过写有这部分内容的封皮（准确地说，是封面的背面）。从笔记本上脱落下来的封皮（封面的表里两面和封底的表里两面共 4 面）流失到莫斯科，现在收藏在俄国国立社会史档案馆。[⑤] 笔者确认这一封皮，发现了几个问题：第一，在贴在封皮的便笺上，只有恩格斯写的"《资本论》第 2 部第 3 章，一国总流通的形式等等。现代的经济表"，不仅没有对撰写时期进行推断，而且连"第 8 稿"这样的序号也没有。第二，封底内侧所写的内容是恩格斯版中的后续部分，说第 8 稿到此结束。第三，第 8 稿所使用的纸张与之前第 2 部的所有草稿所使用的纸张不同，是黑布封皮的厚纸笔记本。

① MEGA，Ⅱ/11，S. 779 u. S. 818 – 819.

② Чепуренко［1983］. стр. 215 – 216.

③ Engels an Bemstein，24. September 1879，*MEW*. Bd. 34. S. 415；Engels an Becker，19. Dezember 1879，Bd. 34. S. 432.

④ 详细情况请参照大谷［1998］以及 Otani［2005］。

⑤ RGASPI，Sign. f. 1，d. 2753.

因此，关于第 8 稿的撰写时期，有以下 3 个直接依据：

（1）正如在前文中言及切普连科的考证时指出过的那样，第 8 稿的第 42 页和第 67～68 页中有对《英国大公使馆秘书关于各国工商业的报告书》的引用。[①] 马克思曾经做过该报告书的摘要笔记，并将之用于第 8 稿。根据 MEGA 第 IV 部门的"第 13～32 卷的全貌说明"，该摘要大致是在 1880 年末～1881 年整理的。[②] 这样一来，马克思撰写第 8 稿的第 42 页，最早是在 1880 年年末。

（2）第 8 稿的第 76 页（笔记本的最后一页）中引用了 A. 盖基的《先史时代的欧洲》中的内容。[③] 该书上注明的出版年为 1881 年，但实际上在 1880 年 12 月就已经出版了。[④] 由此，可以确定第 8 稿的第 76 页以及封底内侧的内容写于 1880 年 12 月以后。[⑤] 另外，在前文中已经提及过的"对我以前的笔记的备忘录"是马克思写在从 1876 年起开始整理的"笔记 XI"中的内容。这一笔记摘录的是后来 1880 年至 1881 年出版的著作，即沃伊德·德金斯《不列颠猿人》（伦敦，1880 年）、杂志《祖国纪事》（Отечественныя Записки）1880 年 1 月号，以及盖基的这本书。[⑥] 马克思将笔记中摘录的内容用于第 8 稿。

（3）在第 8 稿的笔记本里，夹着一张纸条[⑦]，该纸条现在与第 8 稿一并保存在社会史国际研究所。这张纸条一看就知道是关于图表式展开的便条，将纸条中所写的内容与第 8 稿的图标式展开进行对照便会发现，正如社会史国际研究所新目录中记载的"针对第 65 页以及第 69 页内容的一张纸条"那样，那与第 8 稿的第 65 页的图式[⑧]展开，以及之后第 69 页再次提及此展开的内容[⑨]直接相关。而且，马克思曾经多次尝试新的展开，因此关于第 8 稿的扩大再生产部分撰写完以后写下这张纸条的可能性完全不存在。也就是说，可以断定这张纸条是在撰写图式展开部分时留下的。

撰写时所用笔记本中的水印常常成为推断撰写时期的有力线索。俄国国立社会政治史档案馆的巴加图利亚在编辑 MEGA 的过程中，制作了从手稿以及书信所用纸张水印的数据库，在 1997 年已经了积累了 700 多种。我想或许会有与第 8 稿的笔记本相同

---

① Чепуренко［1983］.

② Exzerptheft, London. Etwa Ende 1880 bis 1881. S. 15–16. Prospekt［1995］.

③ MEGA，II/11，S. 826，恩格斯版中没有此引用。

④ *The English Catalogue of Books for1880*［1881］，p. 30.

⑤ 另外，在推断第 2 稿的撰写时期时提及过的保罗·韦勒在他制作的未公开目录（Welell［1936］）中，根据盖基的书（Geikie［1881］）的出版年推断第 8 稿"大致撰写于 1880～1881 年。"前文中的《马克思恩格斯著作集》第 19 卷以及古里戈里扬对第 8 稿撰写时期的推断估计依照了韦勒的推断。

⑥ Heft XI, begonnen Mai 1876. S. 5，50–126. Prospekt［1995］.

⑦ MEGA，II/11，S. 828，关于原文以及日译文，请参见大谷［1981b］，第 61～63 页。

⑧ MEGA，II/11，S. 816–817.

⑨ Ebenda，S. 821–822.

的水印，查阅了数据库，但没有发现有相符的。

但我发现档案馆有一种纸的水印与该纸条的水印一致，那是被推断为 1881 年 2 月 18 日以及 3 月 8 日致维·伊·查苏里奇的信及其 4 个草案①。查阅原件，发现其纸张的种类与纸条相同。但是，在巴加图利亚的数据库还没有收录的纸张中或许也有相同的纸张，我对档案馆里所保管的 1880 年 1 月~1881 年 12 月马克思的书信进行了调查，发现有 3 封信使用了同样的纸张。第一封是 1881 年 1 月 31 日收信人不详的信②；第二封是 2 月 22 日致 F. D. 纽文豪斯的信③；第三封是 6 月 6 日致杰尼·罗格的信④。从档案馆所保管的书信原件来看，与第 8 稿中的纸条水印相同的只有 1881 年 1~6 月使用的纸张。之后，在社会史国际研究所对 1881 年 3 月 23 日马克思、恩格斯署名的致斯拉夫会议议长的书信原件⑤进行调查，发现所使用的纸张也与该纸条相同。进而对 1880 年至 1881 年马克思的书信，即保管在阿姆斯特丹的社会史国际研究所的 9 封以及保管在柏林的 SAPOM（DDR 诸政党以及大众诸组织档案财团）的 3 封进行调查，没有发现与纸条水印相同的纸张。由此可知，使用与第 8 稿纸条相同的纸张的文稿写于 1881 年 1 月至 6 月。基于以上考证，可知草稿起始于第 65 页的部分写于 1881 年上半年。

依据以上 3 个直接的论据所得出的结论是：第 8 稿第 42 页以后的几页最早写于 1880 年年末，估计写于 1881 年上半年。但是，关于马克思是在什么时候开始撰写的问题，仅凭这一点，我也只能说比这个时候要早。

在此引起关注的是在前文中提及过的用于第 8 稿的笔记本的黑色封皮。马克思在第 8 稿以前的第 2 部的所有草稿要么由他自己装订，要么只是把写好的草稿叠放在一起。只有第 8 稿的草稿写在买来的现成的笔记本上。这一点能否为推断撰写时期提供什么线索呢？笔者在社会史国际研究所调查了马克思从 19 世纪 70 年代中期起整理的所有摘要笔记的原件，发现与第 8 稿的笔记本一样的黑布皮封面的笔记本共有 4 本。各本所写明的日期分别是：①1880 年末~1882 年初⑥，（2）1881 年 1~5 月⑦，（3）1881 年 7~8 月⑧，（4）1881 年末~1882 年末⑨。也就是说，都是在 1880 年年末以后。前两本完全一样，后两本也与之相似。笔者将这些笔记本称为"黑衣贵妇人"，估计第 8 稿

① MEGA，Ⅱ/25，S. 217 – 243.

② MEW，Bd. 35，S. 149.

③ Ebenda，S. 159 – 161.

④ Ebenda，S. 194 – 195.

⑤ MEGA，Ⅱ/25，S. 243 – 244.

⑥ Exzerptheft，［Ende 1880 – Anfang 1882.］IISG，Marx – Engels Nachlaß，Sign. B162.

⑦ Exzerpte zu Pragen der Agrarverhältnisse in Rußland u. a.［Januar – Mai 1881］. Ebenda，Sign. B167.

⑧ Exzerpte zur Geschichte Frankeichs［Juli – August 1881］und bibliographische Notizen［Anfang 1883］. Ebenda，Sign. B165.

⑨ Exzerpte zur Geschichte Rußlands，Italiens，Englands u. a.［Ende 1881 – Ende 1882.］Ebenda，Sign. B166.

所使用的黑封皮笔记本也是其中之一。如果是那样的话，那么马克思是在 1880 年末以后开始撰写第 8 稿，我认为这可以作为一个旁证、一种状态证据。

让我们来概括一下。马克思最早是在 1880 年第 4 季度，最迟是在当年年末撰写第 8 稿，在 1881 年上半年搁笔。这一结论与在前文中介绍过的 4 种时间推断中古里戈里扬所推断的"1880 年初 ~ 1881 年末"最为接近。古里戈里扬的推断依据了 1936 年韦勒的推断。不过，我这里的推断将时间范围进一步缩小了。当然，就像哈里特诺夫所推断的那样，也不能排除是进入 1881 年之后才开始撰写的可能性。然而，那么主张的话，需要显示 1880 年没有着手撰写的证据，但笔者现在拿不出那样的证据。

综上所述，笔者通过基于 1997 年调查的考证，推断第 8 稿的撰写时期为"1880 年末 ~1881 年上半年"。MEGA 第Ⅱ部门第 11 卷的附属资料中关于第 8 稿的形成史的论述便是依据笔者的以上考证撰写的。

参考文献

［1］Antonowa，I. /W. Schwarz/A. Tschepurenko，"Der drittle 'Kapital' – Entwurf von 1863 ~ 1865 – Ein Überblick vor der Veröffentlichung"，*MarxistisheStudien*（Jahrbuch des IMSF），Nr. 7，1984.

［2］Chronik，*Karl Marx*，*chronik seines Lebens in Einzeldaten*，Moskau，1934. 冈崎次郎、渡边宽译：《马克思年谱》，青木书店，1960.

［3］Conrad，J.，"In welchen Etappen entstand das Manuskript des Hauptwerkes von Karl Marx?"，*Beiträge zur Marx – Engels – Forschung*，Heft 6，1980.

［4］Dawkins，B.，*Early man in Britain*，London，1880.

［5］*The English Catalogue of Books for 1880*，London，1881.

［6］Geikie，J.，*Prehistoric Europe – A Geological Sketch*，London，1881.

［7］Gemkow，H.，"Sigismund Ludwig Borkheim，" *Wissenschaftliche Mitteilungen* Heft 2，Berliner Verein zur Fördenung der MAGA – Edition e. V.，2003.

［8］IISG，*Marx – Engels – Nachlaβ*.

［9］*Marx – Engels – Gesamtausgabe*（MAGA），1975 – 2012.

［10］*Marx – Engels – Werke*（MEW），1956 – 1990.

［11］Miskewitsch. L. /M. Ternowski/A. Tschepurenko/W. Wygodski，"Zur Periodisierung der Arbeit von Karl Marx am 'Kapital' in den Jahren 1863 bis 1867"，Marx – Engels – Jahrbuch. Bd. 5，Berlin，1982.

［12］Müller，M.，"'Über Marx' Entwurf zum dritten Buch des 'Kapitals' von 1864/1865"，Beiträge zur *Marx – Engels – Farschung*，Nr. 25，1988.

［13］Otani，T.，"Zur Datienung der Arbeit von Karl Marx am Ⅱ. und Ⅲ. Buch des 'Kapital'"，*International Review of Social History* ⅩⅩⅧ，Part 1，1983.

［14］ Otani, T. , " ' Zur Datierung Von Marx ' Arbeit am zweiten Buch des ' Kapitals ' , insbesondere an ManuskriptⅧ", *MEGA – Studien 2001* , 2005.

［15］ Prospekt, *MEGA* , *Vierte Abteilung* : *Exzerpte* , *Notizen* , *Marginalien. Allgemeiner Prospekt der Bände* 13 *bis* 32 （ *Neufassung* ） . Überarbeitete Fassung Im Ergebnis der Beratung in der Unterkommission Ⅳ. Abteilung, Anfang März 1995.

［16］ Reports, " *Reports by Her Majesty' s secretaries of embassy and legation* , *on the manufactures* , *commers* , *& c.* , *of the countries in which they reside*" Part Ⅲ , London, May 1879.

［17］ Reuter, F. , *Ut mine Stromtid*, in *OlleKamellen* , Wismar, Ludwigslust, 1863.

［18］ Tanaka, K. und Izumi Omura, "Kontroversen zur Datierung und Anordnung der Texte von MEGA2 – Band Ⅱ/4. 3", *MEGA – Studien 2001* , 2005.

［19］ Vasina, L. , " Der werkgeschichtliche Platz von Manuskript Ⅱ zum zweiten Buch des Kapitals. Charakteristika Von Engels' Druckvorlage", *MEGA – Studien 2001* , 2005.

［20］ Weller, P. , *Marx. Ökonomische Maruskripte* , *Chronologisch geordnet.* ［Kartei zu Fonds Ⅰ , Nr. 2265/ 2266 , Moskau, am 26. Februar 1936］, RGASPI, 1936.

［21］ *Zur Einleitung* , *MEGA – Stuiden 2001* , 2005.

［22］ Волдырев, И. ［1980］, "Работа КМаркса над 《Капиталом》 в1863 – 1867 гг. ", 《Вопросы экономнкн》, № 2. 中野雄策译："1863～1867 年马克思的《资本论》写作",《世界经济和国际经济》第 50 集, 1980。

［23］ Выгодский, В. /Л. Миськевич/М. Терновский/А. Чепуренко ［1981］, "О периозации работы К, Маркса над 《Капиталом》 в 1863 – 1867 гг. , 《Вопросы экономнкн》, № 8. " 中野雄策译： "1863 – 1867 年 K. 马克思写作《资本论》的时期划分", 《世界经济和国际经济》第 56 集, 1982。

［24］ Григорьян, С. , "К вопросу о рукописях II тома 《Капитала》 К. Маркса," 《Научно – инфор – мационный бюллетень сектора произведенний К. Маркса иФ. Энгелъса》, № 19 , Москва, 1970.

［25］ Сочинения： Маркс, К. иФ. Энгельс, "Сочинения," Изд. 2 , т. 19 , 1961.

［26］ Сочинения： Маркс, К. иФ. Энгельс, "Сочинения," Изд. 2 , т. 49 , 1974.

［27］ Сочинения： Маркс, К. иФ. Энгельс, "Сочинения," Изд. 2 , т. 50 , 1981.

［28］ Флеровскій, Н. "Подоженіе рабочаго класса въ Россіи. Наблюденія и изслвдованія," С. Петербургъ, 1869.

［29］ Харитонов, Ю. , "Из истории разработкн марксисткой экономической теории," 《Вопросы истории》, № 2 , 1956.

［30］ Чепуренко, А. , "К вопросу о датирофке Ⅰ – Ⅳ рукописей второй книги 《Капитала》 К. Маркса," 《Научино сообщение и докменты по марксоведению》, Москва, 1981.

［31］ Чепуренко, А. , "Из истории второй книги 《Капитала》 Маркса," 《Очерки по истории "Капитала" К. Маркса》, Москва, 1983.

［32］市原健志：《〈资本论〉第 2 部第 3 篇第 19 章、20 章和第 2 部第 8 稿（1）～（2）》，《商学论纂》1987 年第 29 卷第 2、3 号。

［33］大谷祯之介［1981a］：《关于〈资本论〉第 2 部第 21 章〈积累与扩大再生产〉的草稿（上）》，《经济志林》第 49 卷第 1 号。

［34］大谷祯之介［1981b］：《关于〈资本论〉第 2 部第 21 章〈积累与扩大再生产〉的草稿（下）》，《经济志林》第 49 卷第 2 号。

［35］大谷祯之介［1983 - 2002］：《〈资本论〉第 3 部第 1 稿的第 5 章》，《经济志林》第 51 卷第 2 号～第 69 卷第 4 号。

［36］大谷祯之介：《再论〈资本论〉第 2 部以及第 3 部的撰写时期的关联——针对关于第 2 部第 1 稿的 MEGA 附属资料》，《经济志林》1989 年第 57 卷第 3 号。

［37］大谷祯之介：《关于〈资本论〉第 2 部第 8 稿的撰写时期——为了整理 MEGA 第 2 部门第 11 卷的附属资料》，《经济志林》1998 年第 65 卷第 4 号。

［38］大村泉：《新 MEGA 和〈资本论〉的成立》，八朔社，1998。

［39］田中菊次：《马克思〈资本论〉的收尾工作——新 MEGA 第 II 部门第 4 卷第 3 分册（计划 2003 年刊行）的重要性》，《经济》2002 年 12 月号。

［40］马克思：《资本的流通过程——〈资本论〉第 2 部第 1 稿》，中岭照悦、大谷祯之介等译，大月书店，1982。

西方主流经济学科学性的反思

王生升[**]

摘要 将实证分析与规范分析区别开来，将个人的主观价值判断排除在实证经济学之外，被大多数西方经济学家视为保证其研究科学性的关键。但事实上，科学就是科学家的活动，而科学家的活动总是受到特定的价值判断的影响，一切科学研究都离不开价值判断的影响。经济学的研究也不例外，它受到两类价值判断的影响，即方法论判断和利益判断的影响。本文指出，新古典范式是西方实证经济学的主流研究纲领，它统摄着西方主流经济学家的研究活动，是维护其经济理论以抵抗证伪冲击的关键要素。与这种方法论判断相一致的，是与资本利益相契合的第二类价值判断；作为资本主义社会的主流意识形态，它又为新古典范式的学术主流地位提供了良好的社会生存条件。总之，价值中立的实证经济学仅仅是一厢情愿的幻想，价值判断从根本上制约着实证经济学的发展。

关键词 实证经济学 价值判断 证伪 方法论判断 利益判断

在《人性论》中，大卫·休谟提出了一个重要的科学研究方法论原则，即不能从"是"的命题推导出"应该是"的命题，这一方法论原则被称为"休谟铡刀"。根据"休谟铡刀"，事实性研究与评价性结论之间存在严格的逻辑界分，从前者不能合乎逻辑地推论至后者；唯有加入特定的价值判断，才能实现从前者到后者的跳跃。据此，古典经济学家西尼尔和小穆勒将经济学研究划分为实证经济学与规范经济学两部分：实证经济学是有关经济现象和经济事实的科学说明，独立于经济学家的价值判断；而规范经济学是经济学家从其特定的价值判断出发，对经济现象和经济事实予以主观评价，并据此提出特定经济目标及相关经济政策建议。根据这种二分法，西方主流经济学家致力于建立一门"价值中立"的实证科学，并将这一特征树立为经济理论具备科学性的基本要件。具有讽刺意味的是，这种"实证科学"的共识仅仅存在于主流经济学家内部。在普通公众眼中，西方主流经济学在解释和预测经济衰退与危机时软弱无力，它的科学公信力远远低于物理学、化学等实证科学。

[**] 王生升，清华大学社会科学学院经济学所，副教授。通信地址：清华大学明斋214；邮编：100084。联系电话：13910490316；E - mail：wangss1973@126.com。

本文力图表明，西方主流经济学并不是一套业已被证实的科学理论，而仍然是一套令人大大生疑的假说体系。在这套假说体系的中心，是一类特殊的价值判断——方法论判断，"新古典范式"是这一方法论判断的简洁称谓，它在逻辑上先于经济学理论，统摄着西方主流经济学家的科研活动过程。不仅如此，现实世界中的利益斗争也影响着作为现实个人的经济学家的科研活动，借助于从业资格筛选和职业学术训练等环节，资产阶级有效地将另一类价值判断——"以资本为中心"的利益价值判断深深地植入西方主流经济学界，这种价值判断潜移默化地影响了西方主流经济学家对"新古典范式"的选择。正是这两类特定的价值判断，使得西方主流经济学无法成为"价值中立"的实证科学，事实上，这种经济学的历史合理性主要在于其所承担的为资本主义制度辩护的意识形态功能。

一 实证经济学尚未获得证实

对大多数公众而言，判定一项理论是否是科学的，其根本标准在于这种理论是否已经被客观事实所证实。例如，有关太阳系内各星体的运动轨迹的观测数据，证明了牛顿力学理论和运动理论的科学性；1919 年日全食期间恒星光线在太阳附近弯曲的观测数据，证明了爱因斯坦广义相对论的科学性；等等。

在很多人看来，西方主流经济学是有关"是什么"的经济学知识体系，是对客观经济现象理性分析的成果，是一门实证科学。迄今为止，西方主流经济学提供给我们的基本原理，如市场均衡理论、就业理论、货币数量理论等，都是已经被客观经济事实所证实的理论成果。相对于其他的社会科学理论，这些经济学原理更具有科学性，西方主流经济学因此成为社会科学皇冠上的明珠，它比其他社会科学更接近于自然科学的标准。

然而，将西方主流经济学视为已经受住实践检验的实证科学的论断，仅仅是门外汉们的不切实际的乐观想象。西方主流经济学从来不是一门已经被"证实"的科学原理，恰恰相反，经济学界尚未就基本理论分析框架达成普遍的共识，处于西方实证经济学中的主流理论不断遭到来自不同方向的批评与挑战。

经济思想史的常识告诉我们，从亚当·斯密创立古典经济学以来，经济学家之间的根本分歧从未消除甚至缩小。其中一个至关重要的原因，就是这些相互对立的经济学解释都能找到支撑其理论科学性的证实性证据。在这方面，一个非常明显的例子，是新古典就业理论与凯恩斯就业理论之间的根本分歧。根据前者的解释，市场机制是解决失业问题的最佳手段；关于这种就业理论的证实性证据，是 20 世纪 70 年代以来美英劳动市场的自由化改革对就业和经济增长的积极影响。根据后者的解释，市场机制不能自动实现充分就业，政府干预是解决失业问题的必要手段；关于这种就业理论的证实性证据，是 1929 年经济大萧条后的"罗斯福新政"及第二次世界大战后欧美各国政府成功的总需求管理实践。

相互对立的经济学理论都能够找到其所需要的证实性证据，这说明了两个基本事实。第一，经济学研究领域学派林立，至今仍未出现某个被广泛认可的基本理论框架。自边际革命以来，马歇尔创立的新古典静态均衡分析逐渐成为西方经济学的主流框架。然而，新古典分析框架获得主流地位并不等价于这一框架获得"普遍共识"；事实上，西方经济学界内部对这一分析框架的科学性与合理性的批评从未间歇过。毫无疑问，西方经济学界内部对新古典分析框架的最重大挑战来自于凯恩斯，他在《就业、利息、货币通论》中的解释偏离了静态均衡分析框架，强调产品市场、劳动市场与货币市场之间的相互关联及可能的内在不一致性。作为应对，希克斯、汉森、萨缪尔森等学者努力将凯恩斯的观点纳入到原来的新古典分析框架中，其成果就是新古典综合派的宏观经济理论。由于其秉承了新古典分析框架，因此这一成果迅速被认可为正统的凯恩斯主义，并随之成为第二次世界大战后的主流宏观经济学。但这种做法很快就遭到了另外一些凯恩斯主义者的强烈反对，以琼·罗宾逊夫人、斯拉法等剑桥学者为代表的经济学家强调凯恩斯理论对新古典分析框架的革命性颠覆，将新古典综合派的宏观经济学视为凯恩斯思想的"私生子"。"两个剑桥之争"及后凯恩斯主义学派的兴起，正是这些凯恩斯主义者对新古典分析框架的主流地位持久挑战的有力证明。跳出西方经济学的界限，新古典分析框架面临着更多的外部批评，其中最重要的批评无疑来自于马克思主义经济学。在马克思主义经济学家看来，新古典经济学的分析只关注于市场供求运动的表层规律，完全忽视了市场供求背后资本主义生产关系与生产力之间的矛盾运动，由此形成的经济理论根本不能解释现代资本主义市场经济的运动规律和发展趋势。

十分明显，在经济学领域中存在的上述学术分歧绝不是细枝末节的，而是根本性的，是有关选择何种前提假说和研究方法的根本性分歧。这种根本性分歧的持久存在，在很大程度上源自于各流派经济理论面临的相同尴尬处境：它们各自都能找到众多的证实性证据，同时也面临着众多证伪性证据的冲击。以新古典分析框架为基础的西方主流经济学，同样不能摆脱这种尴尬处境。作为一套假说体系，西方主流经济学远远不是一门被"证实"的科学。

二　实证经济学抵抗证伪性检验

作为一套假说体系，西方实证经济学的主流理论从未被令人信服地证实过。然而，这种状况并未引导西方主流经济学家将大部分智力资源用于经济学原理的检验；相反，稀缺的智力资源被主要投入到理论模型的精致化领域。西方主流经济学家对经验性检验问题的"忽视"，实际上源于其从古典经济学那里秉承下来的防卫性立场。简而言之，这种防卫性立场要求经济学家忽视经验性检验的重要性，通过各种"证伪免疫策略"来抵消证伪性证据对经济理论本身的冲击，以此来维护经济理论的正确性和权威性。

通过忽视证伪性检验来防卫经济理论的立场，可以一直上溯至古典经济学家的论述。在古典经济学家有关经济学本质和研究方法的论述中，我们能够清晰地看到这种防卫性立场及其辩护功能。古典经济学的集大成者约翰·斯图亚特·穆勒对这个问题的论述具有典型的代表性。他在《政治经济学的定义及其方法》中指出，经济学研究采用的是演绎方法，经济学的结论来自于若干抽象假设前提的推导，因此其结论仅仅在抽象的意义上为真。由于存在各种现实性干扰因素，因此经济学的结论不能用于解释或预测现实的经济事件。经济理论与现实之间的差距，并不能成为否定经济理论正确性的证据。[①] 十分明显，穆勒从经济理论的抽象特征出发，在经济理论与经济事实之间划开了一道鸿沟，以此抵御各种反常性事实对经济学理论的冲击。与穆勒相比，另一位古典经济学家 J. E. 凯尔恩斯的见解表达了更强烈的防卫性立场。凯尔恩斯认为：经济学的前提基于人性和世界的基本事实，如"以尽可能小的牺牲获取财富的欲望"和"自然力量尤其是土地的物质性质"等，这些前提并不包含任何假设的成分，而是绝对为真。从这些"真"前提出发，通过正确的逻辑推论，经济学分析可以得出相应的"趋势推论"，即断言存在何种可能趋势的推论。从逻辑上讲，经济学理论绝对为真，但这种逻辑为真的理论仍然有可能与事实不符，根本原因在于干扰性因素的存在。因此，经济学家应该运用经济事实对原理进行"证实"，其目的不在于检验经济理论是否正确，而在于确认该理论的适用范围，发现导致理论推论与事实不一致的干扰性因素。通过持续不断的经验性证实，经济学家能够越来越精准地界定经济学理论的适用范围和现实条件。[②]

古典经济学家的这种防卫性立场，意味着经济理论完全摆脱了经验性检验的约束，证伪性事实对经济理论的冲击事实上被彻底消解了。显然，这种"防卫性证实"立场的辩护色彩太过浓厚，它不断受到来自各方面的批评也就不足为奇了。

1934 年卡尔·波普尔出版了《科学发现的逻辑》一书，"证伪主义"科学标准逐

---

① 约翰·斯图亚特·穆勒：《政治经济学的定义及其方法》，载丹尼尔·豪斯曼编《经济学的哲学》，丁建峰译，世纪出版集团、上海人民出版社，2007。
② 马克·布劳格：《经济学方法论》，北京大学出版社，1990，第 87~91 页。

渐成为知识界大多数学者的共识。"证伪主义"的兴起对上述防卫性辩护构成了严重挑战。受此影响，弗里茨·马克卢普、保罗·萨缪尔森、米尔顿·弗里德曼等西方主流经济学家发表了一系列著述，强调运用经济事实对经济学假说的真伪进行检验。弗里德曼在《实证经济学的方法论》一文中指出的，"经济学理论实质上是一种假说体系，我们根据其对相关《解释》现象的预测能力来评价其科学性，唯有事实证据才能检验该理论的真伪。更确切地说，唯有事实证据，才能评判该理论是否被暂时接受或摒弃。"①。

然而，上述学者对"证伪主义"的强调也仅仅停留在口头，在实践中通行无阻的仍然是对经济理论的防卫性辩护。这种言行不一的典型例证，是弗里德曼关于回报最大化假说的检验。弗里德曼强调，"回报最大化假说的另一类更加重要的证据，来源于该假说在具体问题上的无数次应用，以及在反复应用中，该假说推论与现实结果并没有发生抵触这一事实。然而，我们很难为这一证据提供文件证明，这是因为它散落在为数众多的备忘录、文章和专著之中，这些材料主要与特殊的具体问题相联系，而与对该假说的检验并不相关。然而，在很长时间内人们对该假说的持续使用与普遍认可，以及未能创立和广泛接受另一种逻辑严密、自圆其说的替代性假说这一事实，间接而有力地证明了该假说的价值。"② 对此，阿奇博尔德批评道："不管弗里德曼在其他地方说了些什么，他并没有真正对检验收益最大化假说感兴趣，而是想方设法去巩固这个假说。……此外，一个假说所保持的时间和缺少一个广为接受的对手并没有提供对'它的价值的有力的、间接的公开承认'……每一个人们曾经坚持过的荒谬的教条都是以这种理由来辩护的。"③

一旦当证伪性事实的规模与影响超出了"可忽略不计"的限度，如何处理证伪性事实与理论的不一致性，就成为经济学家无法逃避的任务。一个相当普遍的选择方案，是为既有的理论增加新的辅助性假说或者修正既有理论的边界条件，以此抵消证伪性事实对理论本身的冲击，维护既有理论的有效性。这样的例子不胜枚举。20 世纪 70 年代"滞涨"现象对凯恩斯主义理论构成了巨大的冲击，然而"有效需求原理"并未因此退出历史舞台。一大批年轻经济学家通过引入价格黏性等新的辅助性假说，以重建凯恩斯主义经济学的解释力，这就是新凯恩斯主义经济学的兴起。另一个近在咫尺的例子，是 2008 年金融危机对新自由主义经济学的挑战。席卷全球的经济大衰退，并没

① 米尔顿·弗里德曼：《实证经济学方法论》，载丹尼尔·豪斯曼编《经济学的哲学》，丁建峰译，世纪出版集团、上海人民出版社，2007。
② 米尔顿·弗里德曼：《实证经济学方法论》，载丹尼尔·豪斯曼编《经济学的哲学》，丁建峰译，世纪出版集团、上海人民出版社，2007。
③ 马克·布劳格：《经济学方法论》，北京大学出版社，1990，第 129 页。

有从根本上瓦解市场原教旨主义的自由放任原理。大多数主流经济学家的工作重心，不是力求寻找引起危机的外部因素，就是修正自由放任原理的假设条件，其根本目的在于消除证伪性事实的冲击而不是证伪自由放任原理。

三 方法论判断是抵抗证伪性检验的关键

西方主流经济学家采取的防卫性立场，在整个科学界中都有类似的回应。在自然科学的典范——物理学的发展过程中，物理学家也同样表现出程度不一的防卫性倾向，其中一个典型的例子是牛顿引力理论面对天王星"反常性"运动时的辩护。19 世纪初期，有关天王星的观测资料与牛顿引力理论的计算结果之间出现了越来越大的"误差"，牛顿引力理论的正确性受到一些学者的质疑。面对这些质疑，一些物理学家提出了新的辅助性假说，用以辩护牛顿引力理论的正确性。他们认为，在天王星以外存在一颗尚未被发现的新行星，其存在导致了天王星运动轨迹的异常。亚当斯和勒维耶还依据牛顿引力定律，对这颗假设行星的位置和体积进行了估算。1846 年 9 月 23 日，天文学家伽勒依据估算结果在误差不到 1 度的位置发现了一颗新行星——海王星。

"海王星"被发现的事实表明，防卫性辩护的存在具有合理性。在科学发展过程中，防卫性辩护并不全是错误理论的遮羞布，有些防卫性辩护构成了理论进步的重要环节，对科学发展而言具有重要意义。科学史中防卫性辩护的持久存在，意味着证伪性检验的实质并非理论与经验的二元对立，一种若隐若现的"信念"凌驾于理论和经验之上，对科学家的证伪性检验活动实施了总体指导。20 世纪 60 年代，科学哲学家托马斯·库恩和伊姆雷·拉卡托斯分别提出了"范式"理论和"科学研究纲领"理论，这两大理论对科学体系中的"方法论判断"进行了剖析，揭示了这种判断对证伪性检验活动的统摄作用。

作为一名熟悉自然科学史的物理学博士，库恩发现，科学家的科研活动从来不是单打独斗，科学家总是隶属于某个科学共同体。各个科学共同体间相互区别的关键，在于其所信奉的不同"范式"。从表层内容看，"范式"由基本定律、模型、方法、技术等构成。在这种形式的下面，还隐藏着更深层次的引申内容。马斯特曼认为，"范式"首先隐含着某种特定的社会－心理层面的价值判断，如对科学成就和研究方法的评价标准；其次，"范式"还隐含着形而上学层面的观念态度，即某种特定的自然观和"世界图景"。以经典力学为例，其"范式"的表层内容包括牛顿运动定律和万有引力定律、将这些定律应用于物体运动的分析方法，以及由此派生的各种测量技术。而该"范式"的深层内容，则包括了有关物理学进步标准、科学研究方法等问题的评价标准，以及将物理世界看做力学机械系统的自然观等哲学观念。库恩指出，"范式"对科学共同体的科研活动具有方法论指示功能。一方面，"范式"具有认识功能，它培育了科学家的特定认知体系，从而能够识别出特定问题并提供标准化解决方案；另一方面，"范式"具有纲领功能，它为科学共同体的工作指示了方向，并规定了解决新问题的方法论原则。① 库恩的"范式"理论表明，所有科学研究都内含着某种特定的价值判断，即方法论判断，它实际上是科学理论体系得以存在和发展的哲学基础。

与库恩不同，拉卡托斯沿着波普尔的"证伪主义"线索提出了"科学研究纲领"理论。拉卡托斯指出，在科学理论体系的中心是各种"科学研究纲领"，这些纲领将科学理论体系划分成不同的门类和流派。牛顿的引力论、爱因斯坦的相对论以及马克思主义等，都是科学研究纲领。科学研究纲领是有结构的，它包括两个部分：第一，约定的"硬核"位于研究纲领的中心，由若干基本假说构成，是一个纲领区别于其他纲领的关键，是不可放弃、不可否证的；第二，由各种辅助性假说组成的"保护带"环绕在"硬核"周围，通过调整辅助性假说的内容，"保护带"有效地抵御了反常性证据的否证冲击。拉卡托斯指出，基于科学研究纲领的结构，存在两种基本的方法论规则，即反面助发现法和正面助发现法。反面助发现法的功能是保护"硬核"，它告诉科学家应当避免哪些研究途径，从而禁止把否定后件推理的矛头指向"硬核"，即禁止对"硬核"的否证。正面助发现法的功能是指示科学家的工作方向，主要包括如何改变和发展纲领、如何修改和精炼保护带等指令，即科学工作的研究方向、次序和政策等。② 不难看出，科学研究纲领中包含着一系列方法论判断，反面助发现法和正面助发现法实际上是对这些方法论判断的运用。

库恩和拉卡托斯的分析表明，科学知识是一种有结构的系统，这个系统的基础是一种特殊的价值判断——约定的方法论判断。库恩将这些约定的方法论判断称为"范式"，而拉卡托斯则称之为科学研究纲领。这类特殊的价值判断，首先是不同科学理论体系相互区别的深层次根源。其次，它们还规范着科学家的科研活动，约束其"信仰"特定理论，以防御性策略应对反常性事实，以此保证理论本身具有抵御证伪性冲击的韧性。

四 实证经济学中的方法论判断

与自然科学一样，经济学研究中也蕴涵着方法论判断，这类价值判断的存在使得"价值中立"的实证经济学仅仅是某些经济学家一厢情愿的幻想。与自然科学相比，经济学领域的分歧要大得多，不同经济学家组成不同经济学流派。使这些经济学流派相

---

① 托马斯·库恩：《科学革命的结构》，北京大学出版社，2003。
② 邱仁宗：《科学方法和科学动力学》，高等教育出版社，2006。

互区别彼此的表象，是这些流派所坚持的不同经济学结论。毫无疑问，经济学结论的差异，源于这些流派所信奉的不同的前提假设及分析方法。如果我们进一步追问，为什么不同经济学流派会选择不同的前提假设和分析方法，那么，方法论判断的重要性立刻凸显出来。事实上，方法论判断这类价值判断，构成了经济学各流派的"范式"或"研究纲领"。

在西方经济学的发展过程中，阿尔弗雷德·马歇尔创立的新古典经济学蕴涵着一系列特定的方法论判断，这些价值判断构成了实证经济学研究中的主流"范式"或"研究纲领"，我们可以称之为"新古典范式"或"新古典研究纲领"。从根本上说，"新古典范式（研究纲领）"包括三大方法论判断，即个人主义原则形式逻辑原则，以及均衡分析原则。这三大方法论判断贯穿到经济行为及市场活动的分析中，形成了西方实证经济学的基本理论：消费者均衡理论、生产者均衡理论、单个市场均衡理论、货币均衡理论、就业均衡理论以及一般均衡理论等。

"新古典范式"中首要的方法论判断是个人主义方法论原则，"经济人"假说是这一方法论原则的自然结果。大多数有关"经济人"假说的争论，都集中在在"自利"与"利他""理性"与"非理性"这两大主题上，而往往忽略了这一假说的方法论性质及其纲领功能。"经济人"假说的实质，是对个人主义方法论原则的认同与运用，这一方法论原则从根本上统摄着西方实证经济学主流理论的研究方向和预期成果。因此，"经济人"假说的真正意义，在于其对市场经济关系的个人主义解构功能。

学者马尔科姆·卢瑟福指出，个人主义方法论原则的关键，是从个人行为理论出发构造有关社会系统及其变迁过程的宏观理论。[1] 也就是说，"个人主义"要求排除一切先于"个人"存在的社会关系，纯粹独立的"个人"是全部实证经济学的最初起点。在西方主流经济学家看来，当把各种社会关系因素从个人行为中剔除后，"个人行为"的属性只剩下"自利"和"理性"；据此，理性自利的"经济人"成为实证经济学主流理论的合理逻辑起点。然而，理性自利的经济人行为并不必然会演进出分工与交换的市场合作关系，掠夺和战争同样是理性自利行为的合理历史结果。因此，在"新古典范式"中，"经济人"事实上隐含着一种特殊的社会关系属性，即市场交易属性。换而言之，市场交换关系是唯一被"新古典范式"所认可的社会关系结构，它构成了"经济人"进行理性选择的制度性前提；而与特定生产资料所有制相关的整个生产关系结构，则被完全排除在"新古典范式"的视野以外。正是基于这种个人主义方法论原则，西方实证经济学构建起有关市场经济活动的一般模式，即各种类型的市场

---

① 马尔科姆·卢瑟福：《经济学中的制度》，中国社会科学出版社，1999，第 38 页。

交换理论。由于排除了以资本主义生产资料所有制为核心的生产关系，因此，"经济人"相互区别彼此的唯一特征就在于其偏好和禀赋的差异，全部的经济活动都是平等个人间的交换活动。根据这种个人主义方法论原则构建起来的市场关系体系，实质上是一个"扁平型"的简单交换网络，而不是一个多层级结构的复杂系统。在这个"扁平型"的交换网络中，阶级分层、剥削、统治、暴力等表征社会系统结构与功能的范畴，根本没有存在的可能与必要。与这个"扁平型"交换网络相适应的政府，自然是充当"守夜人"角色的最小政府，其唯一功能就是维持市场秩序与提供公共物品。

"新古典范式"的第二个方法论判断是形式逻辑方法论原则，静态分析方法是这一方法论原则的直接后果。19 世纪 80 年代门格尔与施穆勒之间的方法论之争，确立了演绎方法的权威地位，形式逻辑推理随之成为西方主流经济学界唯一认可的分析工具。之后形成的"新古典范式"侧重于局部市场均衡分析，这进一步强化了形式逻辑推理的静态特征，这意味着辩证逻辑规律所要求的普遍联系与矛盾运动的方法论原则被完全放弃。在静态的形式逻辑方法论原则指导下，西方主流经济学将市场关系视为一个既定条件，是经济人理性选择以合理使用稀缺资源的外部框架。

不难看出，依据这种方法论原则形成的市场经济观，不过是牛顿经典力学理论在社会科学中的翻版，市场关系对应于经典物理学中的不变时空系统，经济人行为对应于经典物理学中的物体位移运动。保罗·萨缪尔森在 1948 年发表的著作《经济分析的基础》中，揭示了新古典经济学内含的"对应原理"，即如果要保证比较静态分析成立，则必须要求市场经济系统具有动态的宏观稳定性；也就是说，新古典经济学的比较静态分析总是暗含着特定的系统动态稳定性假说。[1] "对应原理"的存在实际上否定了那些引起市场经济动态不稳定的因素，特别是否定了资本主义生产关系中的对抗性矛盾。而一旦否定了这些对抗性矛盾，资本主义生产关系就不再具有实质性内容，它实际上已被排除在经济学分析之外。显然，这一结果与个人主义方法论原则对抽象市场关系的肯定是前后呼应、内在一致的。

从价值论到价格论的转换，突出反映了新古典经济学对静态形式逻辑方法论原则的贯彻。古典经济学中的商品价值概念具有多种不同的内涵和外延。从辩证逻辑的维度看，这并不是思维逻辑的混乱，而不过是社会生产过程中的矛盾运动在思维中的再现。生产力与生产关系的矛盾运动，导致社会生产关系发生变化；这种变化随之改造了商品生产与交换的内容与形式，商品价值概念因此具有不同的内涵和外延。但从静态的形式逻辑维度看，社会生产关系的变化与"动态系统稳定"假设相互冲突，有必

---

① 马克·布劳格：《经济学方法论》，北京大学出版社，1990，第 110～114 页。

要通过"假定其他条件不变"来把这种变化排除在经济学分析视野以外。一旦否定了社会生产关系的变化，价值概念的多重含义立刻被视为逻辑混乱的根源，价值理论因此被排除在新古典经济学的基本议题之外。此后，新古典经济学家的研究重心集中到市场交换活动的量的规定性方面，而有关市场交换活动的质的规定性，即市场交换背后的社会生产关系则被完全忽略了。

"新古典范式"的第三个方法论判断，是均衡趋势方法论原则，均衡分析方法是这一方法论原则的自然结果。随着资本主义文明在物质生产领域取得的巨大成功，资本主义市场经济被很多人视为自然和谐的理想状态，经济、政治及社会矛盾仅仅是这一理想状态的短暂插曲。均衡趋势方法论原则从根本上正是源于这种"和谐经济图景"的本体论判断。"新古典范式"在认同市场经济和谐观的基础上，将这种和谐细化为各类市场均衡的线性加总：产品市场均衡意味着，市场供求双方各自实现了效用和利润最大化，二者利益和谐共生；要素市场均衡意味着，要素供求双方各自实现了收益最大化，二者利益和谐共生；总供求均衡通常表述为萨伊定律或一般均衡理论，它意味着产品市场和要素市场可以同时实现均衡，所有市场参与者的利益都是和谐共生的。

事实上，资本主义市场经济中的矛盾是多重的，这些多重矛盾不仅直观地表现为各阶层间的矛盾冲突，而且也表现为经济结构的持续性失衡和宏观经济的周期性危机。然而，在均衡趋势方法论原则的支配下，西方主流经济学研究的主旨，不在于试图否定均衡趋势本身，而在于揭示引起经济偏离均衡状态的干扰性因素。在经济思想史中，通过增加新的辅助性假说来维护均衡趋势方法论原则的例子一再出现，其中最为典型的当属凯恩斯革命的新古典改造。1936 年出版的《就业、利息与货币通论》及继起的凯恩斯革命，迅速扩大了有效需求不足理论的影响力，这无疑对"新古典范式"的总供求均衡原则构成巨大挑战。从 20 世纪 40 年代开始，一大批主流经济学家开始致力于调和凯恩斯革命与"新古典范式"的分歧。经过希克斯、莫迪利安尼、克莱因、萨缪尔森等学者的努力，凯恩斯革命最终被同化进"新古典范式"中来，并由此形成了以新古典综合派为代表的正统凯恩斯主义理论。在正统凯恩斯主义理论框架中，基于有效需求不足的非充分就业状态，或者源于劳动市场货币工资刚性，或者源于货币市场的流动偏好陷阱，或者源于商业不景气引起的投资缺乏利率弹性。第一种原因被视为工会垄断或政府干预对自由竞争原则的人为扭曲，而后两种则被视为市场经济过程中少之又少的极限状况。当出现源于总需求不足的市场失衡时，市场自身能够通过"凯恩斯效应"和"庇古效应"自动调整到均衡状态，政府干预的主要功能在于缩短这种调整过程的时限。经过上述弱化，凯恩斯革命所涉及的有效需求不足问题成为"新古典范式" 的特例，充分就业均衡仍然成为自由竞争市场经济的常态。①

五　方法论判断背后的利益斗争

以上分析表明，实证经济学与自然科学一样都蕴涵着特定的方法论判断，它不可能实现绝对的 "价值中立"。不仅如此，由于实证经济学的研究对象是人与人之间的利益关系，因此，经济学家的研究不可能完全超越各种社会利益集团的现实影响，这使得另一类价值判断——利益价值判断——强烈影响了经济学家对特定方法论判断的选择，"价值中立" 经济学在现实世界中根本不存在生长的空间。

在米尔顿·弗里德曼看来，利益价值判断在经济学研究中仅仅具有次要的地位，"……有关公共政策的分歧，主要地根源于对行动导致的经济结果的不同推测，从原则上说，通过实证经济学的发展，我们就能消除这些分歧。"② 即便如此，弗里德曼仍然不得不同时承认，"在某种程度上，有关实证经济学和规范经济学的混淆是无法避免的……实证经济学的结论似乎是、并且确实是与一系列重要的规范问题直接相关。"③与弗里德曼的乐观判断相比，1987 年诺贝尔经济学奖得主罗伯特·索洛对规范性价值判断的地位表达了更为谨慎的见解。索洛指出，"社会科学家和其他人一样，具有阶级利益、意识形态信念和各种各样的价值观。但是，所有的社会科学研究不用于研究材料强度和血色素分子结构，它们和意识形态、利益和价值的关系特别近。不管社会科学家是否接受和是否知道这些，甚至是否和它们做过斗争，但他对研究领域的选择、提出的问题、不愿提出的问题、他的研究框架、他的用词方式，都可能在某种程度上反映他的利益、意识形态和价值观。"④

"新古典范式" 是西方主流实证经济学的方法论判断的核心内容。在选择这套方法论判断体系时，西方主流经济学家客观上受到了资本利益集团的巨大吸引和扶持。上一部分的分析表明，"新古典范式" 所设定的研究纲领有助于生成出一种认同资本主义制度合理性的经济理论，这无疑与资产阶级的总体利益是完全一致的。

通过对新古典经济学发端史的考察，美国经济学家迈克尔·佩雷曼揭示了 "新古典范式" 利益价值取向。佩雷曼指出，马克思主义经济学对工人阶级运动的理论支持及其巨大影响，导致很多经济学家对资本主义社会的稳定性忧心忡忡，他们觉得有必

① 布赖恩·斯诺登、霍华德·文、彼得·温纳齐克：《现代宏观经济学指南》，商务印书馆，1998。
② 米尔顿·弗里德曼：《实证经济学方法论》，载丹尼尔·豪斯曼编《经济学的哲学》，丁建峰译，世纪出版集团、上海人民出版社，2007。
③ 米尔顿·弗里德曼：《实证经济学方法论》，载丹尼尔·豪斯曼编《经济学的哲学》，丁建峰译，世纪出版集团、上海人民出版社，2007。
④ 罗伯特·索洛：《经济学中的科学和意识形态》，载丹尼尔·豪斯曼编《经济学的哲学》，丁建峰译，世纪出版集团、上海人民出版社，2007。

要将经济学重建为一门关于交换而非生产的科学，其结果是 1870 年前后出现的"边际革命"。"通过强调对交换关系做形式上的数学化处理，经济学家就可以摆出一副更加科学的姿态。而且，从交换的角度进行的经济分析在遮盖利益冲突方面似乎相对更有效一些。因为双方都必须从自愿的交换中得益，否则交换就永远不会发生。"① 伴随着这种研究主题的变换，是"政治经济学"名称被"（纯粹）经济学"的取代。通过这种名称的变换，"马歇尔期望他的读者像他一样接受经济学为一门客观的科学，能够代表社会的整体利益。据认为，这一新的经济科学可以证明作为一个整体的资本家（区别于具体的资本家）的利益就是整个社会的最佳利益。"②

"新古典范式"对资本主义市场经济制度合理性的认同，使得它迅速成为资产阶级及其国家的"上乘之选"。凭借其对经济资源的控制权，资产阶级及其国家有能力左右"从业资格筛选"环节。在"消费者主权"的名义下，资产阶级及其国家以更高的买方要价来释放出对"新古典范式"的显著需求，从而遴选出那些信奉"新古典范式"的经济学家，并将其中的佼佼者树立为经济学研究的精英与权威。正是在这里，利益价值判断对西方实证经济学的发展发挥了持久而深远的影响。

在西方经济学界，是否信仰"新古典范式"，已经成为一名经济学家能否进入主流学术圈子的首要条件。对于这一点，曾任美国国防部首席经济学家的阿兰·安瑟芬的回答非常清楚。他指出："我们（在国防部）运用的分析工具，是最简单、最基本的经济理论概念和最简单的量化方法。完成这类工作所要求的只是透彻理解和——如果你愿意，也可以说是——信仰诸如边际产出和边际成本这些概念是适当的……我们（在国防部）运用的经济理论，是那种我们当中大多数人在大学二年级时学的东西。之所以需要博士加盟，只是因为直到他们经历了研究院生涯并（通过流行经济理论）获得了既得利益之前，许多经济学家并不相信他们所学过的经济理论。"③

特别是当资本主义经济陷入困境时，资产阶级及其国家对经济学家的"筛选"会更加积极，利益价值判断对实证经济学的影响也表现得更为明显。艾德华·赫尔曼的研究表明，20 世纪 70 年代美国经济陷入滞涨困境时，"公司联合体继续保持攻势，想要改变智力环境以证明降低工资和税收的合理性。商界将大量的钱投入思想储蓄库中的'保守派的迷宫'，为'自由企业'教席的得分提供资金，赞助了许多大学里的系列讲座和学者的个人研究。用遗产基金会首脑埃德文·福尔纳的比喻说，就像宝洁公司销售肥皂的意图一样，商界的意图就是让知识市场提供支持适当的政策结论的研究

① 迈克尔·佩雷曼：《经济学的终结》，经济科学出版社，2000，第 6 页。
② 迈克尔·佩雷曼：《经济学的终结》，经济科学出版社，2000，第 6～7 页。
③ 迈克尔·佩雷曼：《经济学的终结》，经济科学出版社，2000，第 19 页。

和'专家'意见。这是一种强有力的、有特定结论的知识服务'需求'。"①由此产生的直接后果是,以"芝加哥信条"为代表的新保守主义经济学——更美化的称谓是新自由主义经济学,迅速成长为美国经济学的主流趋势,私有权优先性、市场灵活性及国家干预无效性等保守主义观念相应获得美国经济学界的普遍认可。对于这种状况,彼得·华伦不无骄傲地表示:"文化多元主义、女性主义、解构主义和其他时髦的激进思想潮流的缓慢侵蚀,已经扩散到美国大学的几乎每个研究分支。但经济学看起来已形成一种抵抗这类疾病的免疫力,它是未被激进左翼思想占领的少数几个专业之一。被大批教授所诅咒的市场资本主义在经济系依然非常繁荣,凯恩斯主义在这里一直无法阻止古典自由市场思想的各种分支的成长壮大。"②

六 总结

在《政治经济学的范围与方法》一书中,约翰·内维尔·凯恩斯强调,对实证经济学与规范经济学区别的混淆,是大多数经济学谬误的根源,经济学家的任务是创立一门准确无误的、实证科学的政治经济学。③ 然而,上文的分析表明,尽管西方主流经济学以实证科学自居,但它并不是"价值中立"的客观科学,"新古典范式"所代表的方法论判断及旨在维护资本总体利益的价值判断,从根本上规制了西方实证经济学的选题、方法、结论及政策建议。2008 年夏秋之交爆发的金融危机及随后的全球性经济大衰退,没有引起西方主流经济学界的自我反思与批判。究其原因,就在于上述两类价值判断对西方实证经济学研究的强大统摄力。经济思想史中的无数事实表明,西方主流经济学从来不是一门价值中立的实证科学;相反,特定的方法论判断和利益价值判断紧密结合在一起,为西方主流经济学的"实证研究"规定了基本研究纲领,它从根本上统摄着西方主流经济学的研究对象、研究方法和研究结论。

参考文献

[1] 布赖恩·斯诺登、霍华德·文、彼得·温纳齐克:《现代宏观经济学指南》,商务印书馆,1998。

[2] 罗伯特·索洛:《经济学中的科学和意识形态》,载丹尼尔·豪斯曼编《经济学的哲学》,丁建锋译,世纪出版集团、上海人民出版社,2007。

[3] 马尔科姆·卢瑟福:《经济学中的制度》,中国社会科学出版社,1999。

———————————

① 迈克尔·佩雷曼:《经济学的终结》,经济科学出版社,2000,第 21 页。
② 迈克尔·佩雷曼:《经济学的终结》,经济科学出版社,2000,第 21 页。
③ 马克·布劳格:《经济学方法论》,北京大学出版社,1990,第 91~96 页。

［4］马克·布劳格：《经济学方法论》，北京大学出版社，1990。

［5］迈克尔·佩雷曼：《经济学的终结》，经济科学出版社，2000。

［6］米尔顿·弗里德曼：《实证经济学方法论》，载丹尼尔·豪斯曼编《经济学的哲学》，丁建锋译，世纪出版集团、上海人民出版社，2007。

［7］托马斯·库恩：《科学革命的结构》，北京大学出版社，2003。

［8］约翰·斯图亚特·穆勒：《政治经济学的定义及其方法》，载丹尼尔·豪斯曼编《经济学的哲学》，丁建锋译，世纪出版集团、上海人民出版社，2007。

［9］邱仁宗：《科学方法和科学动力学》，高等教育出版社，2006。

约定主义、解释共同体以及两大流派的分析特质
——马克思经济学和西方主流经济学的引导假定之比较

朱富强**

摘要 马克思经济学和西方主流经济学都为其理论研究预设一个参照系，以作为更好地分析和解释现实的标尺。但是，这两类参照系的性质是不同的：马克思经济学的参照系是一种理想状态，体现了事物的本质，应该具有现实性和可实现性；相反，西方主流经济学所预设的抽象假设，仅仅是为了解释的方便，不具有现实性和可实现性。正因如此，两者所起的作用也是不同的：西方主流经济学逐渐蜕变为一种解释性的学科，而马克思经济学则不仅要认识世界还要改造世界。显然，从解决问题这一科学的根本目的来看，马克思经济学的研究路线比西方主流经济学研究方法更全面，所设立的理想状态也更有意义。

关键词 马克思经济学 西方主流经济学 参照系 理想状态 抽象假设

一 前言

我们知道，迄今为止的各经济学流派都是建立在特定的引导假定基础之上的：它们都是在特定的解释共同体范围内按自身的标准进行自圆其说的演绎和证明的。为此，程恩富在《现代马克思主义政治经济学的四大理论假设》一文中就把马克思经济学和主流经济学都置于假设的基础上进行了讨论。[①] 问题是，两者的假设设定的性质是否相同？一个明显的现象是，西方主流经济学的假设往往是非现实的，甚至是永远不可能存在的，那么，马克思经济学的假设是否也具有这种非现实性？显然，如果两者的假设具有非现实性的话，两者的差异就仅仅体现在研究者主观设定的假设前提上，而研究框架或程序上就没有什么差异。在这种情况下，实际上也就没有马克思经济学和西方主流经济学之分，都可以遵循钱颖一指出的一般分析框架：视角（Perspective）、参照系（Reference）或基准点（Benchmark）、分析工具（Analytical Tool）。相反，如果两者的假设特性是不同的，那么，我们就需要对两种假设进行比较，并由此挖掘两者在研究路径上的差异，从而对两大理论的合理性进行比较。

** 朱富强（1971.6—），男，江苏丹阳人，现任教于中山大学岭南学院；联系地址：广州市新港西路135号，中山大学岭南学院，510275；电话：(020) 84111007, 13539936545；E - mail: zhufq@ mail. sysu. edu. cn。

① 程恩富：《现代马克思主义政治经济学的四大理论假设》，《中国社会科学》2007年第1期，第16～30页。

新的问题是，假设之间可以进行比较吗？用学术语言来表述就是，相互竞争的引导假定之间是否存在可通约性？赞成不同的引导假定的科学家之间是否可以或如何进行对话、交流？迄今为止，绝大多数科学哲学家和方法论专家都认为不同的引导假定之间存在不可通约性，它表明，相互异质的研究传统使得人们之间的争执和讨论达到理性的一致是不可能的，人们说着不同的事情，即使使用相同的语词实际上也是在表达不同的意思。既然如此，我们又如何对不同的引导假定进行优劣比较呢？劳丹认为，科学是一个寻求解决问题的体系，知识的进步在于解决越来越多的重要问题；也就是说，我们在对不同流派进行比较时，最根本的标准是看它们解决问题的能力。事实上，正是基于不同的引导假定，马克思经济学与西方主流经济学在分析、预测和处理社会问题上也存在很大的不同，为此，本文就重点探究两者在引导假定上的差异。

二 约定主义、解释共同体和经济学流派

我们知道，最早对科学的理解是建立在经验主义和实证主义的基础上，但是，基于经验列举的归纳不完全性却引发了"休谟难题"。为解决这个难题，波普尔提出了可证伪性的科学划界标准，但问题是，现实的科学理论往往是由一组全称命题构成的，它不像"凡天鹅皆白"这样一个单一命题那样容易遭到否定。特别是在经济学界，由于各种影响因素错综复杂地联系在一起，而每个理论都有各种保护性假设，因而经济学理论的发展很少遵循猜想－反驳的机制。正如迪梅尼和莱维写道："经济理论的发展不是随着不断发生的证伪过程而发展的，而是随着社会动荡、大范围的经济危机或政治危机而发展的。众所周知，凯恩斯理论曾（暂时地）一度走向了前台是由于大萧条、新政和第二次世界大战的结束——一系列已经明确地证明经济学中政府不干预的自由市场政策的失败以及国家干预的巨大力量。在 20 世纪 70 年代的经济不景气形势下，物价上涨使得'新古典主义学派'占据了主导地位。尽管反对马克思主义的流派很长时间以来（或者从一开始）一直批判东欧的经济实践，但是东欧的失败是对作为一个重要的非正统模式的马克思主义经济学致命的打击，甚至也是对长期以来一直批评这些实验的马克思主义派别的致命打击。"①

正因如此，库恩提出了取代波普尔证伪主义的库恩范式，强调某个科学共同体开始都遵循某个单一的范式，该范式框架内进行研究的人都在从事常态科学，只有当该范式结构被另一种范式结构所取代时，才会出现革命性的科学进步。拉卡托斯则扬弃地吸收了库恩和波普尔的部分思想而提出了研究纲领概念，从而进一步发展了库恩范

---

① 迪梅尼、莱维：《经济学应该是一门硬科学吗》，载多迪默、卡尔特里耶编《经济学正在成为硬科学吗》，张增一译，经济科学出版社，2002。

式：科学革命的过程就是一个进步的研究纲领取代一个退步的研究纲领，而一个研究
纲领则由硬核和保护带构成；其中，硬核构成了一个研究纲领的基础，而保护带则作
为附加假说起到保护硬核免遭否证的作用。劳丹则认为，科学是一个寻求解决问题的
体系，解决问题的能力与"真实性"没有任何直接的联系，从而要由问题产生理论；
为此，他提出，不应以"逼真性"而是以"进步"来构设合理性模式：合理性在于选
择能最大限度地增进知识进步的研究传统，而知识的进步在于解决越来越多的重要问
题。显然，无论是库恩的科学范式、拉卡托斯的研究纲领还是劳丹注重"研究传统"
的见解，它们都认为，科学变化的最主要单元是一些大的、生存期相对长的概念结构
或"引导假定"；而一旦这些引导假定被接受后，它们就不会轻易地遭到放弃，即使在
面临反常的经验事实时也是如此。而且，这些见解与波普尔的思想也不是截然对立的。
事实上，波普尔就提出，社会科学一概采用"情境分析"和"环境逻辑"的方法：当
一个行为者没有按预期的那样表现时，经济学家往往会改变对环境的描述，直至他们
看到了通常作为理性的当事人对一系列目标与限制的反应的预期行为的出现。

　　显然，这种相对主义的科学观具有明显的约定主义特点，约定主义方法论不承认
"自明的真理"，相反，它由一组（社会的）惯例或决策准则所组成，这些惯例或决策
准则是被用来具有接受的一项假定的理论或从一组竞争的理论中选择一项理论。约定
主义源于马赫主义，马赫把思维经济性原则作为其科学方法论和认识论的基础而扩展
了假设主义，并通过对假设主义的约定化发展了约定主义；即科学理论是科学家根据
简单性质原则共同约定出来的一种假设，科学发展实质是约定或假说推翻的过程。而
这种约定主义与逻辑实证主义又是相通的，因为逻辑实证主义对早期实证主义的发展
就在于：将对事实的信奉延伸到对事实逻辑的信奉，把那些能够被经验事实的直接证
实或者被逻辑分析的间接证实的命题都视为有意义和可信的。正是基于对事实逻辑的
信奉，逻辑实证主义逐渐接受了约定主义的引导假设：首先是在一些检验性观察的基
础上提出一定的命题，而对其接受却取决于进一步的证据以及渗透在观察中的理论
预设。

　　也正是由于引导假定本身无法做出优劣的绝对判断，因为理论科学家们往往只是
对它们做一定程度的相互比较，从而导致相互竞争的引导假定的共同存在；而且，对
引导假定展开的争论不仅出现在一个特定时期，而是发生在整个科学发展过程中，因
为任何新的引导假定很少能吸收其先前的引导假定的所有解释上的成功。与此同时，
基于形形色色的引导假定，经济学界形成了一个个对内相呼应、对外相排斥的解释共
同体，如一般均衡理论、凯恩斯主义宏观经济学、计量经济学、新古典宏观以及其他
专业化领域都可被视为解释共同体。显然，这种解释共同体有两个基本特点：一方面，

不同的理论形成不同的解释共同体，不同的共同体产生不同的，或许相互之间都不能理解的解释；另一方面，解释共同体在他们的限制内又使文本稳定化，稳定的文本有可能受制于原则性的争论。例如，费什写道："沟通只发生在系统（内容、情境或解释共同体）内部，两个或两个以上的人达成的理解对系统是明确的，而且只有在它的范围内是确定的……这种理解才是充分的……一种超越或跨越情境的理解，即使能够做到，在世界上也是无法立足的"。[①]

进一步地，基于特定的解释共同体，经济学内部又发展出了形形色色的流派；而且，由于这些流派往往基于截然不同的引导假定，以致迄今为止经济学各流派之间都无法形成一个"能够结束所有争论的最终标准或裁决者"。正如温特劳布写道的，"事实上，人们不可能用一个方法论的命题驳斥或否定一个经济学的主张。经济论断，就像对通货膨胀的解释，总是要在经济学范围被评估。不存在独立的评估基础：哲学不可能构建通货膨胀理论"。[②] 同时，不仅经济学理论本身有各种附加条件而具有不可验证性，而且证实或确证标准作为经验科学的合理构想本身也难免成为"约定"和"建议"；因此，尽管经济学的理论不断变化以及每种思想也都在经历重复的兴衰轮回，但却很少会完全消逝。正是在逻辑实证主义的支配下，主流经济学往往只是在特定引导假定下做些细枝末节的检验工作，而这种工作并不能对主流经济学的理论进行批判和反思。霍奇逊就写道："主流理论并不因为在经验上不精确而错误。它不是因为数据不相符而被认为是不切实际的。它能与任何数据相适合。因此没有数据能驳倒这个理论。仅仅借助于证据并不能驳倒这个理论。偏好逆转和其他'不规则'选择的试验证据，可能会引导我们追寻一个不同的、更好的理论，但是它并不能在原则上驳倒这个建立在效用和理性选择基础上的旧理论"。[③]

显然，正是由于现代经济学理论是建立在特定的引导假定的基础上，因而经济学解释共同体具有了明显的"我向思考"（Autistic）的特点；结果，按照不同解释共同体的经济学理论，同样一项经济政策，既可以解释为有利于增加就业，也可以解释为可能增加失业，关键在于由哪一位经济学流派或权威来加以解释。而且，这种封闭式共同体的存在也造成了流派之间界限森然、缺乏沟通，这在当前中国的马克思经济学和政治经济学之间表现得尤其明显：正是两者之间存在严重的价值分歧，其关系主要

① 胡佛：《实用主义、实效主义与经济学的方法》，载巴克豪斯编《经济学方法论的新趋势》，张大宝等译，经济科学出版社，2000。
② 胡佛：《实用主义、实效主义与经济学的方法》，载巴克豪斯编《经济学方法论的新趋势》，张大宝等译，经济科学出版社，2000。
③ 霍奇逊：《经济学是如何忘记历史的：社会科学中的历史特性问题》，高伟等译，中国人民大学出版社，2008，第 277 页。

体现为对立和排斥而不是相互补充。正因如此，这些不同的解释共同体往往依据特定的术语和逻辑体系进行逻辑上的诠释，而共同体之外的批判往往被置之不顾，从而很难从外部汲取营养来发展自身。例如，一般均衡理论不可能收到关于或然性知识的认识论观点的有效批驳，新古典经济学也不可能收到来自黑格尔主义的历史方法论传统的批驳，因为两种批判的古典都是外在于经济学的，所以不可能像它们的批判对象一样加入统一解释共同体。

特别是，逻辑实证主义在一定程度上与描述主义和工具主义形成了一脉相承的关系：描述主义把科学的目的仅仅视为描述客观世界，工具主义虽然强调理论不是描述的综合，但也认为，理论性陈述根本不是什么正确与否的判断，而仅仅是语言或观念的工具，人们利用它们把一系列的事实转向另一系列的事实，从而成为科学家们发现新现象的启示式工具，或者是允许从一组实验数据推导出另一组数据的"推断许可证"。显然，正是描述主义者的理论引发了逻辑实证主义者用观测性描述来翻译理论性陈述，因而就存在一条描述主义→工具主义→逻辑实证主义的发展轨迹。例如，弗里德曼就认为，重要的是提出一个推理方法来对实际资料进行分类、组织以加深人们对资料的理解，从而抽出一种假说，而假说是否真实并不重要。而且，由于逻辑实证主义无论是在解释的逻辑、确证的逻辑或理论构建的逻辑上都存在着严重的缺陷，导致了它无论是在解释、预测还是指导实践的层次上都很不成功。劳森指出，"正是这样不加怀疑地依赖于这一推理这一点，使我们得以理解最近 50 多年来当代经济学失败的根源所在"。[1] 因此，随着在预测上的接连碰壁，在逻辑实证主义支配下的现代经济学各流派逐渐转变为解释性的而不是预测性的学问，更不是用于改造社会的学问，各经济学流派都基于特定的解释共同体对现象做一些描述或解释性工作。

三 两类参照系的比较："理想状态"和"抽象假设"

上面的分析指出，理论研究的根本目的就是要增进对社会现象的认知以及提高对社会实践的能力，从根本上改造现实生活中不合理的社会制度；正是基于这一基本诉求，马克思曾强调，问题不在于认识世界，而在于改造世界。显然，认识世界也是为改造世界服务的，而改造世界必然会打上个人的印记，它首先要对改造目标有个初步的认识。事实上，我们在改造世界的时候固然要提防理性的自负，但如果没有"改造"世界这一目标，不管是个人直接的改造行为还是通过知识的传播来间接促发他人的改造行为，那么，学者都将丧失其存在的意义。也正是基于改造现实生活中不合理社会

---

① 劳森：《一个经济学的实证主义理论》，载巴克豪斯编《经济学方法论的新趋势》，张大宝等译，经济科学出版社，2000。

制度的基本诉求，以马克思为代表的古典经济学在进行理论研究时遵循了从本质到现象的基本思维；只有认清事物的本质，同时剖析现实中的缺陷及其成因，才能寻找到解决问题的合理办法。为此，马克思经济学把本质作为衡量现状异化程度以及未来复归的基本参照系或理性状态，正是基于这种理想状态，我们可以对现状的合理与否进行评述；并且，通过对现实制度内在缺陷及其成因的剖析，有助于寻找到解决问题的合理办法。

相反，自边际革命以后，西方主流经济学就开始将经济学的理论和应用区分开来。例如，内维尔·凯恩斯就认为，"理论和现实的研究不应该被系统地搞到一起，或者被杂糅在一起"，因为"把实证研究与规范研究放在一起来讨论这种想法，有可能妨碍我们对其中某一个问题做出清晰的不带偏见的回答"，"把理论研究与实际研究结合起来，有可能把大众的似是而非的判断理论化为一些经济现象的本质"。[①] 正因如此，主流经济学所主张的理论经济学就逐渐朝两个方向发展。一是构建纯粹公理体系的数理模型，这种纯粹公理体系仅仅是象牙塔里自我思维的形式或概念产物，它不要求经济学能够对经济行为人的行为以及经济作为一个整体的运行给以可靠的指导，更不把经济学视为一门经验的科学。二是将实证经济学从经济学中独立出来，强调实证经济学是客观性描述的学科而不是预测性的学科，实证经济学的这种客观性经过弗里德曼等人的宣扬而成为主流经济学的共识。正是由于主流经济学家越来越偏重数理模型和实证分析，理论经济学的作用就逐渐被限定在解释世界这一层次上，而越来越不涉及预测未来和改造实际等问题；当然，为了能够更好地进行解释，也需要设定一定的参照系，这就是主流经济学中的预设前提。

显然，尽管古典经济学的本质探究和西方主流经济学的先验假设，都为经济学的理论研究预设一个先验的理想状态，把它作为理论分析的基准或参照系和更好地理解现实的标尺；但是，由于两者的理论研究目的存在如此的差异，因而它们在对理想状态或预设前提的设定上是根本不同的。事实上，程恩富等人试图以"理论假设"这一共性媒介将马克思经济学和西方主流经济学沟通起来，从而为两者的交流和对话提供一定的平台；但是，仅仅停留在这一点上还是很不够的，甚至可能引起相反的效果，而更主要的是要对两者的差异做清晰的界定。只有通过分析两类引导假定上的差异，我们才可以真正理解马克思经济学何以能够用于社会实践的理论指导，理解西方主流经济学为何越来越蜕化为一门解释性的学科；同时，也可以真正挖掘马克思经济学在理论研究上的系统性和全面性，挖掘西方主流经济学的理论危机。

---

① J. 内维尔·凯恩斯：《政治经济学的范围与方法》，党国英、刘惠译，华夏出版社，2001，第 27～28 页。

事实上，马克思经济学和西方主流经济学之所以在实践应用上存在如此差异，很大程度上与它们的社会哲学观密切有关。

一方面，马克思经济学基于演化的社会冲突观把社会中的个体利益视为对抗性的，从而关注每个人的应得份额；在某种意义上，这种应得份额也就是该事物的本质，是要通过制度变革实现的理想状态。同时，马克思经济学又采取了平均主义方法来分析社会行为和宏观社会经济现象，关注的是价格、工资、利润等的社会平均量，并将它们视为由社会力量结构决定并随着社会力量的变动而变化，而社会力量结构又与社会制度密切相关；在很大意义上，它主要通过社会制度的剖析探究现实社会中的利益分配，并通过社会制度的改进来影响社会利益的分配。也即，马克思经济学的分析路线具有这样的特点：它首先通过对事物的内在本质分析确立一种理想状态，其次又通过社会力量结构和社会制度的分析来揭示现实的异化；这样，反映内在本质的本体论认知不仅成为分析社会现象的参照系，而且成为对异化现实进行改造的方向。因此，马克思经济学中基于本体论认知的假设具有强烈的现实性和可实现性。例如，马克思等在探究企业组织时，就把企业的本质视为一个进行生产协作的联合体；正是以此作为理想状态，马克思试图通过壮大工人阶级的力量以及社会制度的变革来实现企业组织朝这一本质进行回归。[①]

另一方面，西方主流经济学却基于均衡的社会和谐观把不同利益之间的关系视为互惠性的，从而关注这种均衡是如何形成的；基于这一目的，主流经济学热衷于现象的分析，并由此发展出一套解释性学说。同时，西方主流经济学采取了边际主义方法来分析个体行为和微观社会经济现象，关注的是价格、工资、利润等的个别具体量，并将它们视为由具体要素的边际贡献决定，而与社会力量以及社会制度无关；在很大意义上，它主要局限于既定制度下分析个体行为和资源配置，并借助边际分析来探究最优行为和市场均衡。也即，西方主流经济学的分析路线具有这样的特点：它运用抽象思维和数学工具来分析和解释社会经济现象，并以一种纯粹抽象的假设作为观察的参照系基准；这样，它的假设设定主要是出于解释现象的方便，而不是作为社会改造的方向。因此，西方主流经济学中基于解释性需要的假设就与现实相脱节，而且根本无法实现。例如，阿罗就曾经说过：一般均衡理论中有五个假定，每一个假定可能都有五种不同的原因与现实不符；再如，新制度主义的企业理论是建立在科斯中性定理这一假设基础之上的，而科斯定理的基础——零交易成本——非但不现实，而且永远不可能达到。

---

① 朱富强：《企业规模边界的系统审视：基于马克思主义协作系统观的视角》，《财经研究》2007 年第 10 期，第 83～94 页。

正因为社会哲学观的不同，两者在设立参照系时所依赖的思维途径也是不同的。

一方面，马克思经济学注重对具体经验事实的概括，强调要从人类历史的演化过程中发现未来的发展趋势，并把最终的状态视为理想状态；当然，这种理想状态又往往遵循否定之否定的规律，它必然在以前的历史阶段中得到某种程度的体现，因而它特别注重对各种影响因素的考察，探求历史上可能存在的那种类似理想状态。为此，马克思经济学注重对现实世界的观察和调查，注重对事物发展历史的梳理；相应地，它把经济学纳入社会科学领域，强调广博的社会科学知识在经济学理论研究中的重要性。事实上，早期的古典经济学家大多是社会科学领域出身的，他们往往具有非常深厚的哲学、伦理学、法学、历史、社会学以及政治学等方面的知识，如斯密、马尔萨斯、马克思、穆勒、西斯蒙蒂、霍布森、凡勃伦、加尔布雷斯乃至马歇尔等都是如此。

另一方面，现代主流经济学极力引入自然科学的研究思维，就如物理学中的无摩擦状态是一种现象，而通过小球在平滑平面上直线运动的试验永远得不出均衡状态一样；它也强调，经济学的理想状态是想象出来的，是一种彻底思考的纯粹状态，而不是实践或经验的产物。为此，西方主流经济学强调想象力的训练，强调数学工具在经济学中的应用；其一般的研究思路是：首先设想某种均衡状态，其次研究该状态下的情形而得出均衡状态下的结论，最后以这种假想的均衡状态为视角来对现实进行解释。事实上，自边际革命开始，为主流经济学的发展做出重要贡献的基本上都是来自数学界或者工程学界的人士，他们的社会科学知识狭隘但抽象思维能力发达，如古诺、杜普伊特、杰文斯、瓦尔拉斯、帕累托、埃几沃斯、费雪、凯恩斯以及后来的诺贝尔经济学奖获得者大多如此。

关于这两种分析路线上的差异，这里可以举一个简单的例子加以说明。

以马克思为代表的大多数古典经济学家基于从本质到现象的研究路线，不但积极探究事物的本质，而且努力挖掘现实因素对事物发展的影响。正是基于从本质到现象的基本路线，我们可以明白，资本的内在价值取决于资本在协作生产中的作用，而现实中的资本利润则取决于各方的谈判势力；而且，即使根据夏普利权力指数，现实中资本获取的利润也与对共同生产所起价值有一定的相关性。[①] 一般地，随着资本积累的增加，单个资本在协作生产中所起的作用以及在劳资谈判中的地位都在不断下降，因而资本的价值和利润都有下降的趋势；事实上，罗宾逊夫人很早就指出，马克思仅"通过放弃他的真实工资是不变的这一观点"，就可以得出利润率下降的趋势。而且，这也已经为长期以来的经济史实所证实；所以，从早期的经济学家李嘉图、马克思直

---

① 朱富强：《有效劳动价值论的现实阐释》，经济科学出版社，2005，第 157 ~ 159 页。

到现代的凯恩斯、哈罗德和多马等人都坚持"利润率下降"这一观点，而把其他的诸如技术进步、制度革新、资本转移等视为对这一规律的干扰因素。

与此相反，新古典经济学以降的西方主流经济学逐步把经济学纳入了一个纯粹想象而与经验事实相脱节的发展轨道，它追求的不是事物的本质，也不努力寻求对经济现象的进一步了解，而是偏向于设定一系列的先验预设，并在此基础上展开"严密"的逻辑推理和运算。正是基于这种思维，尽管任何一个国家的统计资料都明白无误地表明：资本生产率是不断变化的；但后来的新古典主义者卡尔多等却依旧大胆假设：资本生产率不变是经济长期增长的特征。于是，西方主流经济学家放弃了对利润来源的本质探讨，甚至可以完全无视利润率下降的历史事实，而把短期内的利润相对稳定视为常态；在这种情况下，过去更多地用来说明利润率为什么还没有下降或降到零的人力资本、技术进步、制度创新、全球化等因素，现在则反过来被融入说明利润率不会下降的均衡增长经济学的框架之中。而且，基于抽象研究的嗜好，西方主流经济学家还从凯恩斯经济学中延伸出一门独立的研究长期经济增长的专门学科，并在一般均衡理论的指导下发展出各种的经济理论和模型；结果，索洛模型、拉姆齐模型、戴蒙德模型等都成为增长经济学的出发点，从而彻底改变了增长经济学的方向。

四　西方主流经济学使用抽象化假设的原因及问题

基于静态抽象的研究思维，新古典经济学将复杂的生产过程转换成为基于特定生产函数的选择过程：企业家拥有一个称之为"生产函数"的复杂的数学配方，它解释了生产要素的不同数量组合如何被转换成不同数量的产品产出，而企业家要考虑的仅仅是在特定要素价格和产品价格下选择不同的要素组合来进行生产以实现利润最大化。譬如，田国强在其《现代经济学的基本分析框架与研究方法》一文中就写道："标准的消费者理论和厂商理论就是按这个思路进行的，先研究最简单情况下的个人选择问题，以此建立一个研究个人选择的基本研究平台。从这个平台出发，人们可以考虑经济人之间相互影响这个更一般情况下的选择问题：个人效用或利润不仅依赖于他自己的选择，也依赖于他人的选择，从而个人的均衡结果是他人选择的函数。微观经济学中关于垄断、寡头、垄断竞争等市场结构的理论就是在更一般情况下——厂商间相互影响下——所给出的理论"，"一般均衡理论是基于消费者理论和厂商理论之上，属于更高一层次的研究平台。消费者理论和厂商理论为研究在各种情况下的个人选择问题提供了基本的研究平台，一般均衡理论则为研究在各种情况下所有商品的市场互动，如何达到市场均衡提供了一个基本的研究平台"，"最近 30 年发展起来的机制设计理论又是更高一层次的研究平台，它为研究、设计和比较各种经济制度安排或经济机制（无论是公有制、私有制、还是混合所有制）提供了一个研究平台，它可以用来研究和证明完全竞争市场机制在配置资源和利用信息方面的最优性及唯一性"，"通过与完全竞争市场这一理想制度安排相比较，人们就可以知道一个（无论是理论或现实采用的）经济制度安排在资源配置和信息利用的效率方面的好坏，以及现实当中所采用的经济制度安排与理想的状态相差多远，并且提供相应的经济政策"。[①]

当然，西方主流经济学之所以崇尚非现实的均衡分析，也有其自身所持的理由。一方面，这种将问题简化或理想化的研究方法为更深入的研究建立了一个最基本的研究平台，这就像物理学科一样：为了研究一个问题，先抓住最本质的东西，从最简单的情况研究着手，然后再逐步深入，考虑更一般和更复杂的情况。另一方面，尽管作为参照系的经济理论可能有许多假定与现实不符，但它却为衡量现实与理想状态的差距制定了标尺，使得人们看清各种理论模型或现实经济制度与理想状态之间的距离。但是，新古典经济学所持的这些自以为是的理由并不符合社会科学的特性及其要求，其内在的严重问题可以从两个方面窥见一斑：一者，经济学中的核心假设根本不同于自然科学的核心假设，它并没有体现出事物的"实在"；二者，西方主流经济学的参照系是根本不具有现实性的，从而并不是可实现的理想状态。

同时，西方主流经济学家认为，只要将均衡状态搞清楚了，不均衡的情形分析起来就有了逻辑，也更容易搞清楚；为此，西方主流经济学几乎将经济学所遇到的所有问题都设想出均衡状态。但事实果真如此吗？

譬如，就一般均衡理论而言，这是新古典经济学对所有的市场所设想的一种理想状态，根据这种理想状态，整个市场的生产和交换将处于一种帕累托最优状态。那么，为什么现实中的市场往往不是帕累托有效状态呢？新古典经济学的解释是：现实中的市场还不是完全竞争的市场。但是，这还是面临着问题：在存在多重均衡的情况下，哪个帕累托状态会出现呢？更不要说，完全信息根本就不可能实现，因为市场中的价格作为信号本身就内含着悖论：价格一方面反映了市场的供求信息，但另一方面又没有也不可能包含搜寻的成本信息，否则，人们就失去对信息搜寻的动力。在很大程度上，西方主流经济学理论体系在长期和短期之间本身就是相脱节的：注重长期的新古典经济学把世界视为均衡的，而关注短期问题的凯恩斯经济学则认为现实是非均衡的；那么，这两者能够实现有机的统一吗？显然，至少迄今为止还没有任何合理的统一理论出现，更没有社会一般均衡如何达到的真实刻画；相反，仅仅是为了理论上优美，在将个人选择约化为以理性最大化的基础上来构建出"一般均衡"这一高度抽象的表

---

① 田国强：《现代经济学的基本分析框架与研究方法》，《经济研究》2005 年第 2 期。

述。因此，新古典经济学对均衡状态的假定本身是由"人是理性的"这一先验预设推衍而来的，而这一先验预设与现实又是相悖的；事实上，不均衡的现实状态已经反映了人的行为不是理性的，或者不是新古典经济学所定义的那种理性的。

一般地，经济学通过模仿物理学而构想出的均衡的理想状态要有意义，必须存在这样一个条件：经济均衡是客观的，从而能够符合某种普遍规律；但问题恰恰在于，人类社会本身就是复杂多变的，任何社会领域都不可能存在一个普遍的均衡规律。正是由于新古典经济学的分析基本上是一种虚构，从而也就不能深入实际的经济活动过程，无法真正解决现实中的问题。亨特就写道：在新古典经济学的竞争均衡理论中，"单个消费者、单个生产要素的所有者以及单个企业家都是被动的'价格接受者'。所有价格完全由竞争性市场决定，这个过程独立于任何个人或厂商所采取的行动。尽管这一问题在瓦尔拉的《纯粹经济学纲要》公开发表后引起了广泛的关注，但是新古典理论家并未从本质上改进瓦尔拉分析以解决这一问题。他们宣称这些均衡价格是通过一个'摸索'的过程而获得的，但是他们并没有给出任何经验的或理论的证据以证明这样的摸索只会使经济更接近而不是远离均衡点。他们相信瓦尔拉'叫卖者'这一有用的虚构，但是如此明显地借助于一个有用的虚构来扭转局面试图将理论融为一体，这种做法却削弱了该理论对自由市场资本主义意识形态辩护的有效性"。[1] 同样，布劳格则指出，西方主流经济学认为，阿罗－德布鲁一般均衡模型以及由此扩展而来的福利经济学基本定理"精确地说明了两百年前亚当·斯密还只是朦胧的意识：所谓关于竞争的'看不见的手'确保了各种可能状态中最佳的一个呈现，在这一状态里，一个人如果不使别人的独立减少就无法获得自己的福利的增进"，但"这是何等的历史扭曲啊！亚当·斯密的本意和饮食男女欢呼竞争过程时的意思完全一样。竞争的经济总是以最低的价格生产人们所需要的产品，因为对利益的残酷争夺可以激发企业家精神和技术改进的动力。这一争夺也并非只是价格上的，还包括一些非价格变量，比如新产品开发、质量优胜、提供更好的服务以及配送更及时，等等。换句话说，对亚当·斯密和芸芸众生而言，竞争就是一种商人的行为，它不是根据商业公司是消极的单纯的'价格接受者'还是积极的'价格制定者'来划定'完全竞争'的市场结构"；然而，在抽象思维和数理经济学的主导下，"我们今天对市场运行的理解程度远远不如亚当·斯密或者瓦尔拉斯"。[2]

---

① 亨特：《经济思想史：一种批判性的视角》，颜鹏飞总译校，上海财经大学出版社，2007，第 315～316 页。

② 布劳格：《现代经济学的严峻趋势》，载迈凯编《经济学中的事实与虚构》，李井奎等译，上海人民出版社，2006，第 43 页。

正因如此，马克思本人就曾对当时在庸俗经济学家中已经逐渐盛行的基于先验预设的纯理论构建之倾向做出激烈的批判。他写道："不要像国民经济学家那样，当他想说明什么的时候，总是置身于一种虚构的原始状态。这样的原始状态什么问题也说明不了。国民经济学家只是使问题堕入五里雾中。他把应当加以推论的东西即两个事物之间的如分工和交换之间的必然关系，假定为事实、事件。神学家也是这样用原罪来说明恶的起源，就是说，他把他应当加以说明的东西假定为一种具有历史形式的事实。"① 事实上，正是基于从本质到现象的研究路线，以马克思为代表的古典经济学家就不仅关注市场价格等现象，而且要深入到其背后隐含的人与人之间关系的价值分配等本质；不仅探究静态的收入分配等经济性问题，而且要分析分配制度的起源和演化等社会性问题。譬如，马克思就坚持继承从人的劳动以及劳动对财富的创造出发来揭示事物的本质，马尔库塞指出，"经济学（也）正是通过劳动概念而回到了更深层的、作为经济学基础的领域，亦即对劳动概念所做的每一次彻底的经济学讨论都要求回到这种基础的、超越经济学本身的领域。"② 但是，西方主流经济学第一个抛弃的就是对劳动的本质分析，用简单的供求来分析事物之间的数字联系，或者最多把劳动视为一个外在的投入要素，从而把价值转换成价格问题。正因如此，古典经济学家特别强调把经济现象与社会关系联系起来，考察经济现象背后基于利益分配的价值判断，从而浸透着对社会正义的关注；相反，西方主流经济学越来越孤立地看待经济现象，从而日益成为脱离"人"的学问，并走上了机械而形式化的道路。也正是基于这种认识，森对古典经济学和价值理论源泉方面就很感兴趣，并且通过对价值理论（不论是劳动价值论，还是效用价值论）的关注而逐渐认识到相对价格理论的缺陷；相反，在他看来，由于在价值理论的视野里有规范性价值判断的因素，因而可以帮助人们识别一项成功是否有社会意义。

其实，西方主流经济学的非现实假设分析是建立在弗里德曼倡导的逻辑实证主义方法论基础之上：理论合理与否与假设现实与否是不相关的。弗里德曼将方法论的焦点置于经济理论的成功预言性上，假说靠其预示未来的正确性来检验而无视其显而易见的错误假定。正因如此，这种理论鼓励了西方主流经济学家在其解释性假说中放入已知的虚构实体，而无视社会科学研究中最重要的东西——按发生的因果机制找出任何理论个体的本质和实在性的科学事件。为此，劳森就批评这种研究违反了正确抽象化的两个原则：一者，正确的抽象化必须要与真实的机制相关而非将方便的假设理想

---

① Marx K., *Economic and Philosophic Manuscripts of 1844* （New York：Prometheus Books，1988），pp. 70 - 71.

② 马尔库塞：《现代文明与人的困境：马尔库塞文集》，李小兵等译，生活·读书·新知三联书店，1989，第 221 页。

化，经济学家应该将其注意力放在对于真实生成内在机制的科学探索上，而不应该放在理想化、启发式虚构和外向式经验主义的条件上；二者，正确的抽象必须与本质有关而非仅仅涉及最普遍的性质，经济学家应该重视构成日常经济生活基础的事件、个体和经济结构的本质和趋势，而不应该过分地使用高度概括化的方法论。也就是说，合理的经济解释首先要从经济现象中抽象出经济生活的本质，然后用科学的方法去研究它；但显然，现代主流经济学将经济学解释仅仅变为对未来的正确预测，并且还是建立在错误的抽象方法之上。进一步地，博伊兰和奥戈尔曼提出的因果关系整体论指出，探求原因和探求解释是有区别的：后者取决于背景叙述，既可以依赖前者，又可以不依赖前者，但前者完全独立于后者；而理论应该建立起为自然阶级社会中的可观察事件和原因提供准确描述的模型，而那种基于工具主义的功能性解释则属于应用的领域。[①] 显然，这种因果关系整体论具有两个基本特点：一是它拒绝任何先验的因果关系唯实论，二是它反对将因果性化约为相互关系的任何经验主义理论；也即因果关系整体论实际上强调先验和经验之间的调适，强调从经验中发现本质，获得超验的认识，而这种线路在古典经济学尤其是马克思经济学的研究思路中得到了充分的体现。

五 国内经济学界被扭曲的二元学术结构

上述分析表明，尽管马克思经济学与西方主流经济学都存在用于解释和观察现象的参照系，但这两种参照系的性质是不同的：马克思经济学所设立的是一种理想状态，它成为社会改造的指南；而西方主流经济学所设立的是一种抽象假设，它仅仅是出于现象解释的需要。正因为如此，马克思经济学不仅要认识世界，还要改造世界，而主流经济学则逐渐蜕变成"一个在很大程度上、或者完全与政策无关的学科。"[②] 劳丹的科学进步理论指出，科学的目标在于：尽量扩大已解决的经验问题的范围，与此同时，尽量减少或缩小反常问题和概念问题的范围；一般地，一个理论解决的问题越多、越重要，那么，这个理论就越好、越完善。显然，就解决问题这一目的而言，马克思经济学更有意义，其设立的理想状态也更具分析力。

同时，从作为社会科学的经济学这一学科特性来看，以马克思为代表的古典经济学基于从本质到现象的分析路线也更为符合研究方法与研究内容一致的要求，它比新古典经济学中割裂的数理模型和计量实证的分析路线更全面。究其原因，从本质到现象的研究路线把经验和超验联系起来，不但可以探究长期的理想状态，而且可以通

---

① 博伊兰、奥戈尔曼：《经济学方法论新论》，夏业良主译，经济科学出版社，2002，第199页。
② 哈奇森：《经济学方法论的目的和方法》，载巴克豪斯编《经济学方法论的新趋势》，张大宝等译，经济科学出版社，2000。

过权力结构等因素来考察和解释现实生活中的各种变异形态；相反，西方主流经济学却基于不同的引导假定形成不同的解释共同体，且这种引导假定既不可证实又不可证伪。正因如此，我们说，如果把西方主流经济学看成是注重表象之"道"的话，那么，马克思经济学则更看重事物内在之"理"。

当然，两大经济学范式之所以会形成这种分析差异，在于两者赋予经济学理论的根本目标是不同的。一方面，以马克思为代表的古典主义不承认现状的合理性，而是认为现状深深地体现了强者的意志和利益，是对社会事物本质的异化；因此，马克思经济学不仅要认识世界，而且希望改造世界，显然，这就必须对事物的本质进行探讨，它所预设的理想状态是可以实现的。另一方面，现代主流经济学通过供求均衡而合理化了现实中的社会制度，从而成为为既得利益者进行辩护的学说，而不是为改造现实社会服务；因此，西方主流经济学仅仅是为现实中的经济现象及行为提供解释，正因如此，它仅仅是出于给人以观察的视角才设定了一个标准参照系，这种参照系也根本不是它希望能够且努力实现的理想状态。究其原因就在于，西方主流经济学接受了实证主义和"私恶即公益"的基本思维，在供求分析框架下把基于力量对比所决定的存在视为是合理的，从而缺少了批判的力量和本质的探究；正是在这种思维定式下，"私恶即公益"以及一切皆性恶的"经济人"就成了主流经济学的大胆假设，而其小心求证就专注于以极端稀缺下人类的"利己"行为和动物性的本能来为其假设进行注疏。正因如此，西方主流经济学发展并强化了源于 19 世纪的功能主义和实证主义，用力量博弈来解释社会制度的合理性，而忘却了基于社会力量博弈的结果本身是体现了强者的意志，从而往往偏离了本质，强化了社会的异化倾向。

事实上，社会制度的设立必须充分体现时代对社会正义的认知，体现对弱势群体的关怀，从而经济学本质上要关注穷人的福利提高；相应地，涉及公共领域的观点和理论往往牵涉了强烈的价值判断和立场，从而经济学的研究根本无法照搬自然主义的分析思维。因此，作为一个公共知识分子，他不仅应该看到现象是什么，更重要的是能够看到存在什么问题；就经济学家而言，它的社会职责不在于私人领域如何发财致富，相反，如何理顺公共领域的关系以使得人类的行为更加合理才是其根本任务。正因如此，包括经济学家在内的公共知识分子首先要怀有对社会发展的理想目标；而且，只有心中存在这样一个理想状态，我们才可以更清晰地看到现实社会的问题所在，才能凭借高度的社会责任感和人类关怀精神为解决这些问题而探索，人类社会才能持续进步。正因如此，加尔布雷斯强调："试图把经济和政治及其政治意图分离开来，完全是无意义的。它也遮掩了经济实力及其意图。它还是经济决策和错误判断的主要原因。历史上经济学说史的每一本书籍都包含了这样的希望：把经济学和政治学合二为一，成为一门更大的学科——政治经济学。"① 因此，经济学的理论研究也不能撇开权力关系、社会结构、法律制度以及文化伦理等因素而孤立地研究人的理性行为，任何经济理论都是整体性的，需要遵循从本质到现象的研究路线，需要探究事物的本质，从而需要关注理想状态设定的合理性。

然而，不幸的是，尽管由"道"及"理"是认知的深入，重视"理"的探究是马克思经济学的特色和优点；但是，正如中国的宋明理学由于政治化而窒息了"理"的多角度探究一样，马克思提出的"理"也由于与政治过分密切而被教条化了，从而使得马克思经济学蜕变为某种形式上的马克思主义经济学。事实上，正是由于正统马克思主义经济学往往热衷于宣传马克思提出的具体理论，从而使得其内在的价值观和意识形态带上很强的说教特点，以致在过去的半个世纪我国社会流行的社会正义、公正以及道德伦理等概念都已经被严重政治化了。结果，出于对这种极端化政治化马克思主义经济学的反动，一旦形势出现松动，受到西方主流经济学冲击的学者马上就抛弃了原本适合当前中国的本质上具有人道主义的马克思经济学。更为不幸的是，尽管社会大众越来越认识到传统所宣扬的那一套政治化伦理价值的乌托邦性质，认识到工资的等级制并不是真正的公平，也深深意识到在消灭金钱不平等的口号下所导致的特权不平等的加剧；但是，国内"主流"经济学者不是以道德哲学领域发展的最新理论、视野和认知去重新理解社会正义、民主法治以及社会和谐的内涵，去审查传统的社会正义、公正以及道德伦理的缺陷。

相反，国内一些"主流"经济学者将经济学中的伦理学内容整个地抛弃了，并极力强调经济学的无伦理性，从而也就将婴儿和洗澡水一起抛弃了；与此同时，他们毫不迟疑地迅速皈依了那种看似"客观"而"科学"的主流实证经济学，极力地照搬新古典经济学的供求分析框架，并在伦理实证主义的价值观下将施政的结果视为立法的依据。这样，当前国内经济学界就呈现出这样的二元学术结构：一方面，主流经济学热衷于各种现状的实证，这仅仅停留在"道"的层面上，从而使得西方主流经济学所提出的理论及其相应的政策非常肤浅和短视，也造成了当前社会经济的困境；另一方面，传统的马克思主义经济学热衷于"主义"和"立场"之争，特别是在学术与政治联结的情况下，往往只能继承马克思当年的批判精神对资本主义的缺陷进行挖掘，从而带有较强的教条性，也使得传统马克思主义经济学对当前社会问题认识不足，更缺乏解决问题的具体手段。显然，如果说传统政治经济学由于固守马克思的传统观念而显得较为教条的话，那么，当前的主流经济学在机械地照搬一些教材上定理的基础上

---

① 繁人都重：《制度经济学回顾与反思》，张敬惠等译，西南财经大学出版社，2004，第 78 页。

而做一些依葫芦画瓢的实证研究就妄图解释、预测和处理异常复杂的社会问题，就是非常肤浅的。

事实上，以新古典为代表的主流经济学关注的却是私人领域，并极端地把自然界的"适者生存观"应用到人类社会，从而为强势者服务、为既得利益者辩护，这种单一化的价值取向对人类社会的发展造成了严重的问题。显然，正是基于这种研究取向，他们为了所谓的"客观"而放弃了社会理想，热衷于通过细枝末节的微观实证来为主流经济学的理论提供经验支持；否则，这种理论就根本不会为主流经济学所承认，甚至也没有发表的机会。例如，1995 年大卫·卡德（D. Card）被美国经济学会授予克拉克奖，以表彰他通过相近的经验研究表明，最低工资的适度上调对低工资的就业率影响很小，甚至其影响不能察觉到；但由于这个证据损害了劳动需求曲线向下倾斜的观念，因而卡德受到了来自《商业周刊》《福布斯杂志》以及顶尖经济学家如索维尔（T. Sowell）、布坎南等人的指责，他的理论也被视为是异端邪说而不是一个科学体系。[①] 在国内这种情形也非常普遍，任何对主流经济学理论进行系统剖析和怀疑的文章都很难在所谓的"学术"刊物上发表；显然，这些学者在努力挣脱唯上之说教的同时却迅速跌入到了媚俗之说教中，他们的所作所为实际上陷入了另一种极端化的研究取向。正因如此，笔者强调，经济学的理论研究不能撇开权力关系、社会结构、法律制度以及文化伦理等因素而孤立地研究人的理性行为，任何经济理论都是整体性的，需要遵循从本质到现象的研究路线，需要探究事物的本质，从而需要关注理想状态设定的合理性。

六　简短结语

经济学研究的根本目的是要解释社会现象背后的本质和社会事物之间作用的因果机理。波普尔认为，科学的目的就是为所有那些给我们深刻印象而又需要解释的东西找到令人满意的解释，波普尔这里的解释就是指因果性的解释。显然，基于这一目的，真正的经济学理论研究应该遵循从本质到现象的基本路线：事物的本质应该怎样，事物的现状实存如何，从本质到现状的异化因何形成，异化了的事物现状导致了何种危害，采取什么途径可以防止这种异化。正是基于从本质到现象的研究路线，马克思基于历史唯物主义考察了与每一历史发展阶段相适应的社会制度以及相应的社会关系，同时又从人类社会的本质和理想出发，站在更高社会形态的立场来审视每一历史阶段的社会制度和社会关系，从而摆脱了公平正义的绝对主义和相对主义二元观。布拉德

---

① 霍奇逊：《经济学是如何忘记历史的：社会科学中的历史特性问题》，高伟等译，中国人民大学出版社，2008，第 270 页。

里就写道："所有的道德都是而且必定是'相对的'，实现的本质是历经各阶段的演化，因此某一阶段的存在都不是最终的……另一方面，所有的道德都是'绝对的'，因为在每一阶段，人的本质都得以实现，只不过是不完善的实现：区别于相对道德的正当特性并没有消除，因为从更高阶段来看，我们会发现较低阶段并没有完全实现真理。"①

正是基于从本质到现象的研究路线，作为社会科学的经济学理论研究就不能仅仅停留在分析数字之间关系的层次上，不能仅仅限于对现状的实证，更不能把存在视为合理的。相反，任何成熟的社会科学理论都必须能够解释本质，而本质则体现了事物之间联系的内在机理，这不但需要人的主观认知，而且要建立在完美的逻辑基础上。同时，作为一门社会科学，经济学理论研究的基本思路首先应该是把经济学视为规范科学的分支，至少应该实现规范经济学和实证经济学的统一。不幸的是，随着新古典经济学抽象化研究的盛行，规范的内容的思维被逐渐从经济学中排除出去了。特别是，随着学术界功利主义的盛行，流行的研究就蜕变为简单地从某些定理或模型出发，遵循一定的研究套路和规范，并相对集中于某些特定对象的研究，其基本思路就是把经济学视为应用数学的分支。究其原因，基于自然主义的基本思维，西方主流经济学过分强调了经济学理论的客观化，而与这种"科学化"取向相适应就使得经济学越来越数理化和计量化。相应地，在当前的中国学术界，功利主义的盛行导致了经济学盲目地与实用主义相结合，致使理论探索逐渐被抛弃，而整个经济学都凸显出越来越严重的庸俗计量化的趋势。

当然，对事物本质的认知程度以及对现状成因的分析深度，很大程度上取决于研究者所拥有的理论素养。从这个意义上说，经济学理论的研究要求研究者能够厚积薄发，注重知识的继承和积累，能够旁征博引地从更全面的视角分析问题，并剖析社会现象的本来面目以及现状产生的内在机理。事实上，对一个学者来说，提高认知和提出洞见是基本的也是最高的理想和诉求，正因如此，在欧美学术界广泛流传着"从事经济学理论研究的看不起搞财务的，而搞财务的又看不起搞会计的"之说，欧美学者也大多注重自己的研究创见和思想。然而，在当前中国经济学界，这种顺序却完全颠倒过来，舆论往往把那些长期从事实证或调查的人当成当今社会的"大"思想家。试问，像《经济研究》这类主流学术刊物上发表的文章有多少是真正有关理论探讨的？那些计量实证文章又有多少是客观和有意义的？我们知道，在西方学术界的文章从投稿开始到发表往往需要三到五年的时间，在这个过程中文章会经受多种严苛的逻辑一致性和经验事实的检验，因而西方学术界的计量分析文章往往是有某种价值的，是可

---

① 塞耶斯：《分析马克思主义与道德》，载韦尔和尼尔森编《分析马克思主义新论》，鲁克俭等译，中国人民大学出版社，2002。

以经受长期的实践经验的；但是，当前国内经济学界的计量文章往往几个月后、一旦热点过去就很快过期了，甚至文章还没有写出来就已经过期了，谁也不会真正去做认真的逻辑检验，至于是否能够被经验事实所证实更是没人理会。

正是基于这种功利主义的"务实"作风，国内经济学界那些计量实证文章往往都急于在短期内发表，否则就很难有发表的机会了；因为不但很快就没有人再关注它，而且也很快被经验事实所证伪。试想：国内那些实证分析的文章对股市、房市、经济增长等做了如此多的预测，其中又有多少有丝毫的预测力呢？正因为如此，那些充分实证分析的文章也很少有人看，尤其是很少有其他专业或社会大众看，除非一些希望从中获得一些数据资料或在此基础上炮制另一篇计量文章的青年经济学人，也正是在这种意义上说，当前经济学刊物上充斥了从文章到文章的封闭式"研究"。计量文章的时效性如此之短，更遑论那些针对热点问题的计量实证著作：这些著作中的结论在成书之前就已经被社会现实证伪了；正因如此，那些从事计量经济学的人就很少出专著，并将自己的态度推广而蔑视所有的经济学专著。当然，为了评定职称或者课题结项等，还是有人花钱将这些毫无用处的东西扩展成专著出版，因为这不仅使用的是"公家"的出版资金，而且反正也因为没有人看而免受批评，国内针对这种恶现象的真正书评太少了。所以，我们从经济学的研究风气和取向中就可以发现问题了：一项研究或一篇文章的生命如此之短，那么，它会有什么理论价值和实践指导意义吗？显然，正是当前中国经济学界如此短视，而计量分析工具又为这种短视学风提供了生存的舞台，这种误导导致经济学界的学术精神日益匮乏，真正的理论探索也越来越不可得。

参考文献

[1] 程恩富：《现代马克思主义政治经济学的四大理论假设》，《中国社会科学》2007 年第 1 期。

[2] 迪梅尼、莱维：《经济学应该是一门硬科学吗》，载多迪默、卡尔特里耶编《经济学正在成为硬科学吗》，张增一译，经济科学出版社，2002。

[3] 胡佛：《实用主义、实效主义与经济学的方法》，载巴克豪斯编《经济学方法论的新趋势》，张大宝等译，经济科学出版社，2000。

[4] 霍奇逊：《经济学是如何忘记历史的：社会科学中的历史特性问题》，高伟等译，中国人民大学出版社，2008。

[5] 劳森：《一个经济学的实证主义理论》，载巴克豪斯编《经济学方法论的新趋势》，张大宝等译，经济科学出版社，2000。

[6] J. 内维尔·凯恩斯：《政治经济学的范围与方法》，党国英、刘惠译，华夏出版社，2001。

[7] 朱富强：《企业规模边界的系统审视：基于马克思主义协作系统观的视角》，《财经研究》2007

年第 10 期。

［8］ 朱富强：《有效劳动价值论的现实阐释》，经济科学出版社，2005。

［9］ 田国强：《现代经济学的基本分析框架与研究方法》，《经济研究》2005 年第 2 期。

［10］ 亨特：《经济思想史：一种批判性的视角》，颜鹏飞总译校，上海财经大学出版社，2007。

［11］ 布劳格：《现代经济学的严峻趋势》，载迈凯编《经济学中的事实与虚构》，李井奎等译，上海人民出版社，2006。

［12］ Marx K., *Economic and Philosophic Manuscripts of 1844*（New York：Prometheus Books，1988）.

［13］ 马尔库塞：《现代文明与人的困境：马尔库塞文集》，李小兵等译，生活·读书·新知三联书店，1989。

［14］ 博伊兰、奥戈尔曼：《经济学方法论新论》，夏业良主译，经济科学出版社，2002。

［15］ 哈奇森：《经济学方法论的目的和方法》，载巴克豪斯编《经济学方法论的新趋势》，张大宝等译，经济科学出版社，2000。

［16］ 繁人都重：《制度经济学回顾与反思》，张敬惠等译，西南财经大学出版社，2004。

［17］ 塞耶斯：《分析马克思主义与道德》，载韦尔和尼尔森编《分析马克思主义新论》，鲁克俭等译，中国人民大学出版社，2002。

书　评

道尔的乡愁与日本型市场经济的深层结构

宋 磊

在诸如经济规模等现实意义之外，日本的企业模式为什么能够在西方吸引一大批学者的持久关注？正如道尔等人的长期研究所表明的那样，包括蓝领工人在内的普通员工成为创新的主体是日本经济成长的真正秘密之一，而"准共同体企业"这一日本型市场经济的深层结构是保证创新，特别是工艺创新和组织创新能够持续进行的基础。

2006 年 6 月，在小泉改革的高潮期，道尔的新著《企业为谁而在》由岩波书店出版。[①] 由于直接否定小泉改革的核心逻辑，该书迅速在日本各界引起广泛关注。

作为道尔长达六十余年的日本研究的最新成果，该书的基调与作者的其他作品完全不同，对"旧式"日本企业的留恋和珍惜充盈全书。

道尔 1947 年毕业于伦敦大学，先后执教于欧美多所著名大学，但是研究的中心一直是现代日本。道尔的日本研究始于对农村和都市生活的社会学分析，在奠定其英语世界日本研究权威地位的《英国的工厂 日本的工厂》出版前后，其研究重点转向日本企业。[②] 道尔在本书中表达的对东洋的乡愁让我想起长期以来萦绕于心的一个问题：在诸如经济规模等现实意义之外，日本的企业模式为什么能够在西方吸引一大批学者的持久关注？这一问题不但与道尔的新著的要点有关，而且直接涉及日本型市场经济的深层结构及其最新变化。本文试图在把握道尔新著的主要内容的基础上展现道尔的乡愁与日本型市场经济的深层结构之间的关系。

一 君子豹变

在过去的三十年里，国内外学术界对日本经济的评价的变化让人有河东河西之叹。在日本经济的高度成长期，国际学术界对日本经济的关注可能和今天对中国经济的关注一样高——如果不是更高的话。但是在日本经济的衰退期，西方学界对日本经济的评价的转变可谓"君子豹变"。一些曾经在 20 世纪 80 年代对日本经济大唱赞歌的学者和媒体开始了集体"转向"，他们对日本经济的批评之彻底、态度之决绝，令人怀疑他们是否忘记了在进行这种转向和批评之前首先应该对自己不久之前对日本经济的"礼

---

① Ronald Dore：《誰のための会社にするか》，岩波書店，2006。该书中文版由北京大学出版社于 2009 年 10 月出版。

② Dore，R.，*British Factory - Japanese Factory*（University of California Press，1973）.

赞"反躬自省。仅举两例。这一时期美国主流大学里流行的一本日本经济教科书的题目直接定为《腐坏的经济体系：日本经济奇迹的兴衰》。① 国人熟悉的管理学家波特发表于这一时期的《日本经济还有竞争力吗?》的英日汉版本的封面设计更生动地说明了这一问题。该书的英文版封面基调为白色，书名为红色而书名中的问号被打在一个红色的圆圈中。这一设计的含义不言而喻：日本经济体系的价值与意义非常值得怀疑。日译本的封面设计明显照顾了读者的感受，封面的基调为象征隐约存在的希望的浅蓝色。中译本的封面设计则可以说是直截了当地体现了 21 世纪以来我国各界对日本经济的观感：一轮橙日被置于黑色封面的中心。②

很明显，这种转变与日本企业竞争力的兴衰有直接关系。以此为背景，曾经忙于向美国推销经验的日本政商精英们开始集体性地丧失自信。小泉纯一郎在向国会发表的首次演讲中竟有三十七次提到"结构改革"。在这种大合唱中，各种改革逐渐开始指向企业治理机制问题。正如本书中文版序言的标题——献给日本型资本主义的悼词——所点明的那样，企业治理机制的变化将动摇日本型市场经济的基础。

二 谁的企业

在主流的教科书里，企业治理机制指所有者监督管理者进行决策的机制（代表我国企业改革方向的"现代企业制度"的核心就是企业治理机制）。但是也有研究者认为除所有者和管理者以外，企业治理机制也应包括从业员等利益相关者在企业中的作用与权利问题。前者即所谓股东主权论，而后者就是所谓利益相关者论。企业治理机制有主权论和机制论两个层次，主权论指企业归谁所有，而机制论则指管理者如何进行战略决策。很明显，主权论决定机制论。日本当前的改革针对的就是企业治理机制中的主权论。

在国际学术界对日本经济的研究中，企业治理机制一直不是一个中心问题。原因很简单：在泡沫经济破灭之前的日本，企业归谁所有基本上不是一个问题。20 世纪 90 年代之前所进行的各种调查一再重复同一个结论：大多数日本人，不论阶层或受教育程度，都倾向于认为企业为以全体从业员为主体的利益相关者所有。

笔者的导师曾提及一个现象：美国的股东大会上企业负责人往往以"女士们、先生们，您的公司在过去一年里……"来开始报告，而典型的日本企业负责人在同样的场合一般会说"女士们、先生们，鄙公司在过去的一年里……"用语的差别所反映的是对企业主权的认识的不同：企业归股东所有还是为包括股东和从业员在内的利益相

① Kate, R., *Japan: the System Than Soured* (M. E. Sharpe, 1998).
② Porter, M., *Can Japan Compete?* (Perseus Publishing, 2000).

关者所有。正是以这样的社会共识为基础，道尔曾将日本企业定义为"准从业员所有企业"，并长期致力于日本企业与美国、德国企业的比较。

在特定国家里，法律对企业性质的规定应该是判断企业所有权问题的主要依据。一般说来，法律的规定与社会共识是一致的。比如说，美国的商法规定企业归股东所有，而美国的社会共识也支持这一规定。同样的，德国的共同决定法含有利益相关者共同拥有企业的意味，而德国社会的共同体意识也与这一法律暗合。但是，吊诡的是在企业归谁所有这一问题上，长期以来日本商法的规定与社会共识却完全不同，商法明确规定企业归股东之类的所有者所有。法律和社会共识之间为什么有如此之大的不同？就法律自身而言，问题并不复杂。首先，日本的商法是在美国占领军主导之下制定的，当然带有盎格鲁–撒克逊国家商法的特色。其次，在拨开日本企业之间盘根错节的交叉持股关系之后，我们发现很多日本企业的最大股东是人寿保险公司。在日本，人寿保险公司的所有权为加入保险者所有，而日本的保险购买者不但数量巨大而且遍及各个阶层。在这里，法律和社会共识以一个特殊的形式达成了妥协。

但是，问题在于为什么日本社会在这一议题上出现不同于英美的社会共识。原因大概有两个。一个是主力银行制。所谓主力银行制指企业与特定的银行之间有着长期的交易关系，而且这种长期的交易关系超越了一般意义上金融服务的范畴而进入企业的治理机制内部：企业与银行往往相互持有对方的股票，而这些股票很少在资本市场流通。这样一来，企业管理者就在某种程度上从资本市场的压力中摆脱出来。换言之，在战后相当长的时间里，英美意义上的股东或资本市场对日本企业的战略决策的实际影响力相当有限。另外一点是第二次世界大战后至20世纪90年代末期，企业高管和从业员之间在出身阶层、人生经历等方面拥有很多共同点。道尔在书中对这一现象给予高度重视。第二次世界大战前企业的管理者往往与所有者有直接的血缘关系或间接的资本关系。第二次世界大战后美国占领当局所推动的财阀解体政策将大量旧财阀企业的管理者从企业中驱逐出去。这一政策的直接结果是一大批在旧体制之下没有机会晋身高管层、出身于城市平民阶层或农村地区的中级管理者开始接管企业。这些新管理者往往是大家庭中最多地接受了教育的孩子，他们了解可能连高中都没读过就开始从事普通工作的兄弟姐妹的甘苦。在进入企业之后，他们的职业轨迹与美国高管也完全不同。他们不但在同一家企业完成职业生涯，而且与其同事的关系也远非只有竞争。与同事融洽的合作关系是获得晋升的关键之一，而且在晋升至中级管理人员之前他们都是企业工会的成员。这样的社会背景和职业生涯使新出现的管理者阶层在感情上更接近作为其出身母体的从业员集团而不是股东集团，在企业的实际运行中他们也主要以从业员集团长老的形象出现。美国企业高管与普通员工之间的收入差距高达几百倍，而在日本这一比例只有几倍。但是长期以来几乎没有企业高管认为这一报酬过低，即使是在日本企业在全球市场无限风光的时期。

也许我们很难对第二次世界大战后日本企业第一代领导人的出身阶层进行准确的统计，但是这批管理者当中的相当部分具有进步观念却是不争的事实。与代表大企业和中小企业利益的经团连和商工会议所不同，这些新管理者以个人身份组成的经济同友会是日本社会公认的最具有社会良知的管理者团体。这种社会良知鲜明地体现在同友会代表理事大塚万丈发表于 1947 年的《企业民主化试案：修正资本主义的构想》的序言中。

"简单地说，经济民主化的目的在于使与企业运营有直接和间接关系的所有人无一例外地参与企业的管理，并将其意志反映在管理之中。换言之，一国产业的运营应该基于所有相关者的共识和创意进行，而且这种管理只能通过相关者的责任与合作来完成。在这个意义上说，经济民主化必须通过提高劳动大众的地位来实现"。大塚方案的要点有三。第一，由所有者、管理者和劳动者构成的企业总会为企业最高决策机构。第二，所有者、管理者和劳动者对企业利润的分配拥有共同的权利，劳动者的工资必须能够保证"最低生活标准"。第三，企业所有权既不是公有，又不是私有，而是"事实上的共同所有"。如果说上述原则体现的是大塚万丈等人的理想的话，那么这种理想则是建立在以下认识之上的：劳动者提供的劳动、管理者提供的管理和股东提供的资本对企业而言都是必不可少的。在这个意义上说，股东就不应是企业唯一的主人，而应是构成企业的一员。尽管大塚方案没有成为同友会的正式决议，但是这一方案极大地推动了日本社会对劳资妥协的重要性的认识，对第二次世界大战后日本社会的发展产生了不可忽视的影响。

但是日本企业的股权结构和高管的出身背景在 20 世纪 90 年代之后都发生了变化。一方面是外资开始大规模进入日本股票市场，个别年份外资持有的股票总值已占日本上市企业股价总值的 25%。另一方面则是道尔强调的"被洗脑的一代"开始成为社会主流这一变化。20 世纪 80 年代，政府和大企业大量派遣年轻职员赴美攻读 MBA 或博士学位。近年来，这些人在政商学界和媒体中的影响已经达到临界点。在日本积极推进企业治理机制改革的正是在这一集团。这些人与第二次世界大战后第一代管理者不同，大多出生于城市中上层有产家庭。贵族式的补习学校使他们和将来的下属们从中学阶段即开始有不同的人生轨迹。

三　资本市场的利益结构

在过去 15 年间，相关法律的相继制定推动了日本的企业制度向"股东所有型企业"靠近，而管理者也在企业内部进行了大规模的改革。在道尔看来，上述改革的推动力与其说来自提高经济效率和管理的透明性等政府和企业管理层所标榜的目标，不如说在于国民心理、社会阶层以及投资家的结构变化。正是在这样的变化之中，"维持股价"的重要性上升到了前所未有的高度。

当然，随着基金的普及，企业的股东结构确实已经发生了变化，平民阶层开始将储蓄的相当部分投入股市。为了使普通国民托付的资金保值并获得高回报，似乎当然应该构筑以股东为主的企业治理机制。但是这种逻辑建立在以下四个假设之上：机构投资者监督管理者、股票市场是由理性机构投资者支配的市场、投资能减轻将来的负担、股票收益永远不变或一直上升。在道尔看来，这些假设不过是神话而已。在这里我们仅选取前两点进行分析，至于后两个假设，其可信性在 2008 年之后已经消失了。

首先，机构投资者与企业管理者拥有共同的世界观和利益，而且两者之间往往有职位的互换。前者对后者特别是对后者收入的监管不过是一句空话而已。在英美，企业高管的高额报酬早就成为问题，但是这一问题从未得到解决。尽管机构投资者经常在股东大会上宣称应该对其进行控制，但在实际操作上却网开一面。道尔指出原因在于两国存在一个关于高管收入的共同的"市场行情"。机构投资家如果对企业高管的收入说三道四可能会影响其自身收入。其次，由于存在上述机制，不论是美国还是日本的股票市场，主要运用企业高管财产的对冲基金与私人证券基金的扩张速度都快于主要运用一般公民年金的机构投资者的扩张速度。后者的投资可能比较稳健，但前者却往往追逐高风险、高回报的项目。一般的机构投资者可能成为比较稳定的投资者，但是投机性地买卖股票的对冲基金和私募基金却赋予股票市场赌场的性质。

四　日本经验：一般的还是特殊的

不破不立。道尔对股东主权企业进行批判当然是为利益相关者主权企业的合理性辩护。但是在日本企业竞争力下降、倾向股东利益的改革已经启动的情况下如何阻止这一趋势并确立从业员主权型企业的法律基础是一个无法回避的问题。本书日文版刊行时全球性金融危机尚未爆发，当时道尔对这一问题的回答是美国企业丑闻的增多和日本企业从 2004 年开始进入第二次世界大战后最长的景气扩张期这一事实为改变日本社会的舆论提供了一个机会。作为具体建议，道尔提出以由股东、管理者和从业员组成的企业议会为核心重新构筑企业治理机制。很明显，道尔的建议源于大塚方案。

不熟悉第二次世界大战后国际学术界对日本经验的研究的读者可能会觉得道尔的批评尽管充满激情，但是似乎缺乏微观基础。实际上，以道尔为代表的一批学者之所以执著于以从业员为主体的企业治理机制与企业存在的根本目的以及企业竞争力的根源这两个问题有关。关于企业存在的根本目的，道尔有一个特殊的解释。在他看来，企业存在的根本目的不是利润最大化而是附加价值最大化。简单地说，利润与附加价值的区别在于后者由利润、税金和工资构成。如果说利润反映的是股东收益的话，那么附加价值所反映的则是社会收益。如果企业存在的根本目的是附加价值的最大化，那么企业治理机制当然就不一定非股东主权型不可。

但是，即使暂且接受道尔对企业存在的根本意义的判断，我们还是无法回避下面的问题：在现实的经济运行中，由内部人控制的"准共同体企业"是否能够在与"股东主权型企业"的竞争中表现出竞争力？与道尔具有相似问题意识的美国经济学家拉佐尼克的"技能基础假说"在某种程度上回答了这一问题。拉佐尼克从生产现场的角度对英美日三国竞争力的变迁进行了深入的比较。[1] 在拉佐尼克看来，日本企业 20 世纪 80 年代中期之前崛起的主要原因在于将现场工人纳入组织学习的过程并对现场工人的技能在深度和广度上进行持续投资。今天已经广为人知的多能工、单元作业、质量小组和现场工人对生产过程的某种控制即是这种投资的结果。在这一过程中，劳动者不但实现了一般意义上的技能提高，而且形成了企业特殊的技能。另外，这种学习不但在企业内部进行，而且以跨组织的形式出现。浅沼万里等人进行的实证研究发现组装厂与配件厂之间长期的协作关系促使双方的投资互相特定于对方。[2] 以这种互补性资产为基础，配件厂积极参加新产品的设计，从而大大加快了产品开发的速度。总的来看，企业内和企业间的组织学习为日本企业竞争力的持续提高提供了坚实的保证。由于这种组织学习往往只能在长期稳定的环境下进行，所以日本企业的长期雇佣制度也就获得了正当性，而正是日本式的企业治理机制为上述所有制度安排提供了基础。

以道尔和拉佐尼克为代表的一批西方学者从日本故事中看到的是创新主体从少数管理者向广大普通劳动者扩张以及人与人、企业与企业之间的信赖与合作所产生的巨大经济价值。值得注意的是，这种组织革新与企业绩效之间的关系完全可以在经济学，特别是青木昌彦推广的比较制度分析的框架之下实现理论化。日本故事的主角远不止管理精英这一事实对道尔等人的吸引力无疑是巨大而持久的。正是在这个意义上，日本故事与英美——道尔和拉佐尼克的祖国——工业革命之后的企业发展史所体现的少数精英主导的管理原则形成鲜明的对照；也正是从这一时期开始，日本研究才不再只是一种地域研究。

日本的成功意味着美国模式未必是唯一最优的市场经济形态，美国和日本都是市场经济的一种，无所谓谁是特殊的，谁是普遍的。如果一定要用特殊和普遍来进行比

---

① Lazonick, W., *Competitive Advantage on the Shop Floor* (Harvard University Press, 1990).
② 浅沼万里：《日本の企業組織：革新的適応のメカニズム》，東洋経済新報社，1997。

较的话，那么美国和日本都是特殊的，也都是普遍的。尽管德国第二次世界大战后的复兴也对美国模式提出了挑战，但是英美和德国毕竟同属基督教文明。对处于儒教圈的中国而言，日本的成功以及对这种成功所进行的理论化意味着中国有可能创造出真正符合本国特色的市场经济体系，这一体系不必是英美式的，当然也不必是德日型的。这一点可能是日本经验对中国的最大意义。

五　失去指向的乡愁？

在日本经济进入"失去的十五年"之后，"准共同体企业"的普遍意义面临严峻挑战，股东主权论及由其派生的政策建议开始被视为拯救经济的妙药，并正在动摇第二次世界大战后 50 年来形成的企业制度。道尔在本书中分析了股东主权论流行的原因和逻辑上的缺陷，追溯了美日企业治理机制的变迁，并以"企业存在的根本意义在于实现附加价值最大化"为基础论述了在当前的经济形式下通过"准共同体型企业"的改革来解决日本经济所面临的问题的可能性。道尔的改革方案是否可行只能由时间来证明。这里的问题是日本经济似乎已经无法重返昔日地位，那么道尔的乡愁是否会失去指向？笔者对这个问题的理解是双重的，一个与观察日本经济的视角有关，另一个与道尔的乡愁的本质有关。

先看日本经济。首先，道尔对后发展国家的分析可能过于强调组织革新的意义而忽视了技术变化的影响。实际上，任何组织模式都只能在特定的技术形态之下发挥作用。日本经济的低迷与 20 世纪 90 年代以来以数字化和模块化为代表的技术革新的出现有重要关系。按照管理学界的定义，产品可以分为集成型和模块型两种。[①] 所谓集成型指产品的零部件之间存在着互相影响，产品的性能在很大程度上取决于企业对零部件或工序之间的协调，汽车是这类产品的典型。在这类产业中日式企业的管理方式仍然具有强大的竞争力。[②] 所谓模块型指零部件之间的界面实现了标准化而且各部件不对其他部件的功能产生影响。在这样的产业中，劳动者的技能以及企业间的长期合作和企业绩效之间的关系在持续弱化，日式企业管理的经济价值也在下降。日本电子产业的衰退和中国电子产业的崛起即与模块化有直接关系。在这样的参照系之下，我们可以发现近十年来美日企业竞争力的变迁主要发生在部分模块化产业。所以，也许没有必要对这种变化做出过度的反应。其次，与上一点相关联，在企业治理机制问题上可能不存在适

---

①　Ulrich, K., The Role of Product Architecture in the Manufacturing Firm, *Research Policy* (24), 1995, pp. 419 – 440.

②　道尔的乡愁面临的最新挑战是今年春天的丰田召回事件。我们不知道丰田是否会重新回到以长期雇用和信赖关系为基础的精益管理体系，但是这样的管理体系曾经发挥出强大的竞争力这一事实是至关重要的。在这个意义上说，道尔的乡愁所指向的不是具体的企业，而是这样的企业曾经发展出来的管理原则。

用于所有产业的最优模式。即使存在最优的企业治理机制，这种机制可能也是复数的，即因产业不同而不同的。股东主权论者和道尔在这里可能同样忽视了这一问题。

再看这种乡愁的本质。本书的主题是日本企业，但是作者却娴熟而频繁地在东西方之间转换分析视角。实际上，道尔一再提及的大塚万丈深受美国哲学家詹姆斯·博纳姆的管理者革命论的影响，或者说大塚方案本身就是美国思想和日本传统的混合体。博纳姆的研究从一个一般性的框架来分析 20 世纪 30 年代主要经济体中企业管理者（或官僚）的地位上升并将这种趋势视为世界历史的重大转变。[①] 在今天，博纳姆对非市场经济体系中管理者影响的分析已经逐渐被人淡忘，管理者革命论也已经演化成“人民资本主义论”。但是，作为一种思想试验的大塚方案源于美国思想并实现了对后者的某种超越这一事实无疑是意味深长的。另外，值得一提的是 20 世纪 60 年代的美国企业高管与一般员工的收入差距远没有今天高，而 20 世纪 60 年代的日本也有过股东主权流行的时期。在这个意义上说，道尔的乡愁所指向的不是具体的国家，而是市场经济的多样性。

近年来，道尔越来越期待中国像高度成长期的日本一样为世界的发展展示出崭新的方向，而不是在全球标准等于美国标准的大合唱中随强者亦步亦趋。在他看来，作为性善论发源地之一并高度推崇社会和谐的中国当然有条件在企业管理模式和企业间关系乃至企业治理机制方面做出原创性的贡献。对道尔的这一期待，我只能沉默以对。在今天的中国，一些具有国资背景的中国企业已经在高管实际年薪与普通员工收入的差距上完成了对美国企业的赶超。当然，也有不一样的消息。报载某企业宣布在危机期间其高管只领取一元年薪。也许希望还在。

参考文献

[1] Ronald Dore，《誰のための会社にするか》，岩波書店，2006。

[2] Dore，R.，*British Factory – Japanese Factory*（University of California Press，1973）.

[3] Kate，R.，*Japan：the System Than Soured*（M. E. Sharpe，1998）.

[4] Porter，M.，*Can Japan Compete?*（Perseus Publishing，2000）.

[5] Lazonick，W.，*Competitive Advantage on the Shop Floor*（Harvard University Press，1990）.

[6] 浅沼万里：『日本の企業組織：革新的適応のメカニズム』，東洋経済新報社，1997。

[7] Ulrich，K.，“The Role of Product Architecture in the Manufacturing Firm”，*Research Policy*（24），1995，pp. 419 – 440.

[8] James Burnham，*The Managerial Revolution：What Is Happening in the World*（John Day，1941）.

---

① James Burnham，*The Managerial Revolution：What Is Happening in the World*（John Day，1941）.

图书在版编目（CIP）数据

清华政治经济学报. 第 1 卷·2013／清华大学《资本论》与
当代问题研究中心主编. —北京:社会科学文献出版社，2013.7
　ISBN 978 - 7 - 5097 - 4748 - 3

　Ⅰ.①清…　Ⅱ.①清…　Ⅲ.①政治经济学 – 文集

Ⅳ.①F0 – 53

　中国版本图书馆 CIP 数据核字（2013）第 127751 号

清华政治经济学报　　第 1 卷·2013

主　　编／清华大学《资本论》与当代问题研究中心

出 版 人／谢寿光
出 版 者／社会科学文献出版社
地　　址／北京市西城区北三环中路甲 29 号院 3 号楼华龙大厦
邮政编码／100029

责任部门／经济与管理出版中心（010）59367226　　　责任编辑／陈凤玲
电子信箱／caijingbu@ ssap. cn　　　　　　　　　　　责任校对／刘宏桥
项目统筹／恽　薇　　　　　　　　　　　　　　　　　责任印制／岳　阳
经　　销／社会科学文献出版社市场营销中心（010）59367081　59367089
读者服务／读者服务中心（010）59367028

印　　装／北京季蜂印刷有限公司
开　　本／787mm×1092mm　1/16　　　　　　　　　印　　张／12
版　　次／2013 年 7 月第 1 版　　　　　　　　　　　字　　数／227 千字
印　　次／2013 年 7 月第 1 次印刷
书　　号／ISBN 978 - 7 - 5097 - 4748 - 3
定　　价／36. 00 元